深圳市宝安区“薪火计划”中小学骨干教师素养提升工程系列成果

# 木铎励英　薪火赓传

## ——小学英语教育教学论文集

深圳市宝安区教育局　主编

中国财富出版社有限公司

**图书在版编目（CIP）数据**

木铎励英　薪火赓传：小学英语教育教学论文集 / 深圳市宝安区教育局主编 . — 北京：中国财富出版社有限公司，2022.9

（深圳市宝安区“薪火计划”中小学骨干教师素养提升工程系列成果）

ISBN 978-7-5047-7774-4

Ⅰ . ①木…　Ⅱ . ①深…　Ⅲ . ①英语课—教学研究—小学—文集　Ⅳ . ① G623.312-53

中国版本图书馆 CIP 数据核字（2022）第 173691 号

**策划编辑**　周　畅　　**责任编辑**　邢有涛　刘康格　　**版权编辑**　李　洋

**责任印制**　尚立业　　**责任校对**　卓闪闪　　**责任发行**　杨　江

---

**出版发行**　中国财富出版社有限公司

**社　　址**　北京市丰台区南四环西路 188 号 5 区 20 楼　　**邮政编码**　100070

**电　　话**　010-52227588 转 2098（发行部）　　010-52227588 转 321（总编室）

010-52227566（24 小时读者服务）　　010-52227588 转 305（质检部）

**网　　址**　http：//www.cfpress.com.cn　　**排　　版**　宝蕾元

**经　　销**　新华书店　　**印　　刷**　北京九州迅驰传媒文化有限公司

**书　　号**　ISBN 978-7-5047-7774-4/G·0803

**开　　本**　787mm×1092mm　1/16　　**版　　次**　2024 年 1 月第 1 版

**印　　张**　16.75　　**印　　次**　2024 年 1 月第 1 次印刷

**字　　数**　328 千字　　**定　　价**　68.00 元

---

# 从书总编委会名单



# 本书编委会名单

# 前 言

百年大计，教育为本；教育大计，教师为本。《中共中央　国务院关于全面深化新时代教师队伍建设改革的意见》提出，教师是教育发展的第一资源，是国家富强、民族振兴、人民幸福的重要基石。

为贯彻落实深圳市宝安区委区政府“教育优先发展”战略，建设“人才强区”，促进骨干教师快速成长和新时代教育精髓薪火相传，2019年9月，深圳市宝安区教育局以打造小学英语学科的人才梯队为总目标，与北京师范大学认知神经科学与学习国家重点实验室合作开展深圳市宝安区“薪火计划”小学英语骨干教师素养提升项目。

项目依托北京师范大学认知神经科学与学习国家重点实验室在英语学习的脑与认知机制研究、教育教学研究和教师发展方面的深厚积淀，促进教师发展的内驱力，努力引导教师成长为具备宽厚的文化涵养、精深的学科底蕴、卓越的教育素养的专家型教师，并力图将“宝安小英团队”培养成为在宝安区、深圳市乃至广东省具有一定影响力的教师队伍。

三年的学习历程中，参与项目学习的45名教师在北京师范大学专家团队的引领下，在英语语言能力提升、学习品质提升、教学资源整合、教学策略创新、板书和作业设计与教研机制创新等方面展开了系列基于课堂教学改革创新的理论与实践探索，撰写的45篇高质量优秀论文被收录在本论文集中，其中28篇已在公开期刊发表。此外，45名教师紧紧围绕“教研一体”，在课堂教学中继续深耕，不断提升教学质量并取得了优异成绩，曾晓冬、查玢玢在参加的2021年深圳市第四届教师教学能力大赛中分别获一、二等奖，大大提升了宝安区小学英语在深圳市英语教育界的知名度。

本论文集是参与项目的全体教师成果的凝结，见证了他们三年来在专家指导下不辍耕耘、积极精进后所取得的科研成就，对于指导小学英语的教学实践、教学研究和学科发展，提升小学英语教师的教学实践和专业素养，推动区域小学英语教育教学质量提升有重要参照意义。

伴随着论文集的出版，深圳市宝安区“薪火计划”小学英语骨干教师素养提升项目也进入收尾阶段，在此感谢深圳市宝安区教育局、宝安区教育科学研究院领导对项目的重视与支持！教师的成长离不开项目首席专家中国教育科学研究院研究员、中国教育学会外语教学专业委员会理事长龚亚夫老师和上海市教育学会中小学外语教学专业委员会小学分会副会长王珏老师的悉心指导，特此感谢！

项目科研专家团队成员北京师范大学外国语言文学学院副院长孙晓慧、北京师范大学外国语言文学学院副教授钱小芳、首都师范大学外国语学院英语教育系副主任康艳、首都师范大学外国语学院英语教育系硕士生导师戎晓燕和华东师范大学课程与教学研究所教授王斌华对于论文的修改与发表给予了很大帮助，在此深表感谢。

以上成绩的取得都离不开各位教师的努力付出与热心投入，在此致以我们诚挚的谢意！

北京师范大学认知神经科学与学习国家重点实验室

深圳市宝安区“薪火计划”小学英语骨干教师素养提升项目组

2023年5月20日

# 目　录

## 英语语言能力提升

## 学习品质提升



## 教学资源整合

## 教学策略创新



## 板书和作业设计

## 教研机制创新

# 英语语言能力提升

# 小学英语多维度口语评价活动探析

深圳市宝安区官田学校　赵　静

【摘要】根据《义务教育英语课程标准（2011年版）》中二级标准描述和小学生的年龄特征，教师需要确定清晰的评价维度，帮助学生厘清自评或互评的思路。针对不同的评价项目可以设置不同的评价维度。如何将课程标准的理念根植于小学低年段英语口语评价活动中，达到“以评促学”的目的，是一线教师们需要用心思考的问题。本文从开展小学英语多维度口语评价活动的缘由、形式及系统性融合等方面进行研究。

【关键词】课程标准；评价维度；多维度；口语评价活动

## 一、开展小学英语多维度口语评价活动的缘由

根据《义务教育英语课程标准（2011年版）》的指导精神，小学英语口语评价应通过听、说活动激发学生的学习兴趣、了解学情并为今后的学习打下良好的基础。笔者在对校本口语评价活动的观察实践中，发现口语评价活动有些流于形式且没有形成系统性实践经验，检索中国知网、中国人民大学复印资料数据库等发现，近年来针对小学英语口语评价活动的资料也不是特别丰富（见表1）。

表1　1995年至2021年中国知网及中国人民大学复印资料数据库文献检索

| 来源 | 搜索方式 | 小学英语口语评价 | 小学低年级/低年段英语口语评价 |
|---|---|---|---|
| 中国知网学术期刊库 | 主题 | 86篇 | 5篇 |
| 中国知网学位论文库 | 主题 | 7篇 | 1篇 |
| 中国知网会议论文库 | 主题 | 5篇 | 1篇 |
| 中国人民大学复印资料数据库 | 主题 | 5篇 | 0篇 |

本文基于本校小学英语口语评价活动的实践经验及对相关文献的整理研究，对多维度开展小学英语口语评价活动的缘由及方式等进行阐述。

## 二、开展小学英语多维度口语评价活动的理论依据

### （一）二语习得理论

美国语言学家斯蒂芬·克拉申经过长期对学习者第二语言学习过程的研究，提出了二语习得理论。克拉申强调语言是在大量有趣、多样化的输入活动中“习得”的，而非“学得”的。我们在设计口语评价活动时，应注重学生在活动中“习得”知识的过程，达到“以评促学”的目的。

### （二）多元智能学习理论

美国哈佛大学心理学家霍华德·加德纳（Howard Gardner）经过研究发现，每个个体至少具有八种智能。不同的人在各种智能的发展程度上有所区别，因此不同个体表现出的智能优势也不相同。根据霍华德·加德纳的理论，在进行英语口语评价时，需要从评价主体、评价形式、评价内容、评价维度等方面进行多元化的设计，以此促进学生的全面发展。

### （三）建构主义理论

瑞士著名心理学家让·皮亚杰（Jean Piaget）提出建构主义理论。建构主义从知识观、学生观、学习观、学习环境等方面进行研究，强调学生是知识意义的主动建构者，个体认知的发展与学习的过程密切相关。建构主义理论对于英语口语评价活动的设计有着诸多启示，教育评价应在一定的情景创设与活动开展中进行，且应注重培养学生主动建构知识的意识与能力。

## 三、小学英语多维度口语评价活动实践探析

《义务教育英语课程标准（2011年版）》指出，英语课程的评价要尽可能做到评价主体的多元化、评价形式和内容的多样化、评价维度的多元化。

### （一）评价主体的多元化

#### 1. 以教师评价为导向，引领学生自评或互评能力的发展

纵观目前小学英语课堂，教师们虽然逐渐有了课堂评价由“单一化”转向“多元化”的认知，但如何将其落到具体的课堂实践中是一个十分棘手的问题。原因在于学生因年龄小而不懂如何评价自己或他人。小学英语教师此时应发挥自身的导向

作用，教会学生评价的方法。课堂教学中，教师可根据班级人数将学生均分为多个小组，每组选举一位同学担任组长（组长的任用采用组内轮换制）。首先，由教师根据评价内容和评价维度对部分组长进行口语考评，与此同时，引导学生注意观察教师的评价过程；其次，由未被考核的部分组长进行互评，教师进一步引导学生观察并点评组长们的互评情况；最后，由组内所有其他成员模仿教师和组长们的评价模式进行互评。

**2.组织高年段学生进班对低年段学生进行一对一口语考核，提升学生参与评价的兴趣**

笔者所在学校英语教师在进行低年段学生英语口语评价时，开展了“一路带一路”的活动，即引导高年段学生进班对低年段学生进行考核，经过观察研究发现低年段的学生更乐于倾听高年段学生的意见，且觉得活动趣味更浓，高年段的学生通过此活动也回顾了低年段的学习内容，增强了学习动力，积累了评价他人的经验。

**3.以在线英语学习平台中口语练习活动为辅助形式，丰富口语评价活动的渠道与内容**

根据小学生的年龄特征及兴趣爱好，教师可选择适合的英语口语学习平台开展常规性的口语评价活动。随着时代的发展，在线英语学习平台不仅能对课本内容进行扩充，还能进行人机交流，并对口语评价活动结果进行智能分析，这极大地方便教师了解学生并开展针对性教学。

### （二）评价形式和内容的多样化

**1.以形成性评价帮助学生认识和调控自己的学习过程**

（1）课前常规口语评价活动。

结合小学阶段不同年级的不同学情，本校低年段口语评价活动内容除相关课本内容外，还有熟练掌握各类课堂指令语、初步运用简单句进行自我介绍；高年段口语评价活动内容除相关课本内容外，另有课本剧表演、诗歌朗诵、讲故事比赛。在老师的组织下，学生们利用课前五分钟，分小组进行考评。图1为一年级第1周口语评价活动考核内容。

（2）课后Topic-time（主题时间）在线语音交流活动。

小学低年段英语教学课时量相对较少，课堂上教师无法给予充足的时间供学生进行口语交流。笔者在低年段教学时，每周开展一次Topic-time活动，给学生搭建口语交际的平台。笔者将班级学生平均分为6个小组，教师每周在组长群内发布一

年级：______ 班级：_____ 姓名：______ 第（ 1 ）周

| 指令语 | 自评 | 同伴互评 | 评价维度 |
|---|---|---|---|
| Stand up!-- One,two ! | | | 1. 大声 ★<br>2. 流利 ★<br>3. 准确 ★<br>4. 有动作表情 ★<br>5. 积极主动 ★ |
| Sit down.--Thank you ! | | | |
| Clap your hands.-- A,B,C ! | | | |
| Turn right.-- Stamp my feet ! | | | |
| Turn left.-- Stamp my feet ! | | | |
| Open your book.--Open my book. | | | |
| Close your book.--Close my book. | | | |
| Follow me.--Follow you. | | | |
| Hands up.-- I can try ! | | | |
| Hands down.-- Sit up straight. | | | |

图1 一年级第1周口语评价活动考核内容

项主题及电子统计表，由组长转发主题至本组群内进行口语交际。

口语交际规则如下：①组内每位同学根据教师提供的主题每周至少发一条语音进行描述；②同组内同学需要倾听其他同学的语音，并至少点评一位同学的发言，需以“优点+建议”的形式进行点评；③组长周日下午五点前在组长群汇总和反馈本组口语交际情况，教师根据反馈情况在班级群对优胜组和优秀个人进行表彰。

图2为二年级5班第10周Lion小组的反馈情况。

年级：二 班级：5 组名：Lion 第（10）周

| 主题 | 组员 | 是否发言 | 是否点评 | Super Star |
|---|---|---|---|---|
| Food I like（What? How? Why? …） | Barbara | √ | √ | |
| | Leo | √ | √ | |
| | Dodo | √ | √ | |
| | Morning | √ | √ | √发言最积极 |
| | Fen | √ | √ | |
| | Lara | √ | | |
| | Betty | √ | √ | |
| Super Star 评价维度：<br>1.发言积极； 2.点评积极； 3.描述大声、流畅、准确 | | | | |

图2 二年级5班第10周Lion小组的反馈情况

### 2. 以终结性评价帮助学生客观全面了解自身学情

笔者经过调研，了解到目前大多数学校进行英语口语终结性评价是通过期末举办大型线下口语测评活动及相关在线平台口语测评。期末口语评价活动主要以本校教师为评价主体，部分学校会组织联校互评或邀请少数家长参与测评，评价内容和形式则围绕本校教材通过听、说、唱、演进行展开。部分学校也会在期末利用相关平台对学生口语情况进行多维度综评。

### （三）评价维度的多元化

根据《义务教育英语课程标准（2011年版）》中二级标准描述和小学低年段学生的年龄特征，教师需要确定清晰的评价维度，帮助学生厘清自评或互评的思路。对不同的评价项目可以设置不同的评价维度，但具体可以从参与者的以下几个方面进行考虑：参与态度、语言外貌、表现形式。设置每一种评价维度时需要有不同的形容词或动词来对参与者的典型表现进行描述，如从学生的参与态度上可以划分为榜样示范、积极参与、需更主动；从学生的语言外貌可划分为自信大声、语音语调准确、语言连贯流畅；从表现形式可以划分为声情并茂、动作得体、肢体语言待加强。低年段口语评价活动中，教师可根据以上评价维度制定相应的评价基准并定量描述，可用十分制与百分制，也可以用等级制进行说明，如优秀、达标、未达标或三颗星、两颗星、一颗星。

## 四、小学英语口语多维度评价活动系统性融合策略

建构主义理论提倡学习者通过新旧知识经验相互影响来调整自己的学习结构，中国学生发展核心素养强调提升学生的自主学习能力。如何将小学英语多维度口语评价活动进行系统性整理，方便学生在温故知新的同时达到更全面自我认识、反思和调控学习过程的目的？笔者建议，小学英语教师可以和家长携手，共同帮助学生们做好档案袋评价的工作。

结合口语评价活动的特点，档案袋评价可以分为电子档案袋与纸质档案袋两种，档案袋包括封面、目录与具体内容，封面注明班级与姓名，目录注明作品项目，项目根据后期活动情况可以适当增加，具体内容为封面涉及的每一种项目的精选作品，如电子档案袋内可以存放每月Topic-time和期末Fun Speaking（趣味口语）活动的精彩视频、音频、图片等，纸质档案袋内则可以存放各类评价量表、图片等。教师可引导学生定时回顾与分享档案袋内容，并对档案袋学习成果进行整理分析，借此调整自己的教育教学计划。

## 五、结语

随着英语学科核心素养的提出，小学英语教学尤应重视培养学生学以致用的能

力，教师需多维度设计与开展口语评价活动，注重对学生兴趣与能力的培养。

## 参考文献

[1] 丁菡，姚宝梁. 从新课程标准谈表现性评价在小学英语教学中的应用 [J]. 中小学外语教学（小学篇），2012（7）：18–22.

[2] 曹红梅. 对小学低年级英语口语评价的研究 [J]. 中国校外教育，2018（31）：69，71.

[3] 黄小燕. 反思与重构：基于区域的小学英语口语评价研究 [J]. 江苏教育，2014（21）：8–11.

[4] 郑彩华，曹瑞，张宏丽，等. 计算机辅助小学英语口语测试的探索：以天津市某区为例 [J]. 教育测量与评价（理论版），2015（12）：41–44，52.

[5] 李莉蔓. 档案袋评价运用于小学英语口语教学的行动研究 [D]. 苏州：苏州大学，2015.

# 运用多元任务促进小学生英语口语发展的研究

深圳市宝安区罗租小学　曾　艳

【摘要】教育部2014年提出落实立德树人根本任务的深化课程改革要求，学科教学的目标应不局限于教授本学科的知识，培养相关的能力。在英语课程中实施"多元目标英语校本课程"，是充分发挥课程在人才培养中核心作用的可行途径，并能对学生的口语发展起到至关重要的促进作用。这个课程有三个目标，一是社会文化目标，包括行为规范与伦理美德、社会知识与学科融合、多元文化与国际意识方面；二是认知思维目标，包括积极的心理品质、多层次思维能力与有效的学习策略方面；三是语言交流目标，包括基本语言知识、基本语言技能与交流沟通策略方面。本文通过研究，探索如何在培养英语运用能力的同时发展学生的核心素养。

【关键词】多元任务；多元目标英语课程

国外研究者提出"积极心理学"（Positive Psychology）的概念，并归纳出6种共24项良好品德。其中有①智慧与知识，包括创造性、好奇心、思想开放（有判断力、思辨能力）、热爱学习、有洞察力（能为他人提供看问题的不同视角）；②胆识与勇气，包括不惧威胁、挑战、困难，敢于为真理而直言、信仰坚定，即使被孤立也不随波逐流，还包括坚韧精神、不惧困难的持久力，刚正不阿（坦诚相见、不虚伪）、充满活力（有激情、精力充沛、不半途而废、不三心二意）、敢于承认错误等；③仁义与博爱，包括友爱、关心他人、情商高、懂得调动他人的积极性；④公平与正义，包括忠诚、有团队精神、公平地对待所有的人、公正、对任何人不持偏见，给予每个人同等机会、有领导力、能鼓励他人参与完成任务、有效进行组织与管理；⑤节制与谦让，包括原谅他人错误、谦恭、不追求出风头、处事慎重、不鲁莽行事、自律、遵守纪律、能控制自己的欲望；⑥超凡与脱俗，包括善于发现美好事物、常怀感恩之心、憧憬未来、幽默有趣、懂得人生真谛。

多元目标英语课程理论的提出改变了我国目前小学英语教学中主要以语言知识为主的教学思路，但是能否通过多元任务提高小学生的口语水平，目前尚缺乏实证研究。本文的相关尝试有助于发展小学生英语口语，通过讨论与学生成长密切相关

的话题内容，在提高学生英语口语水平的同时，培养学生的积极心理、良好品格与行为习惯，实现发展学生核心素养的目标。

## 一、多元任务在小学英语教学中的意义

用多元任务设计小学口语活动，选择适当话题内容（Thematic Content）可以促进学生口语能力的发展。多元任务在小学英语教学中的意义有以下三点。

第一，英语口语教学以多元任务为目标会更好实现课程整体育人功能，对小学英语教学效率最大化及内涵式发展都具有积极的现实意义与促进作用。鼓励教师在多元化目标的前提下开展教学活动，有助于提高课堂效率，让学生充分体验学习英语与自身成长的密切联系，学以致用。

第二，可以转变小学英语教与学的方式，帮助学生在不同情境下操练语言。不同于传统教学方式单一化地为学生输入语言知识，其是在恰当的生活情境下，还原生活的真实场景，在提高学生语言应用水平的同时培养其优秀的品格。

第三，可以有力提升小学英语教师的教学实践能力，丰富教师的教学手段以及活动形式可帮助教师转变教学观念，进行多元化备课，实现知行课堂。

## 二、多元任务对小学生语言学习的作用

通过设计多元任务，不同任务型口语教学对于学生语言学习上的帮助既重要又广泛，特别是从语言能力和语言素养两个方面来看（见图1）。

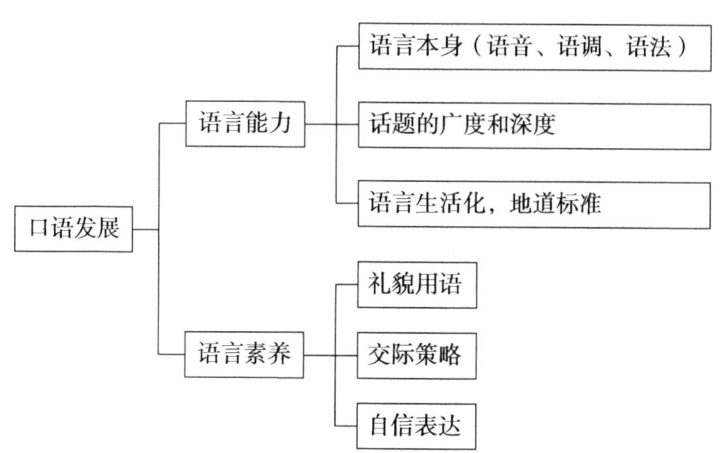


**图1　口语发展的两个方面**

多元任务的目的是为学生设计多种活动任务，并在完成任务的过程中操练目标语言，从语言能力和语言素养两方面促进学生的口语发展，提升学生解决问题的能

力，并帮助学生正确地使用词汇、语法，完成思想交流和思维挑战任务。对教师而言，这会丰富课堂活动形式，使课堂变得生动高效。对学校而言，这会优化校园素质体系，提高教师队伍的教学水平。

## 三、运用多元任务促进小学生英语口语发展的策略

小学英语教学应当着眼于学生的长期发展，如仅仅将目光局限在小学教育阶段，那么会因为短视而忽略英语教学真正的价值。此外，应当竭力激发学生主动学习英语的兴趣，在小学阶段孩子几乎天然地对这个世界抱有极大的好奇心与求知欲，在该时期培养孩子对英语的兴趣可谓恰逢其时。这就要求教师真正发挥英语的价值，让学生不仅学习一门语言，更锻炼思维，完善人格，发现自我，开阔眼界，了解其他国家与民族的文化。

因此在设置课程时十分有必要选择学生喜欢的方式，动画是一个不错的突破口，可在教学中引入动画，让学生在观看动画时接触地道的英语，组织学生参与动画配音，更进一步开展舞台剧演出，让英语课被学生们视作生动有趣的课堂。此外，要鼓励学生阅读英文书籍，在教室设置书架陈列英文绘本，采购适合小学阶段阅读的其他英文书籍，鼓励学生在课堂之余向家长和同学讲述从英文书籍之中读到的故事。

## 四、结语

小学作为学习英语的关键时期，其教学模式需要变革，让英语教学符合多元目标的需要，让英语的学习重新回到语言的本质之上，可为促进学生个人素质综合发展打下坚实的基础。

### 参考文献

［1］刘丹.课程设计是英语有效教学的前提：《英语教育新论：多元目标英语课程》的感悟［J］.大学教育科学，2019（4）：129.

［2］李向群.创新英语课程教学的经典之作：评《英语教育新论：多元目标英语课程》［J］.林产工业，2018（11）：76，80.

［3］彭瑛.多元目标英语课程教学思路探索［J］.教育教学论坛，2017（45）：176–177.

［4］曲永华，王秀凤.设置多元目标　培育核心素养：龚亚夫的《英语教育新论：多元目标英语课程》对我的启迪［J］.辽宁教育，2017（17）：9–11.

# 小学英语绘本教学开启趣味阅读之旅①

## ——以*The Old Tree Stump*的教学为例

深圳市宝安区滨海小学　刘凤萍

**【摘要】**本文介绍了绘本的概念和特点以及英语绘本教学对学生学习的影响。本文以*The Old Tree Stump*（《老树桩》）的教学为例，探讨如何在小学英语课堂中教授绘本故事，以激发学生的阅读兴趣，向他们传授相关的阅读方法，提高其认知能力和综合语言运用能力。

**【关键词】**小学英语；绘本教学；绘本阅读

《义务教育英语课程标准（2011年版）》明确指出，教师应丰富课程资源，拓展英语学习渠道。语言学习需要大量的输入内容，丰富多样的课程资源对英语学习尤为重要。在小学英语教学中，教师应根据教和学的需求，提供贴近学生、贴近生活、贴近时代的英语课程资源。英语绘本以儿童性、趣味性、教育性、知识性等优势，走进了小学课堂，给英语教学带来了可喜的变化。

### 一、绘本的概念

绘本的英语表达是“Picture Book”，最早译为“图画书”，即用图画说故事的书。近年来，绘本被广泛接受。日本儿童绘本名家松居直先生表示：文字+图画=带插画的书，文字×图画=绘本。绘本的文字与图画必须完整结合，绘本中的图画不只是伴随正文，对文字予以解释或补充，而是适度披露情节与观念，刺激读者的想象力与好奇心。绘本是一种特定形式的读物，版面多为大幅图画与简单文字相结合。文字与图画是绘本最重要的构成元素，皆有传达故事内容的作用。

英语绘本是以英语为表述语言的图画书。可利用一个问题检视一本读物是否为绘本——听完正文并看完图画之后，可否只看图画，就正确重述这个故事？如果可以其即是绘本。

① 本文在“中国教育学会外语教学专业委员会第19次学术年会”论文评比中获得全国二等奖，并发表在《英语教师》2020年第19期，有删改。

## 二、绘本的特点

绘本作为近年来热门的儿童读物，通常具有以下四个方面的特点。第一，儿童性。绘本的内容浅显易懂，适合孩子的理解程度，贴近他们的生活，符合他们的发展需要和兴趣。第二，趣味性。绘本有生动的插图和有趣的故事情节，又常常有“情理之中、意料之外”的结局，能引起儿童的兴趣。第三，教育性。绘本寓教于乐，它的主题、文字和图画不仅符合儿童的心理特点，还有指导性，一本质量佳的绘本不但能传递丰富且正向的讯息，还能陶冶儿童的情操。第四，知识性。绘本主题涵盖认知、人格、常识等方面，包含丰富的知识，适用于各个领域的教学。

绘本*The Old Tree Stump*主要讲了爸爸要拔树桩，妈妈、比芬（Biff）、奇普（Chip）、基珀（Kipper）都来帮忙，但还是拔不出来。小狗弗拉比（Floppy）看见了树桩旁边的骨头，它挖啊挖，最后树桩就被拔出来了。该绘本故事生动有趣，具有儿童性、趣味性、教育性和知识性，能够激发学生的学习兴趣，调动他们的积极性。

## 三、英语绘本教学对学生学习的影响

教师进行英语绘本教学时，利用生动活泼的绘本图画，不仅能够让学生获得知识和经验，而且能够帮助学生在语言表达、创意思考、艺术欣赏、文化学习等方面获得良好体验，这对他们的学习动机等形成有积极作用。英语绘本教学对学生学习的影响方面如图1所示。

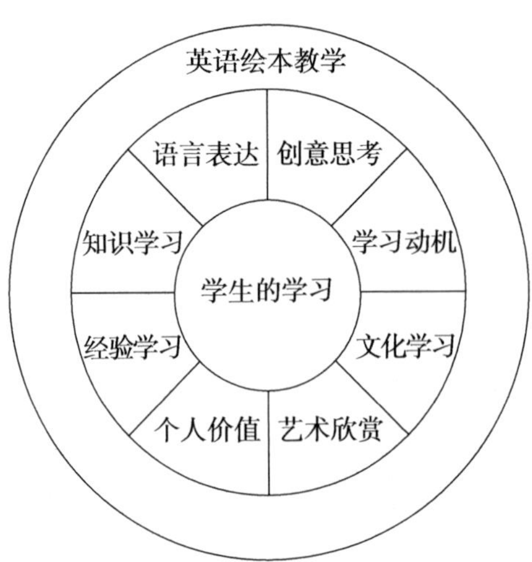


**图1　英语绘本教学对学生学习的影响方面**

越来越多的学校把绘本引入课堂，英语绘本教学也越来越受师生的喜爱。笔者所在的学校开展绘本教学已有几年时间，学生通过学习英语绘本，听、说、读、写各方面均取得较大进步。

## 四、绘本 *The Old Tree Stump* 的教学设计

### （一）教学内容、学情、教学目标及重难点

本节课的教学内容为 *The Old Tree Stump*，对于四年级的学生来说，文本内容并不难，大部分学生都能在课堂上积极与老师互动，并通过操练很快掌握所学内容。但是，他们缺少把课堂所学知识运用到生活中去的能力，因此，本节课将着重培养学生的语言输出能力。本节课的关键词是pulled，重点句型有“When I say/shout/yell pull，PULL!”“ They pulled and pulled，but... didn’t come up.”。另外，本节课的语音教学主要是-ll的发音，故事中出现了well、pull、still、yell等词，都训练了-ll的发音。

基于以上对教学内容与学情的分析，将本课的教学目标确定为以下两个。

一是语言目标：学生能够看图说话；能够理解故事情节；能够惟妙惟肖地模仿录音；能够绘声绘色地独立朗读故事和表演故事；能够掌握重点句型，并在不同的语境中运用；能准确拼读绘本中含有字母“-ll”的单词。

二是非语言目标：激发学生学习英语的兴趣；培养他们的观察力和想象力；帮助他们树立自信，勇敢表达自己。

将教学重难点定位为通过教学使学生掌握重点句型并在不同的语境中运用。

### （二）教学设计

#### 1. Preparation（准备）

首先，教师节选了苏斯博士（Dr. Seuss）的绘本 *Hop on Pop*（《在爸爸身上蹦来跳去》）中关于-ll的图片和文字，让同学们有节奏地朗读“All，tall，we all are tall. All，small，we all are small. All，ball，we all play ball. All，wall，up on a wall. All，fall，fall of the wall.”，引入本节课重点词汇pull，然后拿绳子示范，让学生上台表演拔河，自然引出本节课重点句型“When I say/shout/yell pull，PULL！”，学生兴致高涨，很快就掌握了这一句型。

#### 2. Presentation（陈述）

教师展示绘本 *The Old Tree Stump* 中的图片，让学生观察每一幅图片，并猜测

发生了什么事，每个人物想说什么。通过大家讲故事，训练学生的口语表达能力，同时，挖掘图片中甚至图片外的信息，激发学生的想象力。例如，在最后一幅图片中，栅栏外还有一个路人和一只小狗，有的学生为这个路人配了台词："What are they doing? What a crazy family！"。还有的学生为这只小狗配了台词："Oh，I want the bone，too."。除了充分挖掘图片中的信息外，教师还引导学生发挥想象力，找出图片中没有给出的信息，如大家会对弗拉比（Floppy）说什么。有的学生会答"Good for you.""What a good dog！"等。随后，让学生跟读录音，回归文本，通读故事，着重模仿语音、语调，并有感情地朗读故事。

3. Practice（练习）

这个环节共设计了两个活动，一是Answer the questions（回答问题），二是Role-play（角色扮演）。在角色扮演中，教师应鼓励同学们给小狗弗拉比（Floppy）配台词，给树桩配台词，让同学们发挥想象力，使表演更丰富、有趣。

4. Production（介绍）

通过*Pulling the Radish*（《拔萝卜》）的故事（因为它与本课重点句型最为贴切），直接展示小白兔、小猪、小猴、小熊拔萝卜的图片，鼓励学生根据图片运用本节课所学句型，说出"... came to help. They pulled and pulled，but the radish didn't come up."。因为学生熟悉拔萝卜的故事，所以，他们能够自信大胆地自由表达"When I say/shout/yell pull，PULL！"，还能发挥想象，给每个小动物配不同的台词。例如：小蜗牛也来帮忙，学生给它配的台词是"I am small，but I can help you，too."。在学生看图讲故事后，再请个别同学看视频配音，完整地用英语讲述*Pulling the Radish*的故事。通过一个新的故事，给学生创造了不同的语境，引导他们在不同的语境中运用本节课所学的重点句型。

## 五、关于小学英语绘本教学的建议

### （一）整体教学，完整呈现故事，注重故事教学的整体性

绘本故事生动有趣，应该在第一遍讲故事时呈现完整的故事，而不能分部分呈现、操练完毕再讲下一部分。有趣的故事总能吸引学生的注意力，教师应抓住这一特点，激发他们的兴趣。

### （二）发散思维，挖掘图中及图外的信息，培养学生的想象力

教师如果善于帮助学生利用以前掌握的知识来进行一次又一次新观察，就能使

学生的“旧”知识变得愈加牢固。根据图片所给信息，学生能通过想象，运用以前所学的知识，自由表达自己的想法。正是因为故事教学总留有这种想象空间，学生们才如此喜欢。这也是培养他们综合运用语言的良好机会。

### （三）抓住故事的戏剧点，利用情节创设情景，调动学生的情绪

绘本的戏剧点是小狗弗拉比（Floppy）的到来，它看似帮不上忙，实际上却帮了大忙！这个结局是意料之外、情理之中的，学生都乐意表演这一情节，这能调动他们的情绪。

### （四）创设新的语境，引导学生运用知识，提高语言综合能力

利用*Pulling the Radish*这个故事创设新的语境，让学生运用所学知识自由表达，从而促进语言综合能力的发展。

## 六、总结

英语绘本教学有助于激发学生的学习兴趣，提升其阅读素养，增强其综合语言运用能力。然而，如何在小学课堂上进行绘本教学，使绘本阅读丰富、有趣？本文通过分析绘本的概念和特点，指出教师应善用绘本的戏剧点，激发学生的兴趣；通过探讨英语绘本教学对学生学习的影响，说明绘本教学的优点；通过真实的教学案例给出绘本教学的建议，呈现了如何进行小学英语绘本教学。

## 参考文献

［1］中华人民共和国教育部．义务教育英语课程标准：2011年版［M］．北京：北京师范大学出版社，2011.

［2］颜佩如．国小英语绘本之探讨［M］．台北：冠学文化出版社，2010.

［3］苏霍姆林斯基．给教师的建议［M］．2版．杜殿坤，编译．北京：教育科学出版社，1984.

［4］张文华，王朝．小学高年级故事教学活动设计例析［J］．中小学外语教学（小学篇），2009（10）：11–15.

# 浅谈自然拼读法在小学英语语音教学中的运用

深圳市宝安区宝民小学 刘景艳

【摘要】随着社会的发展，企业越来越需要英语水平较高的人才。在小学教育中，教师应该教给学生英语发音规律及技巧，以帮助学生正确发音，为后续英语学习奠定基础。传统的小学英语教学更多地使用模仿教学方法向小学生教授语音和单词，这种教学方法已经不能满足社会和学生的发展需求。因此，应该采用一种全新的、更适合学生的教学方法。自然拼读法更符合小学生的学习特点，使其能够更好学习英语发音。

【关键词】自然拼读；英语小学；语音训练

在新课程改革之后，小学英语教学受到了越来越多的关注。小学阶段是奠定英语基础的阶段，这对小学英语教学质量提出了高要求。教学内容和词汇的大量增加使英语学习的难度增加，为了使大部分学生能够在小学阶段保持较高的英语学习兴趣，利用自然拼读法教授语音是重要一环。自然拼读法专注于单词的听、读和写的能力，目前已被广泛使用。

## 一、小学英语语音教学的现状

在小学英语学习阶段，一些学生无法在英语课上独立正确拼写单词，需要老师的指导和更正。语音教学是英语教学的关键部分，但是现在部分师生对英语语音教学的重视不够。有些学生的英语发音很标准，但是有些学生阅读单词和句子时都不够流利。两极分化的原因不仅在于学生自身能力有差距，还在于教师对于语音教学的重视程度不同。低年级学生非常听老师的话，并善于模仿老师的语言。当老师非常重视语音教学时，学生将会努力学习英语语音。在低年级的课本中没有太多有关英语语音教学的内容，因此部分学生和老师没有对英语语音教学给予足够重视。

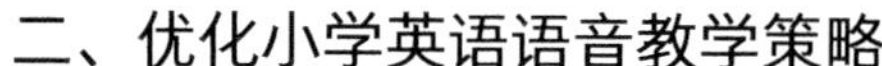

## 二、优化小学英语语音教学策略

### （一）将语音拼读融入学生的日常学习

英语学习的过程是渐进的，发音、书写和阅读应与自然拼读法有效结合。在学习字母的拼写和字母的发音时，首先要学习元音和辅音，其次应区分容易混淆的字母。此外，要掌握一些字母组合的发音规律，比如以元音开始以辅音结尾的字母组合，如“am”“is”“are”等。最后，在学生掌握单词发音和拼写后，教师可以根据课堂目标安排适当的阅读材料，并可以选择单词重复频率更高的且被学生们熟知的故事，将其融入英语课堂，以提高学生的学习兴趣，提高单词复现的频率，加强学生对单词的发音规律的掌握和对单词的记忆。

### （二）小学英语语音教学理论

英语不是中国人的母语，我国关于小学英语语音教学的理论还不够成熟。在自然拼读法使用的最初阶段，理论仍然不足以用于教学，但是随着自然拼读法的不断发展和词汇学习的扩展，理论学习将能用于语音教学。在没有英语发音环境的情况下，中国学生很难使用国际语音字母学习英语词汇。如果想推广自然拼读法，应该根据学生的情况创建自己的自然语音。英文字母和汉语拼音非常相似，所以要积极利用拼音对自然拼读法的正迁移作用。我国的小学生较为全面掌握拼音的基础知识。自然拼读法可以将拼音中拼读拼写的读音方式迁移至英语拼读拼写中，这样可以大大减少学习英语发音的困难。尽管目前的英语测试中未重点测试英语单词的发音，但它对学生的未来发展起着非常重要的作用。因此，师生应充分重视英语语音教学。教师不仅要注意学生的拼写技能，而且要提升学生的阅读技能。当具备英语拼写技能时，学生将同时具备拼写和阅读技能，从而极大地提高英语能力。

### （三）结合各种有趣的游戏或图片

小学生年龄小，保持专注的时间较短，单词发音和记忆力水平较低。教师可以根据实际情况组织适当的游戏或插入精美的艺术图画，然后通过肢体动作来激发学生对学习的兴趣，让学生“边做边学”，并运用押韵的方式来组织学习。有趣的游戏和精美的图画不仅可以帮助学生区分相似的单词，而且可以提高学生记忆力，提高学生的学习兴趣和运用自然拼读法阅读拼写的能力。

（四）加强专业教师队伍建设

组建小学英语教师专业团队是促进自然拼读法与语音教学相结合的前提。小学生需要意识到自然拼读法这一新方法的重要性，并与小学英语老师一起探索自然拼读法的好处。要让学校的英语老师成为自然拼读法的引导者，为学生学习英语发音创造良好的氛围。此外，应加强教师专业知识的更新，吸引英语专业人士进入学校担任英语老师，将新内容和新观念融合在一起，并建立一个全新的小学英语课堂。

《义务教育英语课程标准（2011年版）》对小学生的英语语音技能提出了一些要求，但现在小学英语语音课程方面存在一些问题，使用自然拼读法可以解决部分问题，激发学生的学习兴趣，掌握英语发音规则，提高英语语音教学的效率。在小学英语教学中，有必要进行自然拼读法的理论和实践研究，合理并科学地运用自然拼读法进行语音教学。

**参考文献**

［1］高敏．自然拼读法在小学英语教学中的应用［J］．山东师范大学外国语学院学报（基础英语教育），2005（6）：62-64，85．

［2］王媛．小学英语教学中自然拼读法的应用研究［J］．学周刊，2015（5）：108．

［3］方佩茹．phonics，让我们的课堂多元多彩：浅谈小学英语教学中语音意识的渗透［J］．高中生学习（师者），2014（1）：82．

# “图片环游”在小学英语绘本教学中的运用

## ——以 *When I Grow Up* 教学为例

深圳市新安中学（集团）第一实验学校　唐春桥

近年来，绘本教学在小学英语教学中得到推崇，已经成为一种常态化的教学方式。然而，由于缺乏对绘本教学本质的把握以及对绘本教学设计的反思，在小学英语教学中出现了绘本“取代教材”“超越教材”的不良倾向。

绘本的英语表达是“Big Book”或“Picture Book”。英语绘本是指英语儿童读物，是一种以图片和英语文字共同表述故事、以儿童为本位和符合儿童心理认知的故事情节类读物。由此可见，绘本是一种辅助性的教学资料，是课程教材的补充。只有厘清绘本的本质及其与教材之间的关系，才能真正发挥绘本的教学价值。

“图片环游”是绘本教学的常用手段。王蔷教授等曾经提出：“图片环游”本质上是一种分享阅读，是教师和学生共读故事、合作建构意义的过程。

笔者借助“图片环游”的方式开展小学英语绘本教学的尝试，通过“读前导入、首览图文、再读图文、总结评论、读后拓展”五个环节实现绘本教学的价值。本文以 *When I Grow Up* 的教学为例，简略阐述“图片环游”五步走的教学模式。*When I Grow Up* 选自长江出版传媒和湖北少年儿童出版社联合出版的《培生幼儿英语（基础级）》，讲述了一个小女孩想象自己长大后要成为一个什么样的人，她不断尝试着扮演想象中的角色，其间闹出了种种笑话的故事。这个故事语言诙谐、情节幽默，非常符合小学生的心理特征。

### 一、“读前导入”：激发学习兴趣

“读前导入”是小学英语绘本教学中重要的一环。教师可以采取多种导入方法，如歌曲导入。教师可以寻找一首与教学内容相关的歌曲，带领学生学唱，这样既可以让学生快速融入课堂，激发他们的学习兴趣，又有助于学生理解英语绘本。当然，应注意歌曲导入时间不宜过长，不能喧宾夺主，也要注意歌词难度不要太大而让学生难以接受，更要注意歌曲内容应积极、健康和向上。

Step 1：Warm up（第一步：热身）

Sing the song “*When I Grow Up*”.（齐唱歌曲《当我长大了》。）

教师通过这首欢快的歌曲导入课堂教学，第一遍让学生聆听歌曲，第二遍让学生跟唱歌曲，不必要求学生完全学会这首歌曲，只要跟着哼唱即可，目的是通过歌曲热身，引出文本主题，让他们迅速沉浸在欢快的学习氛围之中，激活他们学习英语绘本的兴趣。

## 二、“首览图文”：浏览文本内容

“首览图文”，即第一次阅读，要求学生浏览文本的概括性内容，如封面、扉页、文本图片等。教师带领学生共同浏览图文，旨在了解文本大意，不必详解每一个单词、每一个句子或每一幅图片。在浏览图文的同时，教师应让学生了解故事梗概，激发他们进一步学习的动力。

Step 2：First reading（第二步：初读）

Lead the students to read the cover and title pages.（带领学生浏览封面和标题页。）

教师带领学生浏览封面、标题页，了解绘本主题、作者、出版社等基本信息。学生跟随老师的教学进度，不时地跟读，形成良好的英语绘本阅读习惯。通过引导学生识别标题、作者、插图等，教师培养学生的文本概念、故事意识，增强学生对绘本主题和内容的整体感知。

Lead the students to read body pages with some questions.（带领学生带着问题阅读正文。）

带着问题，教师跟学生一起阅读正文。此时，教师提出的问题应该稍微简单一点，如Who和Where之类的问题。在本次教学过程中，教师可以向学生提出两个简单问题：Who is she? Where is she?，旨在引导学生从个人经验出发，根据图文信息进行观察、分析和预测，并允许和鼓励学生自我发问，为进一步学习做好铺垫。

## 三、“再读图文”：深挖文本意义

“再读图文”，即第二次阅读，教师通过多媒体材料，带领学生全面、多角度地阅读文本，深挖文本意义，进一步培养学生的阅读习惯和阅读技巧。

Step 3：Second reading（第三步：第二次阅读）

Read the pictures and words.（阅读图文。）

教师设计若干任务，带领学生进一步阅读图文，让学生在完成任务中学习、体验和感悟。其间，教师可以向学生提出一些问题，这个时候的问题要比初读时

的稍难一点，也更深入一点，如What和 Why之类的问题。在本次教学过程中，教师可向学生提出两个稍难的问题：What does she want to be? Why does she want to be a/an______?。教师旨在让学生学习掌握新的词汇和句型，发掘和探讨主人公小女孩内心世界的想法。在分析问题和解决问题的过程中，教师带领学生开展阅读，不断地运用阅读策略学习英语知识，体验英语绘本阅读所带来的快乐，不断地提高思维能力。

Repeat and imitate.（跟读和模仿。）

教师播放有关英语绘本的视频或者音频，让学生跟读和模仿。首先，让学生听一遍，但无须跟读。然后，让学生跟读一遍，要求认真模仿。必要时，教师可以带读几遍，重点校正语音和语调。最后，让学生自由朗读，细细品味。听、跟读、模仿是学习语言的必要手段。听，非常重要，有利于原汁原味地输入；跟读，也非常重要，要做到发音清晰、声音响亮，不要拖沓；模仿，同样非常重要，声情并茂模仿可让学生感知语言和韵律的魅力。

## 四、“总结评论”：回顾故事情节

“总结评论”是指全面回顾所学内容并加以评论。教师可以通过复述故事、分享评论等方式带领学生回顾故事情节，提高语言复现率，提升学生总结评论的能力。其间，教师可以先让学生思考，然后开展小组合作讨论，最后分享各自的观点。

Step 4：Conclusion（第四步：结论）

Retell the story.（复述故事。）

复述故事不是简单重复和背诵故事，而是在学习之后，通过语言知识再组和加工，锻炼语言表达技能，丰富语言知识，发展英语文化素养。在这个环节，教师可以给出几张图片、几个关键词，让学生复述故事，鼓励学生采用自己的语言，当然也应该允许个别困难学生照搬原文。

Think and share.（思考和分享。）

教师可以通过提问的方式，让学生思考和分享How和Why开头的开放性问题（思考性问题）。教师可设计“How do you think of the little girl? ”“And why? ”两个问题，让学生先思考，后讨论，再分享。思考，能锻炼学生的思维能力；讨论，能培养学生表达和倾听的习惯；分享，能让学生获取更多的信息，接触更多的语言表达，碰撞出更多的思想火花。

## 五、“读后拓展”：发展思维品质

“读后拓展”是指师生共同读完绘本之后，教师巧妙地拓展内容，进一步提升学生的语言知识和语言能力，其设计原理可以参考维果斯基的最近发展区理论（ZPD）。换言之，拓展的内容不宜过难也不宜过易，应该处于学生经过努力“跳一跳够得着”的范围之内。“读后拓展”是英语绘本故事阅读的延伸，是促进学生思维品质、创新能力发展或提升等的有效途径。

Step 5：Extension（第五步：拓展）

Make a new ending.（创造一个新结尾。）

教师引导学生创造新的故事结尾，或者创造新的故事情节，培养学生的语言运用能力、发散性思维和创新意识。

“图片环游”是目前小学英语绘本教学中常用的一种教学手段，具有规范的教学流程，操作性很强。本文以*When I Grow Up*的教学为例，阐述了“图片环游”的五个步骤，但愿一线教师能够从中获得启示和借鉴。

**参考文献**

王蔷，敖娜仁图雅．中小学英语绘本教学的途径与方法［J］．课程·教材·教法，2017（4）：68-73．

# 如何开展小学英语音标教学

深圳市宝安区西乡小学　唐　慧

英语课程具有人文性和工具性双重属性。通过英语学习活动，学生能够形成初步的综合语言运用能力，发展心智，提高综合人文素养。作为一名小学英语老师，笔者深知学习兴趣、学习策略、语言知识、语言技能等对学生英语语言学习的影响。

“授人以鱼不如授人以渔”。学生一旦掌握了见词能拼、见词能读的技能，就能够提高学习英语的兴趣，产生积极的学习情感，体验学习的成功，从而建立自信。为了让学生在学音标中体验、在体验中感悟、在感悟中成长，笔者采用了一系列方法开展音标教学。

## 一、评价多样化

### （一）评价机制多元化

学生自主评价：每周进行自我小结，针对本周的英语学习表现对自己进行合理的评价。

生生互评：同桌交换背诵课文并互相评价。

教师评价：结合攀登英语系列绘本，教师进行评价。

家长评价：印发学习清单，要求家长督促评价。

### （二）评价内容多维化

内容涉及牛津树、攀登英语、我的第一个图书馆系列绘本。

### （三）评价方法多样化

包括通过课堂观察、课堂作业、家庭作业评价；评价要素涉及背诵表现、听写表现、听说表现。

## 二、学习策略更新

第一，通过班级QQ群、微信群向班级家长表述英语学科的学习任务及相关要求。

第二，印发学习清单、音标教案。

第三，在班级中开展音标教学，把握课前5分钟。带领学生整体初步感知48个音标，使学生掌握完整音标概念。通过一、二年级的学习，大部分学生对辅音和少数元音已有概念，2节至3节课的整体感知后，除个别较难音标的发音还不能被读准外，大部分音标都能够被学生准确读出。三年级时，让学生尝试自主拼读。四年级及之后的学习中，音标掌握比较好的学生，在单词识记和默写中存在的困难较少，能够准确完成单词拼写的任务。

第四，学习攀登英语系列绘本中字母组合绘本故事时，给出绘本中核心单词的音标，让学生尝试拼读。用波浪线、横短线分别表示音节、字母组合；用手势、拍掌分别表示长短音、重音。如此反复操练，每节课不用耗时太多，但是要保证持续性。

第五，让学生用作业网、趣配音进行音标学习。

第六，利用词典解决生僻词难题。

第七，推荐课外读物，鼓励学生在周末自主阅读。

第八，进行单元整体教学。篇章教学与写作教学同步进行。

第九，结合拼读进行不定时、不定期听写训练。

第十，家校合作。让学生在家听读绘本，在校背诵绘本。

第十一，注重过程评价，促进学生发展。把握课堂教学，注重细节，挖掘孩子身上的闪光点。

## 三、学习效果与成绩

通过一段时间的训练，学生对英语学习的兴趣、学习习惯、学习态度及考试成绩等均呈现出喜人的效果，具体变化如下。

第一，对于教材，大部分同学在新授课前已能熟读甚至背诵。

第二，截止到2019年10月底，两个班100人共背诵1800余本绘本内容，人均背诵约18本绘本内容。其中，32人背诵超过40本绘本内容，老师课堂教过的只有15本，也就是说两个班有约1/3的人能够利用音标、生词查阅工具、英语光碟、趣配音等完成对新绘本的自学。

第三，课堂表现方面，学生对音素、音节、重音等有了初步了解，在语音课堂

上，给出一个单音节，班级大部分同学能自主拼读；对于低于双音节的词，80%的学生能自主拼读；对于多音节词，50%的学生能自主拼读。在对待长短音、轻重音方面，部分学生能够准确判断。

第四，家长的积极性与主动性提升。音标教学、阅读教学的实施，让家长意识到了单词拼读的重要性，他们也意识到了阅读对孩子英语语言学习的影响。

第五，采用活动途径，倡导体验参与，效果佳。课题组成立后，课题组成员不仅积极在自己所任教的班级开展四轮驱动教学，而且以各种社会、社区活动为导向，鼓励学生学以致用。

## 四、音标教学带来的实质性变化

学校刚实施音标教学时，学生背诵绘本比较困难。而现在，他们背诵得越来越快，越来越流畅，无论是语音、语调还是核心单词的发音，都掌握得越来越好。

家长的督促与配合、老师的鼓励与指导、学生之间的竞争使学生英语学习越来越得心应手。毋庸置疑，音标教学正在潜移默化地影响着学生。

## 参考文献

教育部基础教育课程教材专家工作委员会．义务教育英语课程标准解读：2011年版［M］．北京：北京师范大学出版社，2011.

# 单元话题整体设计下单课时英语绘本教学初探

深圳市宝安区翻身小学　吴殿霞

**【摘要】**各学科教师应该结合现代化教育理念设计教学目标，并在坚定落实素质教育下以生为本核心原则的前提下完成课堂的构建，促进学生全面发展。以小学英语学科为例，教师不能再将教学局限于词汇、语法等基础知识的讲解之上，而是要有意识地强化学生的思维、语用技能，让他们的综合能力得到提升。基于此，本文立足于教材，充分发挥绘本价值，在单元话题整体设计的基础上分析高效单课时教学方法，以供参考。

**【关键词】**单元话题整体设计；单课时英语绘本教学；具体策略

英语是小学的关键学科之一，教师必须在授课期间帮助学生夯实基础、锻炼综合语言运用能力，以此来保证小学生核心素养的发展。其间，教师应该转变教学态度，真正做到将学生视为课堂的核心，并且对单元进行整体设计，明确综合教学主题，再结合多元化的绘本针对性地展开单课时教学，激发学生的主观能动性，让他们可以在积极交流互动中明确英语语言知识内涵和语用技巧，促进他们核心素养的发展。

## 一、单元话题整体设计下单课时英语绘本教学中存在的问题

### （一）话题意义模糊，表达空间受限

单元话题的整体设计方向直接决定了后续教学中教师对绘本内容的选择，同时影响着学生语言输入与输出的有效性，为此单元整体话题需要有充足的表达空间，从而推动学生综合素质的发展[1]。但是根据小学英语教学现状来看，部分教师在设计话题时存在意义模糊的问题，部分内容过于抽象化，部分内容又有较强的局限性，学生们在后续交流互动的过程中能通过自主思考、整理语言后表达的内容十分有限，这不利于教学活动的组织，影响了整体教育效果。

### （二）话题缺乏内在联系，影响教学效率

虽然当下已经有大部分教师认识到了单元话题整体设计对正式教学的重要意义，但是他们在具体的单课时教学过程中仍然容易忽视话题之间的内在联系，让教学产生了割裂感，存在逻辑关系不明确问题，学生的观点和语言表达依旧受到限制，不能在绘本的影响下将整单元完整诠释，最终学习效率与质量也都难以达到理想化标准[2]。

## 二、单元话题整体设计下单课时英语绘本教学实践策略

### （一）重视课程导入环节设计，合理应用绘本

小学英语教师应顺应时代发展趋势转换教学观念，并积极结合现代化教育理念对教学流程进行重新设置，以此来强化教学效果、促进学生全面发展。在此过程中，教师需要设置课程导入环节，让学生能够正视自身在课堂中的主体地位，并在兴趣基础上进行高效学习，为后续发展打下良好基础[3]。传统教育理念下的课程导入环节通常为设置生活化问题，但是问题趣味性以及教学针对性都未达到理想标准，导致学生无法快速集中注意力，学习态度也始终被动，仅仅在教师要求理解背诵时进行机械记忆，在后续高难度知识学习及日常生活交际中都难以灵活运用所学，这降低了英语教学的价值，因此教师必须展开课程优化与改革，为学生提供最优质的教育服务。

在设置课程导入环节的过程中，首先需要明确单元整体话题，这样才能明确单课时的具体教学方向，再以此为基础根据本班学生学习状态、兴趣爱好、个性特征等信息科学选定绘本内容，在正式授课时将新知识自然地呈现在学生的面前，此外课程导入环节中绘本故事的展示能充分调动学生的学习积极性与主动性，他们会在浏览有趣英语故事的过程中对即将学习的内容产生初步的感性认知，并充分释放出语言表达的欲望，在特定的语用环境中积极参与后续主题实践活动，语用能力得到提升[4]。

例如，教授我们生活中的变化相关单元时，教师为更好体现出日常生活的变化，明确主题，可以利用绘本来导入课程，绘本中呈现的两人关于生活变化的对话可让学生对主题有一定了解，并可根据对话内容的变化更换相应的图片，这样一来能真正做到从视听入手强化学生对单元主题的感知能力，同时保证课时与课时之间教学的连贯性，促进学生综合素质的发展。

### （二）创建绘本语言环境，丰富语用素材

英语是语言类学科，小学时期英语教学的目标除强化学生英语意识、夯实学生英语基础外就是培养学生的语用能力，让全体学生都能理解知识内涵、掌握语用技巧，在实际应用中获得表达能力的提升，为后续的学习与发展做好铺垫。其间教师一定要改正自己身上的不足之处，绝对不能照本宣科、单纯口头讲解知识，逐字逐句解析词汇、语法不仅难以深化学生的记忆，甚至还会激起他们的厌烦、抵触心理，导致学生彻底失去英语学习兴趣，这限制了他们学习能力、语言能力的发展，不利于高效课堂的构建[5]。

为避免这样的情况，教师应及时转换教学方法，以对单元话题进行整体设计的方式拓宽单课时教学内容，再利用现代化信息技术制作生动、形象的绘本，并将二者有机融合，创建出特定的语言环境，彻底带领学生走出死记硬背的学习误区，让他们可以根据主要话题与绘本内容畅所欲言，将心中所思所想与教师、同学分享，并且逐渐放松身心，交谈内容不再局限于实际感想，学生可以结合绘本探索问题、分析问题、解决问题，从而更好地品读同一语句在不同语言环境中含义的差异，最终累积丰富的语用素材，为后续的学习与交流打下坚实的基础。

例如，教授沪教版六年级下册Unit 10 Great Story Books时，教师在教学过程中可为学生们播放*Andersen's Fairy Tales*（《安徒生童话》）、*Aesop's Fables*（《伊索寓言》）、*Grimm's Fairy Tales*（《格林童话》）绘本故事视频，从根本上激发学生对经典故事的阅读兴趣，在此基础上为学生创建优质语言交流环境，要求所有学生介绍自己喜欢的经典故事，相互之间分享阅读心得。在兴趣的基础上所有学生都能积极用英语语言表达自己的想法，由此提高整体阅读水平，实现单元教学目标。

### （三）组织单课时活动，保证绘本与新课结合

教师在整合单元知识点的过程中一定要将所有单课时内容连接在一起，将它们视为一个整体，从整体角度去思考课时与课时之间的联系，从整体到局部将单元与课时目标紧紧联系，最终构建一套完整的教学框架，让知识点教学的有效性得到明显提升，保证学生对英语知识的掌握能力逐步提高[6]。在此期间，教师必须注重对单课时教学活动的针对性设计，对教材内容进行加工处理，从而构建出生动有趣的故事，这样做能够从根本上保证绘本与课程内容结合，最大限度地提高教学的实效性，为学生未来学习与发展负责，实现理想化教育目标。

在将绘本与新课结合的过程中教师需保证不偏离单元教育主题，由此保证教学

的连贯性，培养学生逻辑性思维能力，发展学生核心素质。期间教师还需注重师生、生生间的有效互动，不能在完成绘本展示任务后照本宣科，而是要设置启发性探索问题、多元化实践任务，调动学生在课堂上的主观能动性，同时根据学生的个性特征，在班级范围内营造出舒适、轻松、融洽的氛围，使学生既能快速掌握所学知识的用法，还能得到语用能力锻炼，最终体会到学习英语的乐趣，实现英语核心素养发展[7]。

### （四）借助绘本组织实训，提高学生语用能力

小学时期学生普遍具有活泼、好动、好奇心强的特点，因此英语教师在教学的过程中要保证课堂充满活力，这样才能调动学生们的学习积极性，让学生们都能在主动探索、积极交流的过程中对知识产生更加深刻的认知，并对所学内容产生深刻记忆，实现学习效率与质量提升。教师必须端正自身的教育态度，摆脱应试教育思想的影响，对字面知识教学与语言训练给予同等重视，为学生们提供充足的语言交际空间，鼓励大家张口去说，彻底消除"哑巴英语"的问题，实现高质量教学[8]。

为实现上述理想化教育目标，教师需要注重对课上交流活动的组织，为充分调动学生的学习积极性、交流主动性，应该将生动形象的绘本引入课堂教学之中，为学生们提供有趣的交流话题，引导大家就话题内容展开积极讨论，自由表述观点，从语用中体会到英语学习的乐趣。与此同时教师应该和学生们一起针对绘本中人物的行为做出评价，展开自由表达，这既能实现学生思维水平的提升，又能使学生得到学习能力与语用能力的共同发展，促使学生整体英语水平的提升。

例如，教授沪教版六年级下册Unit 1 You and Me时，教师首先将激发学生学习兴趣、语用兴趣作为目标，通过绘本故事呈现出weight、kilogram、centimeter、taller、fantastic、themselves等词，让学生能够在理解主题对话内容的前提下深化对这一系列词汇的认知，在此基础上鼓励学生两人一组展开巩固练习，结合生活实际完成"询问具体个人信息、比较信息"主题对话，不限制对话具体内容，让他们在复习巩固的同时挖掘自身潜能，进而实现语言能力的提升。

综上所述，小学时期是英语教学的启蒙时期，教师在教学的过程中必须将学生视为课堂的核心，将促进他们的全面发展视为基本目标，在此基础上丰富课程内容、增加教学形式，并且在明确核心话题的前提下合理利用绘本展开单课时教学，设置多元导入环节、创建特定语言环境、组织丰富实践训练，从而完成高效课堂的构建，以此激发学生对英语知识的学习兴趣，强化他们的综合语用水平，实现理想化教育目标。

## 参考文献

［1］奚冬梅．英语绘本教学三部曲：选材　用材　编材［J］．华夏教师，2019（12）：48–49．

［2］董润禹．应用英文绘本培养学生英语阅读素养的路径探析［J］．吉林省教育学院学报，2019（10）：24–29．

［3］吴露．小学英语绘本教学的优化研究：以长沙市S小学为例［D］．长沙：湖南师范大学，2018．

［4］凌霄燕．绘本融合：英语课程实施的有效途径［J］．教学月刊（小学版）综合，2018（3）：28–33．

［5］徐铖铖，范士龙．小学英语绘本教学存在的问题及对策研究［J］．考试周刊，2020（74）：97–98．

［6］王清梅．英语绘本教学在小学英语教学中的应用［J］．课程教育研究，2020（13）：98．

［7］温小合．英语绘本在小学英语教学中的运用与研究［J］．才智，2020（12）：11．

［8］杨番．小学英语绘本教学存在的问题及对策研究［J］．校园英语，2020（43）：202–203．

# 小学英语语音教学之英语自然拼读法的应用

## ——一把开启孩子英文自主阅读的钥匙

深圳市宝安区天骄小学　查玢玢

【摘要】《小学英语教学大纲》提出小学阶段对儿童英语语音、语调的教学是必不可少的，那么结合小学生身心发展与认知特点，以及传统的音标教学抽象复杂的特点，寻求一种更加适合小学阶段学生语音学习的方法是很有必要的，因此自然拼读法在小学英语语音教学中逐步得到推广应用。自然拼读法如同汉语拼音拼读法，它阐述一种发音规则，是英语学习必备的一种实用性工具与方法，它揭示了英文字母（Letter）与语音（Sound）间的对应关系，是美国、加拿大本土孩子的必学方法。在初级英语中86%的单词在拼读时都是有规律可循的，一旦掌握了发音规则，学生不必翻查字典就能够顺利地将单词读出，英语学习因此变得简单、快乐、有趣。此外，全国名校长张云鹰教授在《开放式教育》一书中提到开放式教学要让学生从课内走向课外，学校的教育要做到学习空间开放，那么对于没有母语环境的中国小学生而言，英语课堂也不应是他们学习英语的唯一场所，而自然拼读法就犹如一把钥匙，使学生可以自主阅读各种少儿英语读物。

【关键词】音标；自然拼读法；语音教学；自主阅读

### 一、小学英语语音教学简述

小学英语教学是通过生动活泼的课堂教学活动，对学生进行基本的听、说、读、写训练，使学生打好基础。语言学习以听力为先，在大量获取语言信息后，学生通过模仿习得语言。这就要求老师在给学生输入语言信息时既要保证内容的科学性，还要重视语音的准确性，例如，在汉语教学中，学习拼音不仅是为了让学生们通过拼音认识更多的汉字并自主阅读，也是为了纠正他们不正确的发音，使他们能够说标准的普通话。同理，在英语教学中，教师给学生输入语言信息时语音语调要准确，这样学生通过模仿正确的语音、语调也就自然能够说出标准、地道的英语。

## （一）音标教学的优缺点

学习正确的语音、语调是学习英语必不可少的环节，因此在20世纪90年代，英语课堂实践中就出现了音标教学。英语国际音标是标注英语发音的一套符号系统。学生们通过模仿口型学习发音规则，即可准确地找到发音部位并发出正确的读音。音标教学对单词中每一个音的口型、发音部位划分都非常清晰，正因为对于每一个音划分得很清楚，音标学习对于纠正发音是非常有用的。实践也证明，在经过音标学习后，学生们语音标准、语调地道。另外音标是国际通用的，所以学生们在遇到不会读的单词时，只要看到音标就能将其拼读出来，可这也产生了新的问题，学生们在拼读单词时，离开音标还是不会读，此外，音标符号抽象难记、分类系统复杂。音标分类如图1所示。

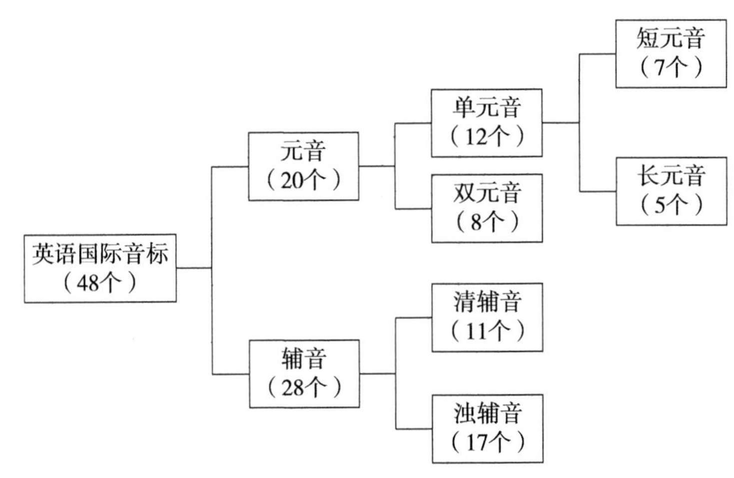


**图1　音标分类**

复杂的音标给刚学习英语的学生增添了学习负担，不利于英语学习兴趣的培养，再者音标符号不能很好地与字母联系起来，所以对于学生记忆词汇方面还是没有太大的帮助。因此随着外语教学理论的不断完善，音标教学渐渐退出了英语课堂。但是小学英语语音教学并未就此终止，借鉴国外英语教学经验，我国小学英语语音教学渐渐找到了新的思路——自然拼读法。

## （二）国内外儿童英语语音教学现状

《义务教育英语课程标准（2011年版）》对小学英语语音学习提出了明确要求——语音、语调基本正确、自然、流畅；能够根据读音拼写单词。那么，没有音标的辅助，如何有效地开展语音教学？答案是使用自然拼读法。在美国，儿童从

幼儿园就开始学习自然拼读法，以培养语音意识（Phonemic Awareness）。在英国，BBC（英国广播公司）专门录制一档儿童语音学习节目*Fun with Phonics*，并且牛津大学出版社出版的*Let's go English Time*等教材中也加入自然拼读法内容。在香港、台湾，自然拼读法是小学英语课必修内容；在北京、上海，自然拼读法也逐步得到推广。那么什么是自然拼读法？

## 二、自然拼读法

### （一）什么是自然拼读法

自然拼读法如同汉语的拼音拼读，是英语学习必备的一种实用性工具与方法，英语有26个字母，每一个字母都有两种读音：一种是Letter Name（字母读音），另一种是Letter Sound（字母发音），自然拼读法就是讲述字母与其语音间的对应关系，它是欧美国家本土孩子的必修内容。

### （二）自然拼读法的特点

在初级英语中86%的单词在拼读时都是有规律可循的，还有14%是常用词，因此儿童一旦掌握了这种规律就不必去翻查字典而能够顺利地将单词读出，使英语学习变得简单、快乐、有趣。

由于自然拼读法涉及每一个音与字母之间的对应关系，学生们在掌握了相关拼读规则后，就能具备见词能读、听音能写的能力，这就大大降低了读单词、背单词、写单词的难度。

除此以外，自然拼读法可以辅助英语学科教学，学生在掌握了自然拼读法后，可以自主拼读，从而保证了英语学科课堂的高效性。

当然，自然拼读法有局限性，因为英语是一个具有包容性的语言，英语中有很多来自不同国家的舶来语，那么对于这些词的拼读需要借助音标才能完成；并且自然拼读规则中对每一个音的发音部位没有特别讲述，所以在学习时需要不断模仿才能达到标准的读音，这也对老师的语音语调提出了更高的要求。

### （三）如何在小学英语语音教学中加入自然拼读法

在小学英语课堂中，由于一年级上学期学生们学习汉语拼音，学习自然拼读法适合设置在学生学完汉语拼音后。学生在学习完汉语拼音后的拼读能力得到了很大提高，这样非常有利于英语的拼读学习。在课堂上讲授单词时，教师需要有意识地向学生讲解单词中每个字母的发音，然后将所有的音连起来读出来。在教学活动设计中，教师要从学生学过的单词入手，找出含有相同字母的单词，让学生通过读音辨别单词中具有哪些相同的音素，然后将这些音素与对应的字母联系起来，建立字母与发音的联系。这样的活动有利于培养学生的语音意识，使学生在遇到下一个含有相同音的单词时能自主地意识到其中有对应这个相同音的字母，久而久之学生就形成了一种思维习惯，拥有了看词能读、听音能写的能力。

此外，教师在讲字母发音时，要保证每一个音的准确性，小学生模仿能力很强，可通过反复模仿纠正让其语音语调标准。自然拼读法分为三个阶段，每个阶段的内容层层递进，如表1所示。

表1　自然拼读法三个阶段的具体内容

| 阶段 | 具体内容 | |
|---|---|---|
| 第一个阶段 | 字母的发音 | 26个字母的基本发音 |
| 第二个阶段 | 元音的基本发音 | a，e，i，o，u的基本发音 |
| | 分离元音组的发音 | a–e，e–e，i–e，o–e，u–e中元音的发音 |
| | 一般元音组的发音 | ai，ay，ee，oa，ea，ey，oe，ow，ie，ui，ue的发音 |
| | 特殊元音组的发音 | ou，oo，oi，oy，au，aw，al，ew，uy的发音 |
| | 元音加r的发音 | ar，er，ir，ur，or，ore，oar，oor，our，ear，air，wor，eer |
| 第三个阶段 | 字母c，g，y的发音 | c，g，y在不同情况下的发音 |
| | 发一个音的辅音字母组合 | ch，tch，sh，ti，si，ci，th，wh，ph，kn，ck，wr，dge |
| | 发混合音的辅音字母组合 | br，cr，dr，fr，gr，tr，pr，str，bl，fl，cl，gl，pl，sl，sk，sn，sp，sw，sm，st |
| | 屈折词缀及缩写形式的拼读 | 音节的概念及划分方法 |
| | 音节的划分及语调 | –s/es/d/ed/ing/er/est |

### （四）自然拼读法与自主阅读的关系

语言的学习离不开阅读，阅读是输入语言信息的重要途径，教师教授自然拼读法不仅仅是为了让孩子能够读单词、写单词，更是为了让孩子能够提前进入阅读领域。在缺乏本土语言环境的情况下，如何给孩子输入更多的英语语言信息？在这方面，阅读起到了至关重要的作用。全国名校长张云鹰教授在《开放式教育》一书中提到要让学生从课内走向课外，学校的教育要做到学习空间开放，那么对于没有母语环境的中国小学生而言，英语课堂也不应是他们学习英语的唯一场所，英语的学习也不仅仅局限于课堂上的四十多分钟，而是要延伸到课外。正如张教授所言，“下课铃声响了”不是结束，而是开始，是求知长智的开始。

那么如何让学生自主开启课外阅读的大门？自然拼读法就犹如给了儿童一把钥匙。儿童在掌握了自然拼读法后，可以自己拼读出不认识的单词，从而建立起阅读的信心，渐渐产生阅读的兴趣，并通过阅读不断提高英语水平。

## 三、小结

语音、语调是小学英语教学内容中一个重要的部分，如何采取有效的、适合小学生认知特点的方法开展教学也是至关重要的。学习国外先进教学经验，引进自然拼读法已经成为小学语音、语调教学的大趋势。在小学英语课堂中如何加入自然拼读法，如何将自然拼读法内容与现行教材结合是值得每一个小学英语教师思考和探究的。此外，根据蒙台梭利有关关键期的理论，小学生正处于学习外语的关键期，他们模仿能力强、可塑性强，对语言信息敏感，那么如何在这一关键期给他们输入更多的语言信息？如何让他们提前进入阅读领域，而不是等到学会多少单词了再去阅读？自然拼读法可以很好地解决问题，正如汉语拼音可以让儿童自主通过拼音阅读一样。因此，小学英语课堂中加入自然拼读法内容是很有必要的，不仅能够让学生说地道、漂亮的英语，更能让他们通过阅读获得更多的语言信息、提高英语综合水平。

**参考文献**

［1］中华人民共和国教育部. 义务教育英语课程标准：2011年版［M］. 北京：北京师范大学出版社，2011.

［2］张云鹰. 开放式教育［M］. 北京：教育科学出版社，2011.

［3］蒙台梭利. 蒙台梭利早教圣经［M］. 陈明，编译. 哈尔滨：黑龙江科学技术出版社，2011.

# 指向思维品质培养的小学低年段英语故事深度阅读策略

## ——以牛津深圳版一年级下册Module 4 Unit 12为例

深圳市宝安区海韵学校　张　明

小学低年段的英语课堂对于思维品质的关注和培养较少，这样一来，高年级较高阶的思维又该如何形成呢？显然培养学生思维品质是一个循序渐进、由浅入深的持续过程，其无法一蹴而就。

《普通高中英语课程标准（2017年版）》针对英语学科核心素养中的思维品质，指出思维品质是思维在逻辑性、批判性、创新性等方面所表现的能力和水平。思维品质体现英语学科核心素养的心智特征。思维品质的发展有助于提升学生分析和解决问题的能力，使他们能够从跨文化视角观察和认识世界，对事物作出正确的价值判断。正如程晓堂教授所言：用英语进行理解和表达的过程不仅有利于学生培养通用思维能力（如识别、理解、判断），而且有利于学生逐步形成英语使用者（不一定是英语本族读者）独有或擅长的思维方式和思维能力。可见，思维品质的培养离不开语言学习本身。可以语言学习为载体，挖掘语言背后所蕴藏的思维品质或者多种文化可能性。在牛津深圳版一年级下册Module 4 Unit 12中，由于狼来了的故事内容并不新鲜，若只是让学生简单理解几句台词、机械表演，似乎忽视了对学生思维品质的培养。因此笔者从引导性问题设置的角度进行考量，在讲故事的同时，链接多种思维品质，引导学生主动思考、深度阅读、发展思维品质。

苏格拉底认为应以有组织、有条理的对话激发学生的逻辑思考，以验证各种观点。苏格拉底式提问关注的是思考本身，这与Black和Wiliam关于好的问题的观点不谋而合：好的问题就是能够引起学生思考的问题。罗少茜等认为，教育工作者通常会根据Anderson等的认知技能等级将教师的课堂提问分为六类：知识性问题（要求学生提取大脑中的数据或信息），理解性问题（要求学生理解意义），应用性问题（要求学生在新环境中使用概念），分析性问题（要求学生将概念分解，区别事实与推论），评估性问题（对观点或产品的价值做判断），创造性问题（也是最具挑战的问题，要求学生将细节或部分打造成连贯的、新的、不同的整体）。

在进行“图片环游”时，可借助层层递进的问题链引导学生深入理解故事，激活思维。

Q1：What do you see in the picture?（观察图片）

Q2：How does/do the boy/sheep feel?（体验角色情感）

Q3：What can he do now?（尝试推理和猜测）

Q4：What does he do?（再一次观察图片）

Q5：What do you think of the boy? Why?（发表观点）

可以看出，以上五个问题由浅入深，从观察图片、陈述事实到分析人物、发表观点，对学生思维的要求也在一步步提高。尤其是Q5，不仅询问了学生的观点，还要追问一下原因，这要求学生厘清思路，学着用论据支撑论点，自圆其说。同样的问题链循环两次，第二次提问时，个别重复的问题显得无意义，可做适当调整，如：

Q6：What do you see now?（观察图片变化）

Q7：How does the boy feel? Is he still happy?（体会角色情感变化）

Q8：What can he do now?（对比前情进行推理和猜测）

Q9：Will the farmers come to help? Why?（再次推理和猜测）

Q10：What do you think of the farmers? Why?（发表观点）

小学阶段的孩子好奇心强，教师适当引导，可大大调动其积极性，增加师生互动的频度和质量。尤其在面对Q8时，学生冒出各种想法：爬上树、躲起来、边跑边喊…… 这是真正在交流。钟启泉认为，事实上，教学过程是社会交互作用的过程，不是教师借助片面传递信息而强制性地将知识灌输给儿童，而是儿童在同教师交往的过程中自主建构知识和发现意义的过程。

经过前面的铺垫，故事即将达到高潮，接下来又可以提出以下既包含对比、分析，又需要发挥想象、合理猜测的综合性问题来激发学生思维，如：

Q11：What will happen next?（对故事后续发展进行推理和猜测）

Q12：Will the farmers come to help? Why?（对比前情再次推理和猜测）

Q13：If you were the boy，what could you do?（联系自身，开展想象）

Q14：If you don't like this story，can you make a new one?（评价结局，创编新结尾）

从以上问题设置的分类来看，其既有知识性问题，如Q1、Q4、Q6，也有分析性问题，如Q2、Q3、Q7、Q8、Q9、Q11、Q12，还有评估性问题，如Q5、Q10，以及创造性的问题，如Q13、Q14，相应地对学生的思维认知水平也有层级性、递进性的要求。如Q13、Q14创造性问题十分有助于发展学生的批判性思维，使他们跳出书本的桎梏，大胆质疑，通过师生互动和小组合作，对彼此之间不同的想法进行分享、交流、评估、更新，达到一个思维的高潮。因此，提问能有效地推进学生对故事的深度阅读，使其对故事脉络、人物情绪和故事细节有更好把握，并且可将相关的策略进行迁移，运用到其他故事的阅读过程中。

不积小流无以成江海，简单的语言内容背后一样蕴藏着丰富的内涵信息和培养思维品质的契机。应试教育与素质教育的根本区别就在于，前者由于关注显性学力而抹杀了隐性学力，这种没有根基的学力终究是没有活力的，不是真正的学力。如果能从低年级就注重培养学生关注语言背后的价值，启发思维，探求意义，基于文本，深入文本，日积月累相信最终也一定能够超越文本，实现学生的成长。

**参考文献**

[1] 博赞．思维导图使用手册［M］．丁大刚，张斌，译．北京：化学工业出版社，2011.

[2] 罗少茜，黄剑，马晓蕾．促进学习：二语教学中的形成性评价［M］．北京：外语教学与研究出版社，2014.

[3] 钟启泉．读懂课堂［M］．上海：华东师范大学出版社，2015.

[4] 中华人民共和国教育部．普通高中英语课程标准：2017年版［M］．北京：人民教育出版社，2018.

[5] 程晓堂，赵思奇．英语学科核心素养的实质内涵［J］．课程·教材·教法，2016（5）：79-86.

[6] 韩冰．小学英语绘本教学中优化课堂提问的原则和策略［J］．英语学习，2018（10）：58-61.

# 指向深度学习的英语故事阅读任务设计

## ——以Oxford English（深港版）六年级下册Module 3 Unit 7故事板块为例

深圳市宝安区荣根学校　马　柔

【摘要】深度学习项目为教师改进和探索教学改革的实践提供了创新视角。本文对深度学习的概念和内涵进行了深层整理，并尝试以沪教牛津英语（深港版）的故事板块为例，探索和设计具有挑战性的阅读学习任务，促进达成学生个性化发展目标，让深度学习在教学实践中真正发生。同时在真实的任务过程中，培养学生的高阶思维，拓展学习视野，最终实现终身发展。

【关键词】深度学习；挑战性任务；高阶思维；终身发展

### 一、为何设计指向深度学习的英语阅读任务

首先，当下的英语教学存在浅层碎片、机械学习的现象，教学流于活动形式，表层化、贴标签的痕迹较明显。学习活动成为学生为顺应老师教学节奏的一种“我思考、我参与、我学习，是老师想要的”浅层学习现象。如此一来，学生理解知识、建构意义、解决问题能力的发展逐渐受到局限，最终导致英语教学无法实现学生心智的自由发展，培养不了顺应社会发展所需要的人才。这一现象成为当前深化课程改革、培养学科核心素养亟须解决的问题。因此，深度学习项目应运而生，为教师提供思考教学问题的基本思想方法，为教师研究、建立教学改革的实践模型提供重要抓手，能切实促进学生深度学习。

其次，故事教学在教材中所占比例高达60%～70%，而目前小学英语故事教学层次不清晰，语用缺失明显，英语教师采取的自上而下“三步走”教学模式难以引起和保持学生的英语阅读兴趣，更无法培养学生的阅读素养。阅读与单元主题相匹配的故事材料，应该是指向深度的学习过程，而非注重表演性的结果。杜威提出：以儿童的本能为基础，提供必要的环境刺激，促使儿童与生俱来的能力发展。这种环境刺激就是从学生视角出发设计阅读学习任务，让学生在完成任务的过程中运用语言，满足其个性化发展需求。学生在任务的驱动下，基于已有的知识和经验，以

解决问题为目的，主动学习和运用语言知识、技能和学习策略，探究故事材料背后的意义。本文即用深度阅读任务来铺垫深度思考的基础，聚焦在深度阅读任务中实现深度学习，提升思维品质，发展核心素养。

最后，根据维果茨基的最近发展区理论，教师在学生的最近发展区内开展的教学才是最佳的教学。日本学者佐藤学也明确指出：教师的责任在于实现每一个学生的学习权，给学生挑战高水准学习的机会。为此，聚焦于挑战性学习，基于问题、探究的挑战性学习任务在一定程度上兼有实践性和创造性，能有效促进深度学习。学生在具有挑战性的任务中，进行目标明确、自主探究、富有价值的学习，从而让学习真正发生。

## 二、何为指向深度学习的英语阅读任务

第一，在国内教育领域，何玲、黎加厚最早界定了深度学习的概念。但在中小学课程与教学改革领域，关于深度学习最为广泛接受的定义是郭华（2021）提出的。她指出：所谓深度学习，就是指在教师引领下，学生围绕着具有挑战性的学习主题，全身心积极参与、体验成功、获得发展的有意义的学习过程。在这个过程中，学生掌握学科的核心知识，理解学习的过程，把握学科的本质以及思想方法，形成积极的内在学习动机、高级的社会性情感、积极的态度、正确的价值观，成为既具有独立性、批判性、创造性又有合作精神、基础扎实的优秀的学习者，成为未来社会历史实践的主人。

第二，沪教牛津英语（深港版）教材中故事板块属于小学阶段的阅读材料，学生的学习基础和水平有限，设计阅读学习任务从文本语言解读出发，合理搭建支架，使学生变被动接受为主动学习。“支架”（Scaffolding）最早是美国著名教育家和心理学家布鲁姆从建筑行业借用的一个术语，是培育学生分析、比较、概括、归纳等高阶思维技能的载体，学生通过问答、判断、排序、表达等将内显的思维结果外显性呈现，真正做到“内化于心，外化于行”。日常教学中，板书、语言、屏幕等资源，其实就是在学习过程中逐步构建出来的语用支架、思维支架。学生感知、体验、参与等活动借助教师提供的各种支架式辅助物，能在完成任务过程中无上限地语言输出。如六年级下册 Module 3 Unit 7 的故事 *The bee and the ant*（《蜜蜂和蚂蚁》）。

其一，语言支架式任务 Let’s talk 激活语言，预热话题（见图 1）。

图1　语言支架式任务Let's talk示例

其二，思维支架式任务Make a poem归纳小结，尝试语用（见图2）。

Golden rules for being happy:

Little little ant,never be unhappy.

Also hard working,very very busy.

Help more people,

kind and helpful.

Just like little bee,

always be more happy.

If you can help others,people will__________you.

图2　思维支架式任务Make a poem示例

其三，语用支架式任务Think and write and share关联生活，综合输出（见图3）。

Think and write and share

**Being a people like the______**

1 Many people liked the bee. They all praised her for her hard work.

2 The bee works hard. She goes out early in the morning and comes home late in the evening.

3 I want to be a people like the__________.
I can__________________________ at home.
I can_________________________ at school.
I can________________________in the street.

4 Helping more people,we can be happy for a lifetime.

图3　语用支架式任务Think and write and share示例

第三，布鲁姆学习金字塔里最顶层的学以致用、创新迁移，用结构化的思维方式获得人格的健全和精神的成长。在阅读教学实践中，教师对教材进行再认识，将隐性的语言价值挖掘出来，聚类分析其意图，确定指向深度学习的预期任务结果，有效地指向思维品质的深度培育。教师基于故事背后的育人价值，让学生通过具体真实的语用行为完成具体学习任务，在过程中关联真实世界，并结合所学知识理解真实的世界、解决实际问题，逐步达成教学目标。指向深度学习的任务活动，重在落实学生做出决策和实现问题的解决途径，发生真实的有深度的学习，真正从知识本位走向素养本位。

## 三、如何设计指向深度学习的英语故事阅读任务

设计学习任务可结合实际对原有的三段式教学模式进行适当调整，基于任务设计由浅入深的阶梯式教学环节，以促进学生深度学习和核心素养的发展。本文结合Oxford English（深港版）6年级下册Module 3 Unit 7故事板块的三个片段，探讨如何优化阅读学习任务设计，达到促进学生高阶思维发展和深度学习的目的。

### （一）合理利用插图或标题，激活已有知识，培养预测探究能力

在学生拿到故事材料后，文本中最直观和吸引人的内容就是插图和标题。教师可以引导学生激活已有的知识，并对将要阅读的文本进行大胆预测，从而降低学生对于文字较多的故事材料的恐惧。同时，还可以激发学生的阅读兴趣。

**［教学片段1］**

蜜蜂和蚂蚁是这个故事的主角，教师在阅读前的任务链设计如下：①头脑风暴，激活蜜蜂特征的语言点；②谜语激趣，用师生问答与生活中了解的蚂蚁的特征建立关联，激活蚂蚁已有语言点；③蜜蜂和蚂蚁，Which one do you like? Why?；④引导学生观察文本中的插图，并设置合理的话题让学生进行自由讨论，进行自由的交流。指向获取信息的任务一和任务二如图4和图5所示。

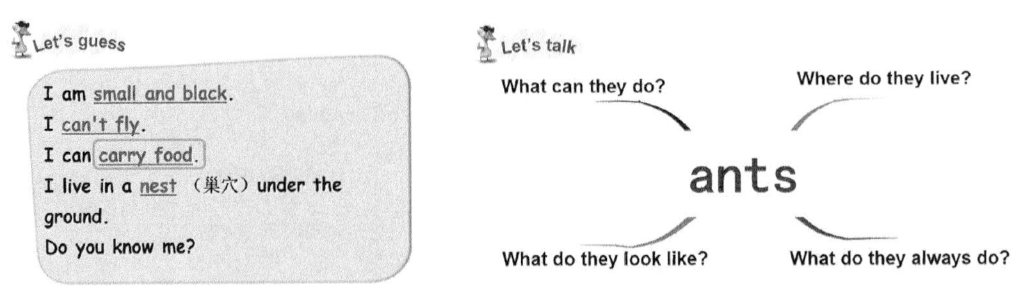


图4　指向获取信息的任务一：Let's guess和Let's talk

6B Module 3 Unit 7 Helping others

The bee and the ant

H is heart (warm hearted)

E is encourage (encourage others)

L is love (love others)

P is praise (praise others)

**图5 指向获取信息的任务二：Let's talk**

T：Some of you like the bee because she can make honey. The honey help people to keep healthy.

Look at the picture in the story. Who can help others? The bee or the the ant? Let's find what happened in the story.

这幅插图的作用就像一个开关，立刻打开了学生的思维。出于对蜜蜂的喜爱，学生愿意说出自己对蜜蜂的了解。第二句过渡语“Let's find what happened in the story”更能激发学生的求知欲，帮助他们进一步发挥预测和探究的能力。

### （二）关注阅读细节，吃透文本，发展判断推理能力

真正的阅读是学生主动承担任务，深度理解文本，并形成自己独有的见解。如果教师在阅读教学时只是引导学生按部就班地获取文本信息、解答问题，那么无法培养他们的思维能力，学生只能被动地跟着教师的节奏，没有自己的想法。因此，教师应该引导学生利用文本已有的信息进行判断推理的训练，让学生寻找文本的主要线索、理解文本的主要内容和作者的写作意图，成为真正的阅读者。

[ **教学片段2** ]

关注细节一，处理信息：

T：People liked the bee and always praised the bee. How did the bee feel?（happy）

T：People praised the bee，never praised the ant. How did the ant feel?（unhappy）

So what did he think?

关注细节二：

细节的阅读任务之后，抓住契机趁热打铁再追问：“If people just praise your friends，never praise you，how did you feel? Why? ”学生讨论任务过后勇于表达交流，形成自己独有的见解，结合自己观点再给不快乐的蚂蚁一些变得快乐的黄金法则帮助它快乐起来，达到深度学习的目的。

## （三）迁移运用，升华主题，提升思维高度

阅读后，故事主题意义的探究效果，直接关系到学习的有效性。教师需要引导学生巩固和内化所学知识，并在深度思考和学习引领的任务下进行迁移运用和个性化表达，升华主题意义。

**1.角色扮演，体验主题**

在跟读完文本后，教师鼓励学生融入语境，展开个性化、多样化的语言表达，在主要情节的对话表演中感受故事语言和角色情感，在表达中展现自我。学生通过角色扮演，结合自身感受，丰富角色语言，走出“以本为本”的阅读障碍，在表演中打开思维想象之门，迸发思维灵感，促进情感表达，提高语用的准确性和灵活性（见图6）。

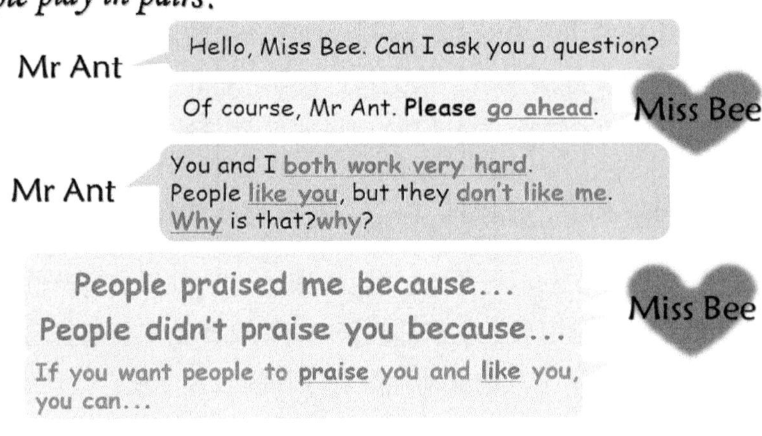


图6　角色扮演示例

**2.情景迁移，领悟主题**

通过再次梳理和retell the story的任务，学生提炼出代表本文核心价值的主题关键语言，为综合语用做好铺垫。

**3.情感共鸣，升华主题**

在学生厘清文本思路后，引导学生进一步挖掘文本主题的情感因素，将文本主题意义与自己的实际相关联，对“so many people in need in our life，what can you do to help others”进行深入探讨。

教师充分挖掘故事文本主题中的情感因素，引导学生感悟主题内涵，并将其进行内化，挖掘文本主题所承载的文化意义和价值内容，再次指向深度学习，感受生活中的真、善、美（见图7、图8）。

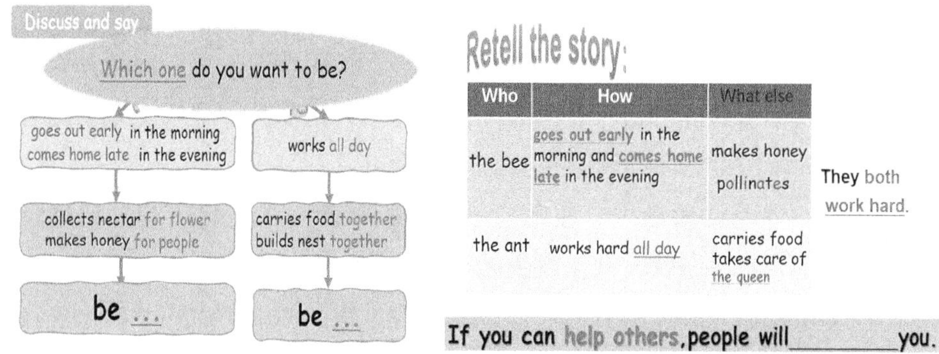


图7　指向运用信息和转换信息的任务：Discuss and say和Retell the story

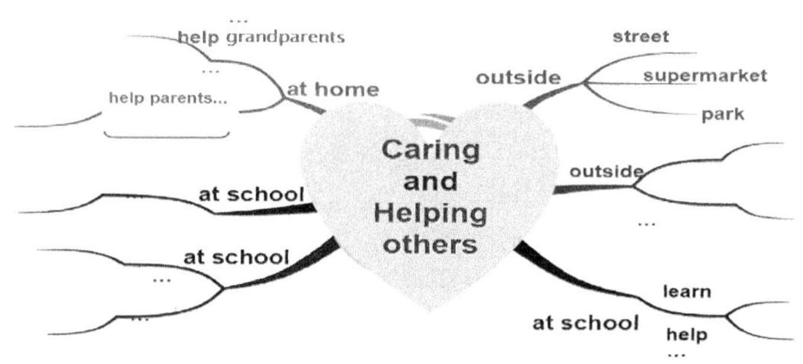


图8　指向运用信息的任务：Discuss and say

如果仅仅停留在课堂上，那么深度阅读的种子就没法生根发芽，教师应该让思绪在课外继续延续。教师除了选择一些素材在课堂上使用，也要依据生活、自然、娱乐等主题，渗透主题情感教育，扩展到生活中，让不同层次的学生感受到学习的乐趣。

## 四、总结

指向深度学习的任务为学生提供学习支架，帮助构建学习路径。在学习之前进行一定的知识铺垫，提供相匹配的练习，帮助学生厘清故事的知识脉络，在学生头脑中建构清晰的学习路径；将课本知识与学生需要学习的内容相连接，合理设计任务可以提高学生的学习自信心，获得良好的课堂效果。

第一，指向深度学习的任务调动学生的学习热情和兴趣，激发学生的参与度。多样化学习任务、灵活设置任务形式，能激发学生好奇心和参与热情，让学生在学习中都能找到自己的兴奋点和困惑点，在完成任务中获得知识、提升能力、丰富情感，从而获得自身成长和学习的能力和经验。

第二，指向深度学习任务的设计要兼顾不同层次的学生，实现共同进步。设置难度分层，基础任务也好，拔高任务也好，可满足不同水平学生的需求，让所有程度的学生均学有所得。鼓励学生合作互补，实现共同进步。

第三，指向深度学习的任务中设置评价板块，检测学习效果，让教师对课堂效果、学生对自我学习状况都进行及时的评价、总结，帮助教师根据课堂情况调节教学策略，控制教学进度，学生课下进行总结及复习。

第四，在日常英语教学中，教师应该充分挖掘教材的故事资源，通过自主阅读、分享交流等方式，有效地激发学生的阅读兴趣，发展学生的语言综合能力。基于每一个任务最终服务阅读的目标设计，希望通过指向深度学习任务的设计这种模式培养学生的关键能力和必备品格，实现“全人”的培养。

**参考文献**

[1] 梅德明，王蔷. 普通高中英语课程标准（2017年版）解读［M］. 北京：高等教育出版社，2018.

[2] 刘月霞，郭华. 深度学习：走向核心素养（理论普及读本）［M］. 北京：教育科学出版社，2018.

[3] 孙晓慧，钱小芳，王蔷，等. 基于英语学习活动观的高中英语阅读教学设计解析［J］. 中小学外语教学（中学篇），2019（4）：44–48.

[4] 王蔷，胡亚琳. 英语学科能力及其表现研究［J］. 教育学报，2017（2）：61–70.

[5] 左小玉. 小学英语阅读教学中培养学生思维品质的策略［J］. 中小学外语教学（小学篇），2018（3）：1–6.

# 自然拼读法在小学英语课堂教学中的应用

## ——以沪教牛津版为例

深圳市宝安区文汇学校　谭　[illegible]

【摘要】我国教育部颁布的《小学英语课程教学基本要求（试行）》和修订的《义务教育英语课程标准（2011年版）》中，都要求中小学生了解掌握字母的拼读规律，并根据拼读规律读出简单的单词。这个要求对于学生的词汇掌握和阅读学习都意义重大。然而，一、二年级的小朋友在朗读课文单词和识记单词时，容易和语文的拼音混淆，并且会混淆英语字母音和发声音，导致阅读障碍，无法流畅阅读。自然拼读法是一种让学生学习拼读规律的有效教学方法。本文通过案例分析呈现自然拼读法是如何有机融合在深圳主流教材牛津英语中，并进行了相关思考。

**【关键词】自然拼读法；牛津英语教材；融合**

自然拼读法的英文是Phonics，直译过来是福尼斯英语教学法，是澳大利亚的爱文·葛拉尔德女士（Evelyn Garrard）创立的一种不用学音标，直接学习120条英语音素的读音规则，学习者可直接根据英文字母在单词中的读音规则朗读英文、进行阅读理解的教学方法。英语是拼音文字，单词字母拼写是表音的。英语国家的统计数字显示：97.4%的英语单词是符合发音规律的，即音形之间存在内在的对应关系。通过自然拼读法的学习，掌握了字母及字母组合的读音规则——英语语言文字音形的规律，英语单词的拼写记忆和发音的学习将会是件非常容易的事。自然拼读法不仅是以英语为母语国家的孩子学习英语读音和拼字并增进阅读能力与理解的教学法，更是以英语为第二语言的英语初学者学习发音规则与拼读技巧的教学方法。国外研究表明，阅读能力低下的学生，主要的阅读障碍是不能较好地建立起语言声音与文字之间的联系，从而影响阅读速度和理解。帮助学生建立起语言声音与文字之间的联系是帮助其扫除阅读障碍，从而达到成功自主阅读的关键。

我国教育部颁发的《小学英语课程教学基本要求（试行）》和修订的《义

务教育英语课程标准（2011年版）》中，都要求中小学生了解掌握字母的拼读规律，并根据拼读规律读出简单的单词。这个要求对于学生的词汇和阅读学习都意义重大。而自然拼读法是一种让学生学习拼读规律的有效教学方法。运用自然拼读法时应避免孤立的拼读教学、割裂语篇教学和脱离生活的缺乏语境的语篇教学，可通过丰富语篇、关注思维、融合绘本、借助生活等方法创设多样的教学语境。

自然拼读法和阅读的关系决定了从低年级开始，教师如何运用这种方法帮助学生初步建立阅读意识。美国教育专家将儿童初学阅读的过程分为五个循序渐进的步骤：一是音素意识形成；二是字母发音规则掌握；三是准确与熟练；四是增大词汇量；五是结合使用。在知识构建的基础层面上（见图1），构成英语阅读理解能力的关键因素包括：①音素意识（Phonemic Awareness）；②字母发音、拼读（Letter Sounds and Phonics）；③文字概念（Concepts of Print）。

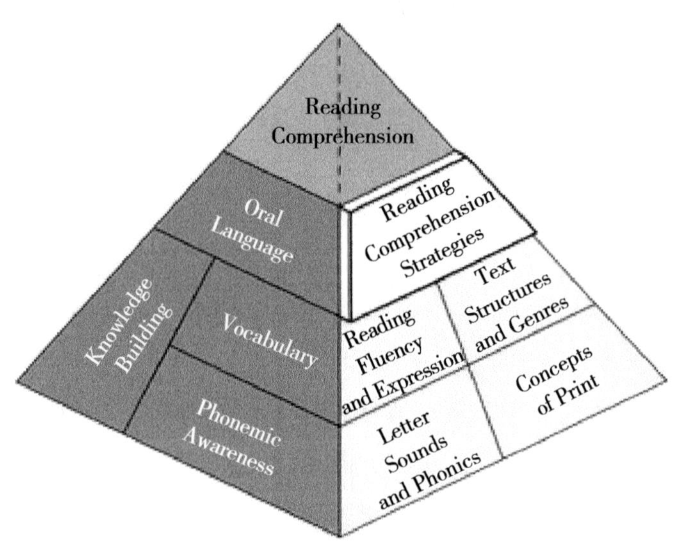


**图1　知识构建的基础层面**

如果没有音素意识的形成和字母发音规则掌握的基础，则难以达到对英语文字掌握的准确性和熟练性，更谈不上词汇量的扩大和文字阅读与理解的完美结合。文本概念和音素意识是拼读能力的基础，而拼读能力的有效发展才能确保阅读的流畅度，进而促进阅读理解能力；语言知识是解码能力和阅读理解的基础，而文化意识是对语言知识的有力补充，能帮助读者更好地提取信息和理解文本。

因此，本文在自然拼读法和深圳本土牛津英语如何有效地融合上进行了深度的思考和实践，通过团队成员周莹老师所上的一节三年级自然拼读绘本课充分展现了团队的阶段性研究成果。其教学内容为深圳牛津英语三年级下册Unit 4 “Animals in the zoo”（“动物园里的动物们”）第三课时。本课时是对第4单元“zoo”这一单词“oo”组合进行的自然拼读与阅读教学的拓展实践。本单元以课本主人公Kitty和Ben为线索人物，分别根据不同地点创设“在动物园”“在家”和“在梦境中”中关于动物的对话。学生们可以通过Kitty和Ben在动物园参观动物时的对话，学习参观动物园、植物园、科技园等语境下的知识，鼓励学生发现生活，爱动物、爱生活。

基于该主题，笔者设计了三个课时分话题，进行单元整体设计。课时一：Kitty and Ben visit zoo（参观动物园）；课时二：Kitty and Ben talk about zoo（在家看参观动物园的照片）；课时三：Kitty and Ben in the dream—*Hello*，*Moon!*（绘本拓展，认识更多动物）。

本文将以该节课为例，分析和探讨小学英语低年级课堂中如何融合自然拼读法提高学生的阅读素养。

## 一、自然拼读法与牛津教材相融合的总体思考

本节课的设计重点在于在教学过程中如何通过融合的原则和路径实现单课时目标的有效达成，难点在于教学课标对语音的具体要求不够明确和具体，在融合过程中，内容不宜过深和过广，要符合本年龄段学生的学情。以下通过具体案例进行说明。

本案例选自牛津英语3BM2U4P3“Animals in the zoo”，从怎样融合牛津英语教材的角度出发进行思考。研究案例设计按照如下流程图设计，设计重点在于融合了哪些内容，如何呈现融合内容；如何有效地在教学过程中融合自然拼读法、思考融合路径；在融合时需要思考哪些注意事项，思考融合原则，难点在于《义务教育英语课程标准（2011年版）》对语音的具体要求不够明确和具体，在融合过程中，内容不宜过深和过广，要符合本年龄段学生的学情（见图2）。

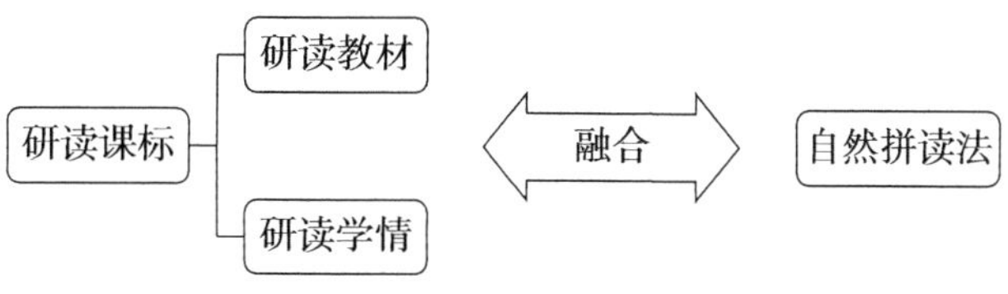


**图2 单课时融合流程**

## 二、牛津（深圳版）英语3年级下册Module 2 Unit 4 第三课时"Animals in the zoo"，"oo" *Hello，Moon!*

［**教学案例**］

### （一）创设主题语境，初步关注教材与自然拼读的切入点

本单元以课本主人公Kitty和Ben为线索人物，分别创设"在动物园""在家""在梦境中"的情景。本节课基于单元话题，结合绘本*Hello，Moon!* 设立Kitty在梦境中认识更多的动物，引导学生热爱动物、热爱生活的情感体验。第三课时以绘本*Hello，Moon!* 为延伸教学内容，其语音目标为掌握"oo"字母组合的发音规律，并指导阅读，迁移运用到其他含有相关字母组合的单词拼读中，学生能够朗读绘本、表演绘本，并能运用到其他含有相关字母组合的单词拼读。

［**教学思考**］本单元的主题是动物。这不是学生第一次接触"动物"这一概念。但是到三年级，学生需要思考动物是zoo animals（动物园里的动物）、wild animals（野生动物），还是farm animals（农场动物），这也是训练学生的归纳思维。学生对动物这一主题比较熟悉，能够简单介绍动物的外貌特征、颜色、喜欢吃的食物、擅长的动作等。基于以上分析，教师在导入阶段通过播放视频复习zoo的主题语境（进入梦境），初步引导、带领学生接触该主题。而后，教师通过Kitty和Ben在梦境，提出在梦境主人公是否飞向了月球，引出moon这个单词，并提出问题："你想不想去月球？你怎么去月球？"拓展学生思维，并关联moon和zoo，引导学生思考moon和zoo的共同点，找出两个单词里共同的oo的发音，为接下来带oo字母组合的单词教学做基础。而这种设计弥补了自然拼读法的拼读规则割裂语篇教学的方式，自然拼读教学不能脱离语境语篇，如果只是单纯地教授字母组合和发音，学生会缺乏在实际中利用学过的知识阅读绘本的能力。

### （二）研读课标，明确要求，确定教学内容

《义务教育英语课程标准（2011年版）》中的二级语言知识里包括语音、词汇、语法、功能和话题。其中语音知识标准要求学生能正确读出26个字母，能了解简单的拼读规律。字母oo的发音是小学阶段乃至初中的教学难点，学生容易混淆/uː/和/u/的发音。通过绘本学习任务，融合自然拼读法，初步对oo发的长元音/uː/以及一、二年级学过的book、cook等d、k前面的oo发短音/u/进行区分，培养对比思

维，帮助学生巩固和综合运用本单元所学的知识和技能，通过绘本故事让学生懂得关爱动物、热爱生活。

［**教学思考**］目前，部分老师还是存在教学设计时注重形式而忽略注重意义这一原则，即教师过于注重语言能力目标的达成（如拼读规律的呈现），而忽视语言在语境中的呈现，即在语篇中进行拼读规律的教授。

因此，在进行设计时，基于课标，研读课标，明确我区三年级所需达到的教学目标。从英语学科的核心素养来看，在教学设计时，教师除了思考学生本节课需要掌握基本语言能力外，还需对其文化意识、思维品质以及学习能力进行思考。本课时从单元话题中的zoo这一单词出发，为了让学生掌握oo字母组合的发音规律，对比了oo字母组合在不同单词中发长元音和短元音的规律，有助于提升学生分析和解决问题的能力。在指导阅读的过程中，迁移运用到其他含有oo字母组合的单词拼读中，而这些有相关字母组合的单词还与本单元的主题呈正相关，帮助学生关联已知和新知，提高学生的综合运用能力。

### （三）研读教材，重整教学内容，进行有效的资源整合

第一课时话题为参观动物园。Kitty和Ben在动物园参观动物，初步学习核心词汇和核心句型。第二课时话题为在家看参观动物园的照片。在前一课时的基础上先进行简单的复习，后设立Kitty和Ben在家看照片的场景，巩固强化核心句型、名词的复数形式。第三课时话题为绘本拓展，认识更多动物，融合自然拼读法。

新增绘本文本内容：

Hello，moon!

What a beautiful moon!

With balloons，a rooster flies up.

With balloons，a goose flies up.

With balloons，a kangaroo flies up.

With balloons，a racoon flies up.

With balloons，a cuckoo flies up.

Hello，moon!

Hello，moon!

新增rooster、goose、kangaroo、racoon、cuckoo等动物，通过绘本阅读、游戏以及教具展示，学习oo字母组合的发音规律。

［**教学思考**］牛津（深圳版）英语三年级的教材是一、二年级的复现。由于一、

二年级没有书面作业，这个阶段的学生学习英语仍以听和说为主。而三年级的教材内容对学生来说话题相对熟悉，学生也储备了一定的语言基础。教师在重整教材内容后，可以适当拓展文本内容。教师在进行了海量资源筛选后，针对本单元的第三课时选择了攀登英语神奇字母组合oo绘本*Hello，Moon!* 进行拓展补充，实现了资源的有效重组。在围绕本单元主题进行内容补充的同时，对自然拼读法的融合进行了初步的探索与实践。

（四）分析学情，融合自然拼读法，产生关联

**1.分析学生的已有语用认知，确立重点难点**

三年级的学生在一、二年级时就学习了相关的话题，了解farm animals和 zoo animals的相关对话，并学习了26个字母。低年段的学生喜欢表达，善于表演。学生能够听懂话题相关对话并抓住关键信息；能够阅读话题相关语篇；能够通过教师指导了解小组合作，并扮演小组里的角色。本课时基于单元话题，融合自然拼读法，结合攀登英语绘本*Hello，Moon!* 设立Kitty在梦境中认识更多的动物，引导学生热爱动物、热爱生活的情感体验。

**2.分析学生的已有语音认知，产生关联，并进行区分**

学生已知book、look、foot、good等词，但是不知道oo字母组合的发音是短元音/u/。

学生已知zoo、moon、kangaroo等词，但是不知道oo字母组合的发音是长元音/u：/。

oo字母组合既能发长元音/u：/，也能发短元音/u/，这也是学生最容易混淆的音。学生通过本课时的学习，能简单区分长元音和短元音，并学习oo字母组合以下分类中发长元音/u：/。

l：以oon结尾——balloon、moon、afternoon、soon、spoon、cartoon。

l：以oo结尾——zoo、too、bamboo、moo、kangaroo、cuckoo。

l：以oose结尾——goose、loose、choose。

l：以oost结尾——rooster、boost。

**3.分析文本内容，融入自然拼读法**

通过分析以上学生的语用和语音已有认知，教师在课前进行warm-up，并导入话题。课中指导学生使用hammer games、chant等游戏方式操练单词，学习oo字母组合，并学习绘本故事和表演。在课后通过遮挡的方式引发学生思考“with balloons，a/an（animal）flies up to the moon”。综上所述，本课例在课前、课中以及课后均融合了自然拼读法。

[**教学思考**] 本节课的教学难点在于学生容易混淆或者不清楚字母oo在单词中

发长元音还是短元音。基于克拉申的i+1原则，本节课首先思考了学生的已知，如认识book、look、moon、zoo等词汇，在课前部分，教师通过视频导入梦境，对含有oo字母组合的单词进行区分。通过本课学习，能够培养学生的对比、归纳等能力，提高英语学习能力和运用能力。

## 三、自然拼读法与牛津英语教材相融合路径和原则的思考

在进行教学设计时，依然是基于课标、基于单元、基于语篇，在整体把握本单元的教学目标时融合自然拼读。融合自然拼读法的关键在于重整教学教材内容，有针对性地融入自然拼读法。

### （一）科学地运用多样化的教学方法是基础

卢红梅在其研究中指出要运用科学的融入方法：第一，注重教学方法的多样化；第二，营造教学氛围；第三，充分利用已开发的资源，例如与自然拼读相关的书籍或者视频。在进行案例设计时，要充分运用游戏、小组合作、英语儿歌（字母歌）、故事视频、教材文本视频、课件、板书以及自然拼读法相关教具，如letter box，本节课要学习的字母以四线格板书为主要内容进行自然拼读法的融合。

### （二）找到融合点是关键

首先，教师要提高自己的思想意识，在教学过程中有意识地融合自然拼读法，这对低年级的英语教师尤其重要。对自然拼读法要进行知识整合，增加自己的语音知识储备。其次，教师要认真研读教材，基于单元，寻找配套的语篇进行教学。语篇可以是现成的，也可以是额外增加的，为保证其科学性，最好是原汁原味，有出处的。最后，自然拼读法的融入不是一蹴而就的，而在于点滴积累。教师的选材范围不宜过大、过宽，每一节课选择一个字母音教学即可，上课也要保持连贯性，注意教学的承上启下和过渡。

### （三）进行有效的资源整合是核心

自然拼读法已有的配套资源很丰富：一是自然拼读绘本，比如从国外原装版本，国内的丽声、攀登系列均可以根据本校的实际授课安排和实际情况进行筛选。二是自然拼读法配套的字母拼读卡片，有制作成台历可以翻、可以玩的，也有利用小纸盒自制26个字母的，还有可以自制的翻翻书等。三是自然拼读法字母歌，关于自然拼读法26个字母的歌曲有很多种，老师可以自选一种歌曲，根据音律改变

重复唱的歌词，增加动作，帮助学生迅速认识字母。四是自然拼读法练习，根据评价需要，自制或者改编已有的自然拼读评价表，学生可以检测自己的掌握程度，教师也可以根据评价表调整教学策略。

### （四）形成相关的自然拼读特色作业是“双减”背景下的评价反馈

第一，自然拼读字母操。低年段的小朋友通过音乐、做动作加强对英语字母形状、发音的了解。第二，自然拼读思维导图式写画作业。一年级画单个的字母，认识每个字母的形状；二年级画字母组合，加深对字母音和字母组合的认知；三年级画与主题相关的字母，并能运用字母创编故事。

### （五）自然拼读法不能孤立于教材或者语篇文本

自然拼读法对低年级初学者有帮助是各位学者和教师验证过的，但是要想达到其最终目的“听音会写，见字能读”，不能脱离教材或者完整的语篇文本。孤立地教学自然拼读法，学生可能当时有话可说，课后脱离了语境，很快就会遗忘。教师在教学时如果教材内容没有自然拼读法的内容，建议适当拓展文本内容，选材要贴近本单元本课时主题，尽量原汁原味，减少文本是否科学性和正确性的争议。

**参考文献**

[1] 胡晨筱. 巧用自然拼读　活化语音教学：自然拼读法在译林版小学英语教材中的应用与思考［J］. 小学教学参考，2014（36）：55.

[2] 刘宝胤，芦利，王筱玲，等. 适合中国孩子的自然拼读教学［J］. 英语学习，2016（7）：18–27.

[3] 义务教育教科书·英语四年级下册［M］. 上海：上海教育出版社，2022.

[4] 中华人民共和国教育部. 义务教育英语课程标准：2011年版［M］. 北京：北京师范大学出版社，2011.

[5] 中华人民共和国教育部. 普通高中英语课程标准：2017年版［M］. 北京：人民教育出版社，2018.

# 单元整体教学设计下的语音教学策略的实践与思考

深圳市宝安区万丰小学　姚海燕

## 一、问题的提出

《义务教育英语课程标准（2011年版）》指出：学生在英语基础教育阶段应该学习和掌握语音、词汇、语法、功能和话题五个方面的基础知识，其中第一条就是语音。语音教学的目的是教会学生正确、流利地发音，达到能正确地听懂别人的谈话和通过说来表情达意，进而促进学生读和写的能力的发展。语音是学好语言的基础，语音教学是语言教学的重要内容之一。自然规范的语音、语调将为有效的口语交际打下良好的基础。

该标准明确规定："整体设计目标，充分考虑语言学习的渐进性和持续性；强调学习过程，重视语言学习的实践性和应用性。"[1]在小学英语教学中，教师应特别重视语音教学。基于当今小学英语语音教学的现状，笔者发现存在以下问题。

### （一）语音教学重视度不够

在应试教育下，教师和学生重视考试成绩，往往忽视了学生的拼读和口语能力的培养。尤其是在小学英语阅读教学中，由于小学生词汇量有限，在阅读教学中，教师往往忽略语音知识处理，较少关注文本概念构建、学生思维培养等。这导致学生缺乏自主阅读的方法，欠缺对语义的理解，音素意识比较薄弱，对音形对应关系和拼读规则记忆困难，进而对阅读失去兴趣，阅读能力难以提高。

### （二）语音教学内容相对零散，缺乏系统化，教学形式单一，趣味性低

笔者在听课时发现，在日常教学中，部分教师忽略语音板块的教学，只是让学生简单地读读单词、句子，没有重视内在语音联系，更没有创设语境让学生更好地学习语音，忽视了单元的整体性，造成学生碎片化地学习。有的学生则使用汉语标注英语单词的读音，死记硬背，这既增加了学生学习英语的难度，也打击了学生学

习英语的热情。

### （三）语音教学与其他教学板块脱节，教学目标不清晰

在单元整体教学设计理念的影响下，教师们基本会把语音教学设计到每一课时，但是，实际教学中教师经常把语音教学放在单元的第一课时或者最后一课时，一般用10～15分钟来完成教学任务，而没有考虑语音教学的递进性，即每个课时没有明确的教学目标。例如，针对“掌握ch的发音”这一教学目标，如何让学生在短短的十来分钟掌握ch的发音规律？如何让学生将这一规律真正内化成自己的知识？如何检测学生已经掌握了该内容？这些问题都没有在教学目标与后续内容中体现。

## 二、单元整体教学设计下的语音教学策略

### （一）基于单元整体教学设计，明确教学目标

离开单元整体视野的课时规划，归根结底不过是许多碎片化的“知识点”。单元整体教学设计有助于教师突破“只见树木，不见森林”的课时设计思维，帮助老师从只关注零散知识点落实的传统课堂教学理念转向关注在课堂中逐步帮助学生形成必备品格和关键能力的现代教学理念[2]。因此，教师不能孤立、分散地进行语音教学，只用十几分钟完成任务，这样学生是无法理解、内化及应用的。

例如，针对牛津英语深圳版教材四年级上册Unit 3中Learn the sounds相关内容（见图1），在单元整体设计理念引导下，该板块可以分为三个课时完成，教学目标如表1所示。

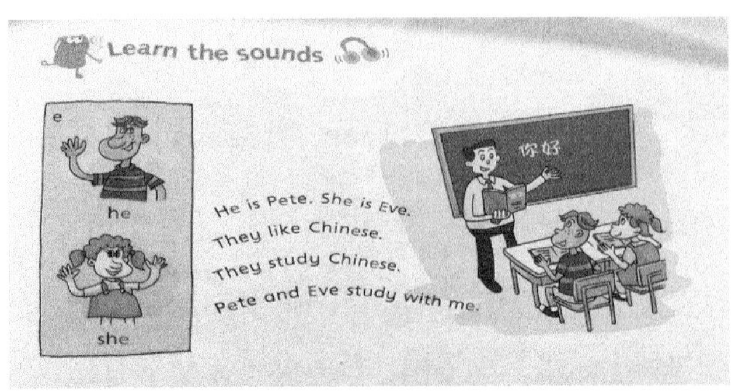


图1　字母E/e发音

表1 语音教学每课时教学目标

| 课时 | 教学目标 | 能力目标 |
|---|---|---|
| 1 | 学生了解字母E/e在开音节的发音，仿读小韵文 | 理解 |
| 2 | 熟练读出单词和小韵文，根据发音规律说出学过含有字母E/e开音节的单词 | 内化 |
| 3 | 结合绘本，进行知识迁移，能根据发音规律读出含有字母E/e的开音节单词并进行辨音 | 应用 |

通过在每课时的语音呈现，可以对语音内容进行不断复现、不断递进，螺旋上升，最终学生能将知识内化为自己的能力。因此，教师在设计课程时，要把语音内容落实到每一课时中，合理地安排学生多听、多读，在语音课堂中也要多多提问，促进学生思维能力的提升，并把语音教学设计写进每一课时。单元教学课时目标如表2所示。

表2 单元教学课时目标

| 课时 | 1 | 2 | 3 |
|---|---|---|---|
| 单课时目标 | 1.创设Kitty前天晚上很晚睡，第二天很慌乱的情景，通过小组游戏等方式让学生掌握本课时的词汇与句型<br><br>2.引导学生能用What time do you...? I...at...（time）描述自己一天中的不同时间段所做的事情<br><br>3.让学生在语境中了解字母组合ff在单词中的发音，仿读例句和小韵文 | 1.通过学习Kitty的一天作息感知相关动词的第三人称单数变化，并运用quarter，half，past及to来描述时间<br><br>2.让学生通过学习Kitty的作息表，写出自己的作息表，并学会询问时间的表达<br><br>3.让学生在语境中熟练朗读例句和小韵文，尝试读出含有ff的单词：coffee，giraffe，staff，chaff等 | 1.欣赏故事Min and Mog，通过阅读故事进一步巩固和运用句型。鼓励学生通过读图、复述、表演、仿写等方式将故事的语言内化成自己的知识。学生能在实际和生活中自然运用所学语言内容，培养时间观念，合理安排时间，提高听说能力<br><br>2.学生掌握字母组合ff的发音规则，尝试说出更多含有ff的单词 |
| 单课时话题 | Kitty's messy day | Kitty's new day | Two cats' day |

### （二）基于单元整体教学设计，整合各板块学习内容

语言总是在一定的情景中使用的。如果学生能在相对完整、真实的情景中接触、理解和学习语言的意义和用法，也就能更好地掌握语言的形式。语音教学是每个单元的核心板块，但是该板块内容相对零散，缺乏系统性，有些教师认为它与其

他板块没法联系到一起，很难融合到单元整体教学中去。教师应该在充分学习课程标准的基础上，基于单元整体教学综合各板块内容。这就需要教师对教材进行深入解读，寻找各板块之间的内在联系，注重创设语言情景，把看似毫无关系的语音教学内容与其他教学内容有机结合起来。

例如，四年级下册Unit 7 My Day，该单元语音教学内容主要是字母组合ff的发音，教材提供的例子是turn off和take off，如果只是孤立地教授这个板块的内容不仅很突兀，教学效果也不好，还不符合学生的心理特点，学生不会感兴趣。通过解读教材，教师可以将语音教学内容和课题话题整合起来，赋予抽象的语音内容具体的意义。

在单元整体教学设计理念的引领下，该单元分为三个课时，第一课时就创设情景，引出了一个新人物Biff（含有字母组合ff），同时创编以-ff为主的韵律歌谣进行导入。通过让学生拍手跟读，营造一种欢乐、活泼的英语课堂氛围，让学生尽快投入课堂，让学生初步感知以ff为结尾的单词发音，引出贯穿本单元的主线人物Biff，为新授内容做铺垫。

One，two，three，I can see. A little girl，she is Biff.

Eating puff，drinking coffee. Meow，meow，meow.

Two fluffy cats，playing buff ball. Oh，my god! Time for school. Turn off the light，say bye-bye.

在这个韵律歌谣里，通过Biff提及了她的两只猫，为第三课时的内容做好铺垫。整个单元的设计非常符合学生的心理，以教材内容为基础进行文本再构，创设完整的语言情景可让学生学以致用。

### （三）基于单元主题，丰富语音学习的内容

#### 1.融合自然拼读法，助力语音板块教学

自然拼读法作为目前国际主流的英语教学方法，将发音、拼写和阅读结合，现在正被越来越多的学者和教师所关注。自然拼读法已有成熟的理论，牛津版英语教材的语音教学需要自然拼读法的理论支撑与具体指导。

因此，教师要熟练掌握自然拼读法理论体系，教师运用自然拼读法的前提是教师自身具备系统的自然拼读法知识，对自然拼读法的认识全面，能够独立解决在教学中遇到的问题。自然拼读法有的字母与字母组合的发音不是一一对应的，教师要尽可能地掌握所有的发音规律，在学生需要的时候给予指导。教师要遵循自然拼读法教学的规律，在教学中要不断地总结经验，形成一套适合自己学生的教学方式，

从而提升教学质量。

根据教材体系安排特征，Learn the sounds部分教学自然拼读法可以从以下几方面入手。第一，建立语音联系，帮助学生建立对字母与字母自然发音之间的直接联系的认知。第二，加强单项拼读训练，在学生初步认识字母与字母发音之间的联系后，教师可以根据课程安排，系统地开展拼读训练。第三，加强整体拼读训练，即让学生做到听音能写、看词能读。第四，提升阅读能力，单词学习不是学生学习的最终目的，自然拼读法不只是记忆单词的工具，最终要用拼读规律提升学生无形的阅读能力。

**2.融合绘本故事，助力语音教学**

如何使枯燥的语音教学变得生动、有趣且有效呢？笔者认为，可以利用绘本作为语音课的拓展内容，助力语音教学。由于语音教学知识性较强、形式单一，学生学习兴趣不高，教师教学时容易陷入唱独角戏的尴尬场面。而绘本趣味性强、词句复现率高，学生在对故事的学习和演绎中体会单词的发音规律，在阅读绘本时不仅能加深对单词发音规律的了解，而且能做到词不离句、句不离篇，在语境中主动拼读，达到音、形、义三个维度的统一。

例如，在教授字母组合ee发音时，教师可以加入一些绘本（见图2），以旧带新，丰富学生的语言输出内容，促进音、形、义有效融合。

I love to sweep to keep my jeep clean and go beep, beep!
I weep that my jeep is in too deep.
A jeep comes to take me from the deep!

**图2 关于字母组合ee的绘本**

## 三、结语

语音是学习英语的基础，语音教学并非独立的，在教学活动中，应注重创设语言情景，为学生创造语言学习的氛围。教师要不断提高自身教学素养，积极进行教学研究，立足单元整体教学，立足学生发展，变分散学习为系统关联学习，让学生在语境中感知、体验、理解和运用语言，进而实现素养提升。

## 参考文献

[1] 中华人民共和国教育部. 义务教育英语课程标准：2011年版 [M]. 北京：北京师范大学出版社，2012.

[2] 张丕峰. 小学英语单元整体教学视角下的教材解读：《新标准英语》（一起）教材横、纵向比较案例分析 [J]. 小学教学设计，2019（30）：4-8.

# 以社会情感学习为导向的小学英语自然拼读教学研究

深圳市宝安区龙腾小学　朱　婷

【摘要】以社会情感学习为导向的小学英语自然拼读的教学旨在结合牛津深圳版小学英语教材，提高自然拼读教学实效，实现学生社会情感能力的提升。该自然拼读教学方式倡导在课前呈现社会情感学习目标和自然拼读目标，帮助学生形成明确的预期；以社会情感学习目标和自然拼读目标为导向，提高教师拼读指导实效；依据目标要求，激发学生完成拼读任务的热情，让学生在达到见词能读、听音能写的目标的同时，提升社会情感方面能力。

【关键词】社会情感学习；自然拼读法

《义务教育英语课程标准（2011年版）》在语言知识二级目标中明确规定了达标标准：正确读出26个英文字母；了解简单的拼读规律；了解单词和句子有重音等[1]。《中国学生发展核心素养》提出：自主发展，重在强调能有效管理自己的学习生活，认识和发现自我价值，发掘自身潜力，有效应对复杂多变的环境，成就出彩人生[2]。而社会情感学习是指学生获得社会情感发展所需的知识、能力、态度等的过程[3]。学生在学习自然拼读、掌握拼读规律，有效提高语言学习能力的同时，融入社会情感学习，有利于提升相关能力，从而提升核心素养。然而，部分教师只关注学生是否认识单词和语法，忽视单词内在的拼读规则，课堂上缺少挖掘语言学习背后的社会情感方面内容，导致学生单词识记困难、难以自主阅读，学习兴趣低，自信心难以提升，阻碍相关能力的发展。通过英语教育发展学生的积极心理，不仅可以培养学生良好的行为习惯，还可以通过培养学生的思维方式，来促进学生的品格健康发展[4]。因此，在现行牛津深圳版小学英语教材的基础上补充相关自然拼读内容，在提高学生自然拼读能力的同时培养学生的社会情感能力显得更为重要。

## 一、以社会情感学习为导向的小学英语自然拼读教学概述

自然拼读能力是小学低年段学生不可或缺的能力，它需要教师对学生进行系统、目标明确训练。想在提升学生自然拼读能力的同时，实现学生社会情感能力的提升需要教师善于挖掘教材内在的情感逻辑，以逐步推进的方式使学生得到情感共鸣。以目标为导向的教学是以美国教育心理学家布鲁姆的教育目标分类学为基础，以掌握学习策略为理论指导的一种科学化、目标化、系统化的教学模式[5]，其基本思路是遵循学生的心智发展规律，从低到高、层层递进教学。它需要遵循教学目标，从而充分调动学生的学习积极性，提高学生自主解决问题的能力，从而提高学生的综合素养。教学目标是否明确、具体、合理和真正体现教学大纲的要求，直接影响着教学实践是否富有成效[6]。

## 二、以社会情感学习为导向的小学英语自然拼读教学实践

现结合牛津深圳版小学英语教材一年级上册Module 2 Unit 4 I Can Sing与《攀登英语阅读系列·有趣的字母》中*Cool Cat*相结合的教学案例，谈一谈如何以社会情感学习为导向开展小学一年级英语自然拼读教学。

### （一）学情分析

本单元的授课对象是小学一年级学生。该年龄段学生刚入学，对周围事物充满好奇，但是对自我能力和自我发展还处于模糊状态。在学习本单元之前，学生没有接触过辅音字母C的字母名和字母音以及含有“辅音—元音—辅音”结构（简称CVC结构）的单词。本单元的学习主题是谈论我能做的事情，核心句型是I can...，而can属于以辅音字母C开头的CVC结构单词。因此，运用本单元的核心句型I can...和核心词汇dance、read等描述能做的事情，并且通过学习绘本*Cool Cat*归纳总结字母C的发音规律，成为本单元学习的难点。

### （二）教材分析

牛津深圳版小学英语教材中，相关单元以My family、my friends and me为主题，介绍了自己、家人、朋友的名字、外貌等方面，该单元以核心句型I can...介绍我能做的事情为主题。《攀登英语阅读系列·有趣的字母》中的*Cool Cat*绘本是以Cool Cat can...（酷猫能做的事情）为主题，涵盖了字母C的字母音和在自然拼读中的发音。这个绘本非常有趣，可读性强。它是牛津深圳版小学英语教材相关单元内容的

延伸，但学生在掌握字母C发音的基础上才能顺利阅读该绘本。因此，教师要构建教学框架，列出与字母C相关的单词，包括cool、cat等，教师应为学生提供标准范读，引导学生运用拼读规则，从多个角度发散思维，让学生在练习包含字母C的单词的认读中熟练拼读字母C及相关的单词。

### （三）自然拼读教学目标设定

第一，使学生能从C的歌曲、绘本及教材内容等多个方面识记、理解、运用C的字母音和字母名，拼读基本正确。

第二，使学生能认读、理解核心句型...can...的句型表达，能自主阅读绘本*Cool Cat*中含有C的CVC结构单词，理解I can的含义，并学习绘本中主角的精神品质。

第三，使学生能分析字母C的发音规则，根据“辅音—元音—辅音”的拼读规则，见词能读、听音能写。

第四，使学生能在有语境的阅读中进一步学习*Cool Cat*绘本隐含的社会情感，提升自我认知能力。

### （四）单元课时目标推进过程及思路

单元课时目标推进过程及思路如图1所示。

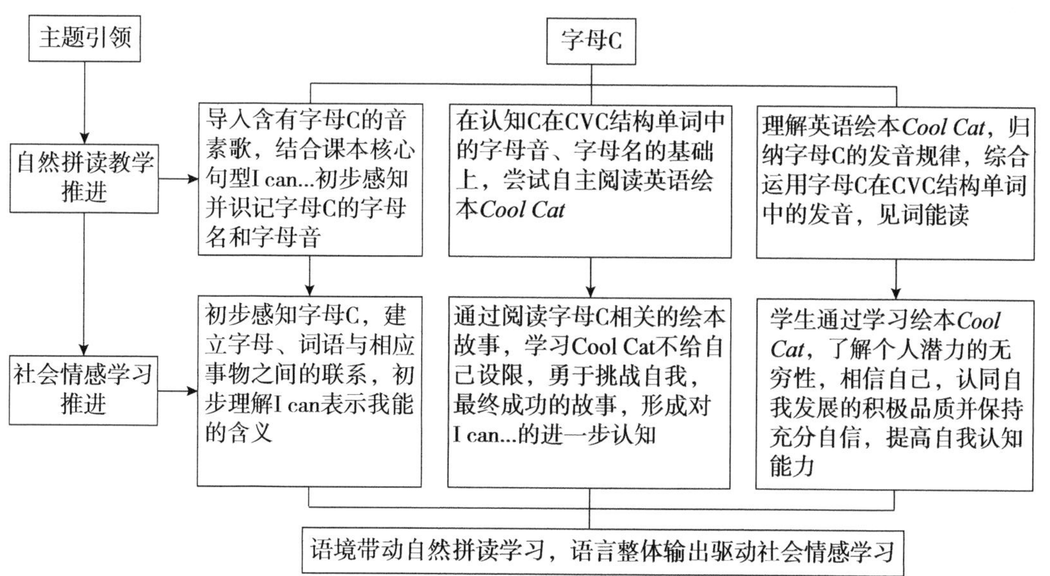


**图1　单元课时目标推进过程及思路**

（五）教学过程与评析

**1.课前（呈现社会情感学习和自然拼读目标，帮助学生形成明确的预期）**

课堂教学伊始，授课教师呈现本节课社会情感学习和自然拼读目标，并说明学生课后要根据该目标进行互相评价。

［评析］在授课之前，教师向学生清晰呈现教学目标，可以帮助学生形成明确的预期，帮助学生提高注意力，促进学生积极参与课堂。

**2.课中（以社会情感学习为导向，提高教师的授课时效）**

（1）目标引领，逐步推进。

呈现课时目标之后，教师通过歌曲导入，让学生初步感知、识记字母C的发音；让学生结合课本，学习核心句型，理解字母C在CVC结构单词中的发音，理解I can 的含义；通过故事学习，学生理解并运用C的发音，跟读故事，学习Cool Cat相信自己、勇于挑战的精神；通过自主拓展，学生认读更多含有C的CVC结构单词，总结字母C的发音规律的同时，学会认识自我。

［评析］在课时目标的引领下，结合课本教材和绘本拓展内容，提升学生的发散性思维，使学生从初步感知到识记理解，再到分析运用，从现象到本质，教师带领学生逐步推进，层层深入。

（2）目标导向，分层学习。

授课教师以社会情感学习目标为导向，围绕字母C进行课堂指导，针对不同基础的学生，课堂教学要求相应多样化。根据不同学生的学习能力，分层提问，因材施教，让每个孩子都能获得进步。

① 学会分析C的发音，会读绘本；② 学会总结出C的发音规则；③ 能自编单词，并学会发音；④ 挖掘绘本隐含的社会情感，提升社会情感能力。

［评析］围绕教学目标，教师根据学生学习基础的不同情况进行分层教学，保持了学生的学习积极性，让每个学生不仅在知识层面有所收获，在社会情感方面也能得到提升。

**3.课后（贯彻目标实施，巩固课堂学习内容）**

目标深入，扎实巩固。课后作业也根据学生学情，呈现自主性。让学生通过带有字母C的核心句型I can...的思维导图，画出自己能做的事情，增强自我认同感；同时对于掌握得比较好的学生，布置字母C相关的自然拼读拓展绘本任务，让学生运用拼读规律独立阅读；对于基础薄弱的学生，则布置字母C的相关CVC结构单词的复习巩固，让其尝试阅读相关拓展绘本，保证孩子的英语学习积极性。

总之，以社会情感学习为导向开展小学英语自然拼读教学可以使教师的单词和语篇教学更有指向性和时效性，在提高学生语言知识运用能力的同时提升学生的社会情感能力。在自然拼读教学中，教师准确地把握教学目标，清晰地实施教学步骤，可以更好地促进学生自然拼读能力和社会情感能力的提升，从而激发学生的英语学习兴趣和自信心，实现立德树人的根本目标。

**参考文献**

[1] 中华人民共和国教育部. 义务教育英语课程标准：2011年版 [M]. 北京：北京师范大学出版社，2012.

[2] 林崇德. 中国学生核心素养研究 [J]. 心理与行为研究，2017 (2)：145-154.

[3] 毛亚庆. 社会情感学习教学用书 [M]. 北京：北京师范大学出版社，2019.

[4] 龚亚夫. 英语教育新论：多元目标英语课程 [M]. 北京：高等教育出版社，2015.

[5] 安晓杰，李少芹. 谈目标教学法在高职英语写作教学中的运用 [J]. 南通纺织职业技术学院学报，2006 (2)：100-102.

[6] 黄汉寿，张桂珍. 浅谈目标教学的理论与实践 [J]. 教学理论与实践，1994 (2)：4.

# 借助支架式教学法，提高小学生英语写话能力

深圳市宝安区灵芝小学　陈闰曼

## 一、引言

《义务教育英语课程标准（2011年版）》指出，就工具性而言，英语课程承担培养学生基本英语素养和发展学生思维能力的任务，即学生通过英语课程掌握基本的英语语言知识，发展基本的英语听、说、读、写技能，初步形成用英语与他人交流的能力，进一步促进思维能力的发展[1]。具体来说，《义务教育英语课程标准（2011年版）》语言技能二级目标对“写”的要求是“能正确地使用大小写字母和标点符号；能写出简单的问候语和祝福语；能根据图片、词语或例句的提示，写出简短的语句”。[1]

小学英语写话教学有助于学生对词汇、语法、句型等语言知识的理解和运用，能促进其听、说、读、写和思维能力的发展，能有效地培养学生语言组织能力和语言表达能力。如何提高学生的英语写话积极性，如何在英语写话中发展学生的思维能力，是小学英语教师应该重视和积极探讨的话题。将支架式教学法引入小学英语写话教学，利用相应的教学策略引导学生围绕相关学习主题，发散思维，用英语表达个人观点，能有效地提高学生的语言组织能力和表达能力。

## 二、支架式教学法简介

支架式教学，即教师为学生建构知识体系，为学生制订学习计划，根据学生的特点分解计划和任务，逐步引导学生学习和掌握知识技能，从而理解和深化所学内容，最后形成自己的知识体系的过程[2]。

20世纪70年代，美国教育家和心理学家布鲁纳根据维果茨基的最近发展区理论提出了支架式教学法。该教学法是一种以学生为中心、以师生互动为基础的教学法。它通过为学习者提供恰当的概念框架来帮助学习者理解特定知识、建构知识意义。教师为学生的问题解决和意义建构搭建起具备辅助作用的概念框架，学生则借助概念框架，通过合作探究和独立探索来解决问题，最后独立建构起知识意义[3]。教师运用支架式教学法的核心在于，教师应充分了解所教年段学生现有的知识水平和知识结构，帮助

学生在已经掌握的知识水平和潜在发展水平之间搭建支架。学生可借助这些支架，自主向上攀登，通过完成学习任务来攀上一个个支架，最终到达知识的顶峰。

支架式教学法对小学英语写话教学有着重要价值，主要体现在以下几个方面。

第一，将英语写话教学由繁变简，降低了学习难度，激发了学生的学习兴趣。支架式教学法能根据学生自身的语言知识水平，寻求学生的最近发展区，多角度、多层面地为学生搭建支架，大大降低了学生对英语写话的畏难情绪。

第二，以问题为导向，提升了学生的思维品质。在英语写话中，学生在教师设计的问题导向下，利用已有的知识。他们能围绕主题关联已知和未知，通过对比、判断、综合等，解决问题，切实提升英语思维能力。

第三，逐步脱离支架的过程可提高自主学习能力。攀爬支架，从低到高、从易到难，“依靠支架—借助支架—脱离支架”三个步骤循序渐进。在该教学过程中，教师充分发挥引导者和辅助者的角色，使学生成为学习的主人，让学生从机械性背诵范文到理性思考并重构语言，充分发挥了学生的主观能动性。

## 三、支架式教学法在写话教学中的实践运用

在写话教学过程中，教师可创设话题相关情景，设计问题支架、概念支架、媒体支架等，帮助学生联系已有生活经验，积极展开思考，在支架的帮助下融合旧知，习得新知，从而提升思维能力，提高英语写话水平。

本文以牛津深圳版英语教材六年级下册Module 2 Unit 4 Air写话课为例，探索支架式教学法在小学英语写话教学中的实践运用。

首先，教师基于单元整体教学的理念，挖掘单元主题意义，明确单元教学目标，将单元分为四个话题（见图1）。

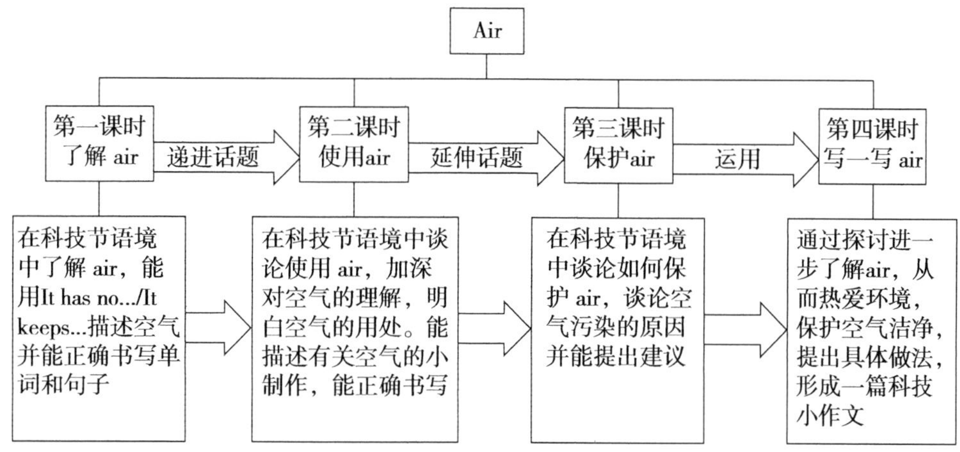


图1　单元整体教学的分课时话题

该课教学目标是在语境中深入理解单元话题，在思维导图提示下完成主题为Air的写话任务，提出“应如何保护空气”的个人建议。本课具体教学设计如下。

（一）确定教学目标，明确写作目的

该课主要教学目标为：①学生能够在科技节的语境中运用核心句型“It keeps ...”等来讨论空气的特征和作用；②学生能够用“It has no...”来描述空气的概念；③学生能够用“We should/shouldn't...”来谈论保护空气的具体措施。

（二）基于问题支架，创设写话情景

教师首先通过播放纪录片*Air*的视频片段，创设语言学习环境，引出单元话题。随后，教师搭建第一个问题支架——“What is air?”（见表1）——让学生在视觉和听觉的冲击下，接收信息并自主加工处理信息，初步构建有关该话题的概念框架。之后，教师又搭建第二个问题支架——“What do you know about air?”——让学生完成快速回答、头脑风暴、互动问答等学习任务，使学生能用英语正确地表述相关信息。

表1　第一个问题支架——“What is air?”

| What is air? |
|---|
| Air is ________________. It has no colour or ___.<br>It has no _______ or_______, too. We cannot see it, but we can ___it.<br>Air is also _____________. It keeps ____________, ___________and ____________ alive.<br>Air is ___________, too. It _________ a kite and a balloon ______________________. They all need _______. |

（三）借助概念支架，探索写作内容

被问题支架唤起学生已知经验和知识后，学生借助概念支架，围绕“How do we use air?”（见表2）这一问题进行思考，进一步探讨空气的用处。在“空中的风筝”“热气球”“各种生物”等图片的提示下，学生从多角度去分析空气的用处，涉及空气是生物必不可少的生存条件（keep...alive）、借助空气发明交通工具（keep...high）、借助空气设计各种娱乐节目（keep...flying/moving）等。随后，学生根据自身的经历和经验，自主表达，从而总结出“Air is helpful and wonderful.”。在这一过程中，学生对语言知识进行建构，为英语写话积累语言素材。

表2　　概念支架——“How do we use air?”

| How do we use air? | |
|---|---|
| We need it to...<br>We use it to...<br>Keep...alive<br>Keep...high<br>Keep... | people，animals，plants...<br>kites，planes，birds，balloons...<br>hot-air balloons，sailing boats，parachute... |

接下来，教师播放以空气污染为主题的视频，对比几个城市的空气污染指数，借助新的问题支架——“How is the air around us?”（见表3）——要求学生结合视频、图片和数据，思考问题，对比分析，得出结论。

表3　　新的问题支架——“How is the air around us? ”

| How is the air around us? | |
|---|---|
| factory，street，road，highway... | dirty |
| The air in/on the________is________________________. | |
| park，countryside，mountain，forest... | clean |
| The air in/on the________is________________________. | |
| The air is not always clean in our city. | |

（四）撤除语言支架，同伴合作分享

在这一环节，教师提高学习任务的难度并逐步撤除支架。学生在自主探索和互动中融合知识，通过讨论如何保护环境，实现知识意义建构，并提出保护环境、保持空气洁净的具体做法，从而学会在发现问题之后解决问题（见图2）。

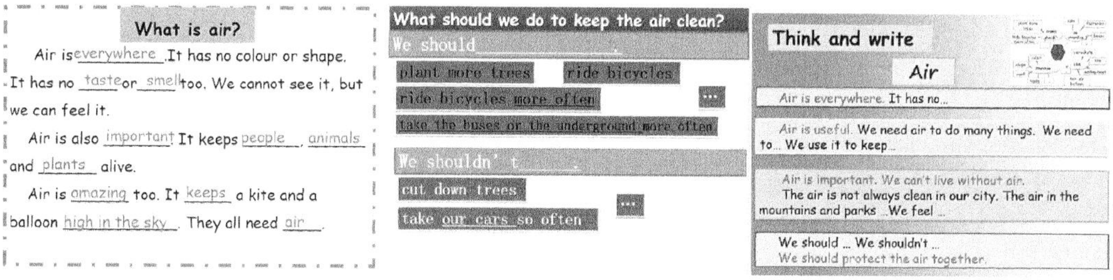

图2　学习任务示例

此时，教师可遵循因材施教、循序渐进的教学原则来设计分层作文任务（见表4），学生可自主选择力所能及的任务来完成。这样做不仅能避免学生因畏难情绪而失去学习兴趣，还能帮助学生表达自我、建立自信心。

表4 分层作文任务

| |
|---|
| 任务A Class: ________ Name: ________<br>Air<br>Air is everywhere. It has no ________ or ________. It has no ________ or ________. Air is important. It keeps ________, ________ and ________ alive.<br>Air is useful. We need ____ to do many things. We need air to keep ______ alive. We use it to keep ______ high in the sky. We use it to keep ______ flying slowly in the sky. We use it to________. |
| Air is important. We can't________ without air. The air is not always__________ in our city. The air in the mountains and parks is ______. We feel ______. Because the trees keep the air ___. Smoke from ________ and ______ makes the air dirty. Dirty air is ______ for our health. We feel __________.<br>We should ________ or take the buses more often. We shouldn't________.<br>We should protect air together. |
| 任务B Class: ________ Name: ________<br>Air<br>Air is everywhere.______________________________<br>Air is useful.______________________________<br>Air is important.______________________________<br>We should______________________________ |

（五）即时总结评价，提升思维能力

学生完成英语写话后，教师通过教师评价、小组互评和自我评价等形式，引导学生从学习态度、学习方法和效果、作文构思和表达方式以及书写质量等方面进行总结评价，真正实现“教—学—评”一体化。

## 四、支架式教学法在小学英语写话教学中的实施原则

运用支架式教学法开展小学英语写话教学，需注意以下几个原则。

（一）重视语言环境的创设

英语思维能让学生灵活使用流利、纯正的英语表达自己的想法，形成本能性、条件反射式的思维方式。在小学英语写话课堂中，要想提升学生的英语思维能力，就必须让学生在相应的语言情境下用英语进行沟通交流，注意语句通顺、语法正确。

### （二）重视学生课堂生成

课堂生成是检验学生习得知识和思维能力发展的重要途径。在问题导向下，学生在教师引导、同伴合作、自我探究的过程中，逐步达成学习目标。教师不能要求学生机械式地输出“范文”或“答案”，而是应追求灵动的课堂生成，提升学生的个性化思维能力和语言表达能力。

### （三）巧用教学辅助工具

对小学生而言，写话教学可能会比较枯燥、抽象。教师可根据学生的年龄特点，选取不同的辅助工具，例如，可借助多媒体课件等作为媒介支架，唤起学生记忆，让学生融合旧知，建立关联，挖掘深层信息，构建并输出语言，从而完成写作任务。

### （四）作业评价多样化

教师应因材施教，设计分层作业并构建不同的评价标准，让所有学生乐于写话，学有所得。小学生英语语言表达能力指标包含准确表达信息的能力、连贯表达信息的能力和多样表达信息的能力三个方面[4]。教师应基于标准，采用面批、互批、自批等多种评价方式，及时反馈教学效果。学生在学会勇于表达自己的同时懂得了欣赏他人作品，这推动了学生辨别能力和思维能力的进一步发展。

## 参考文献

[1] 中华人民共和国教育部. 义务教育英语课程标准：2011年版［M］. 北京：北京师范大学出版社，2012.

[2] 王丹. 支架式教学在英语教学中的应用［J］. 科技信息，2009（18）：477.

[3] 杜文彬，马勇军. 支架式教学在小学英语课堂教学中的应用：一个小学英语教学片段引发的思考［J］. 牡丹江教育学院学报，2014（12）：106-107.

[4] 黄小燕. 小学英语写作能力指标体系与培养策略［J］. 江苏教育，2018（81）：55-57.

# 支架式教学理论在小学英语写作教学中的应用研究

深圳市宝安区弘雅小学　冯莹莹

【摘要】英语写作知识教学在整个英语课程知识教学体系中占据着一个重要的地位，其既是学习语言的基本技能之一，又能够在英语交际方面发挥更多的作用。在小学阶段开展英语知识的教学时，教师需要投入更多的精力，因为小学生年龄小，虽然对很多事物都带有浓烈的好奇心，但是自身的自制力较差，教师若是无法抓住学生的注意力，就很容易令学生因失去学习兴趣而无法吸收更多的英语知识。通过支架式教学理论开展小学英语写作教学，能够为学生提高英语写作能力带来更多的帮助。

【关键词】支架式；教学理论；小学英语；写作教学；应用策略

所谓支架式教学理论，就是以构建注意教学理论为基本，在学生对学习感到困难的时候予以适当帮助。教师通过它能够对复杂的知识点进行分解，将其浅显地表达出来，从而照顾到学生的实际状况。在当前的支架式教学理论实施的过程中存在着问题，如学生的学习兴趣不高、课堂学习氛围较僵硬等，这会影响整体教学工作的开展。本文对此进行了简要分析，并且针对小学阶段开展支架式英语教学工作提出了相关策略，希望能够为广大教育事业工作人员提供适当帮助。

## 一、支架式教学理论的概述

支架式教学理论是一种为学生构建的、对知识进行理解的概念框架。这一理论是在构建主义学习理论之下产生的，主要以学生为中心，使学生自身能够获得更多解决问题的能力、养成自主学习的习惯。其能够一步步地为学生提供一些适合自身的提示，令学生能够通过这些提示来进行问题思考，从而提高自身发现问题、解决问题的能力，掌握更多的知识技能，学会独立思考。

支架式教学理论实施主要由以下几大环节组成。

第一，搭建支架。教师围绕着当前的学习主题，按照最近发展区理论的相关要求来进行概念框架的设定和建立。

第二，进入到情景中。这需要教师开展问题情景教学，将学生引领到概念框架的某一个节点中去。

第三，独立探索。使学生能够自己进行思考，在探索之前，教师需要做好概念演示，做好问题启发和引导，让学生自己去分析问题；在学生开展探索的时候，教师应该注意适时地加以提示，使学生能够沿着概念框架逐渐进行思考。学生通过进行独立思考，养成良好的探索精神，即便脱离了教师的引导也能够将问题解决。

第四，开展小组合作学习。通过小组探讨协商，对思考的结果进行交流，让学生的思维进行碰撞，使其能够将多种意见转变为一致意见，实现集体思维共享。

第五，进行整体效果的评价。教师需要在完成支架式教学之后，对学习的效果开展评价。在进行评价的时候，教师需要对学生的学习能力、在小组合作学习中做出的贡献等内容进行评价。

## 二、支架式教学理论的具体运用

### （一）搭建自学支架

小学阶段的学生，自身控制力较差，并且比较喜欢一些活泼、生动的事物，所以若是教师只用单一的教学方式开展教学，就容易令学生感觉到枯燥，逐渐失去学习的兴趣。教师需要搭建一个学生自学支架，让学生能够学会自学。在进行自学支架搭建的时候，教师应该对新知识内容进行讲解，通过思维导图来指导学生对相关知识进行思考，使学生能够在进行英语知识学习的时候有一个明确的目标。

例如，教师在进行与face相关的单词教学时，可以先通过思维导图对单词的读音、汉译和发音技巧等知识进行讲解，让学生能够对这些知识内容产生兴趣，主动、积极地进行学习，然后令学生展开自学。通过这样的方式，教师能够令学生在自学中逐渐摸索出适合自己的方法，然后对英语知识的学习产生信心。这样，教师在接下来的写作教学中，就能够让学生结合nose、mouth、ear等单词进行写作，大大提高了学生的学习效率。

### （二）搭建导学支架

教师在进行小学英语写作教学的时候，需要注意导学支架的搭建，不能生硬地对学生进行知识内容灌输，在教新知识的时候需要进行一定的过渡，将新知识形象化地展示在学生眼前，使学生接受新知识更加顺利，降低突兀感。对此，教师可以通过续写故事或者改写故事的方式来进行知识讲解，使学生能够全身心投入知识学习。

例如，教师在进行“family”相关知识教学时，可以引导学生讲一下自己家庭中的小故事，然后对学生说："同学们知道'爷爷'的英文单词吗？今天让我们来学习一下吧！"这样的方式能够自然而然地将课堂内容过渡到知识学习中来，在学生对grandfather、grandmother、father、mother等单词进行了学习之后，教师可引导学生用英语写一篇关于家庭的小作文，从而提高学生的英语写作能力。

### （三）搭建策略、情感和范围的支架

在进行英语写作教学之前，教师需要拟一个作文题目，通过学生的交流来列出提纲，并且对学生进行引导，让其能够对信息内容进行归类整理。在这一过程中，教师需要注意情感的融入，尽量用柔和的语气进行教学，对学生给予鼓励，让学生获得自信心。

例如，教师在进行单词hamburger的知识教学时，可以对此类单词内容进行汇总归纳，在学生能够自由运用pizza、cake、soup等单词之后，让其根据教师拟定的关于"午餐"的作文题目进行英语写作。在写作的过程中教师应该对学生予以更多的鼓励，使学生能够受到鼓舞，学生在遇到问题的时候能够主动向教师提问，从而更加牢固地掌握英语写作知识。

纵观全文，在当前教育事业飞速发展的环境下，小学英语教师在开展英语写作教学的时候，需要对自身所使用的教学方法进行整改，通过使用支架式教学理论来进行知识讲解，帮助学生提高对写作知识学习的兴趣，让学生在日常学习中能够完成写作任务，完善学生的英语语言和结构等内容，帮助学生培养写作能力。其中，教师需要注意尊重学生的主体地位，积极地引导学生进行课堂写作练习，帮助学生克服在英语写作知识学习中遇到的困难。

## 参考文献

[1] 李孟孟．浅谈支架式教学理论在小学英语写作教学中的应用策略［J］．考试周刊，2020（84）：103-104．

[2] 沈舒．支架式教学在小学高年级英语写作教学中的实践应用［J］．校园英语，2020（4）：170．

[3] 韩忠安．支架式教学法在高中英语写作教学中的应用研究［J］．中学生英语，2019（8）：43．

[4] 周萍．支架式教学模式在初中英语写作教学中的应用研究［J］．山海经：教育前沿，2019（9）：1．

# 学习品质提升

# 利用问题链提升小学生思维品质的英语教学实践

深圳市宝安区红树林外国语小学　胡绮瑜

【摘要】问题链是落实学生思维品质培养的重要途径。本文结合英语教学实践案例，探讨如何设计学习理解性问题链、应用实践类问题链、迁移创新类问题链，以发展学生思维的逻辑性、批判性和创新性。

【关键词】问题链；学习理解；应用实践；迁移创新

《义务教育英语课程标准（2011年版）》指出，语言既是交流的工具，也是思维的工具。思维品质的发展有助于提升学生分析和解决问题的能力，使他们能够从跨文化视角观察和认识世界，对事物作出正确的价值判断[1]。

提问是课堂教学的重要组成部分，也是落实学生思维品质培养的方式之一。但在实际教学中，部分教师提问随意化、模式化、碎片化，缺乏内在关联性和逻辑性，这不仅浪费学生的学习时间，而且阻碍学生思维的发展，不能真正培养学生的思维能力。

能够形成一个完整的、符合逻辑关系的问题链，对于学生理解文章和发展思维至关重要。

本文以牛津深圳版小学英语教材语篇教学实践为例，探讨利用问题链提升小学生思维品质的教学策略。

## 一、学习理解性问题链，发展思维的逻辑性

理解性问题是学生通过听、看、读等语言输入方式理解文本内容来回答的问题。教师通常运用理解类问题就文本基本信息或篇章大意进行提问，检查学生对文本内容的理解程度[2]。

在设计学习理解性问题链时，教师通常使用5W1H（Who、When、Where、What、Why、How）等疑问词引导的疑问句来提问，来形成具有系统性、逻辑性、关联性的问题链，引导学生通过观察插图、倾听录音、观看视频、阅读文本等方式获取信息、梳理文章脉络，并根据问题链，将文本内容的逻辑关系直观呈现出来，

促使学生深入理解文本，发展学生思维的逻辑性。

以牛津深圳版小学英语教材六年级上册Unit 2 Summer Holiday为例，语篇介绍了Alice、Peter和Jill三个人的暑假情况，内容涉及时间、人物、地点、事情、出行方式和感受。为了让学生梳理文本脉络，构建语用输出的逻辑框架，在学生观察并认识了语篇人物Alice之后，教师利用问题链引导学生自主阅读文本，获取关键信息。

Q1：Where did Alice go?

Q2：When did Alice go there?

学生听一遍文本，找出人物度假地点是Beijing，出行时间为August，初步感知文本内容，进入本课的具体话题summer holiday。

Q3：How did Alice go?

Q4：What did Alice do?

在学生找出度假地点为Beijing之后，教师引导学生联系实际，猜测Alice的出行方式和度假内容，带着检验答案准确性的任务再次走进文本，获取相关信息。

Q5：How did Alice feel?

学生通读文本，体会人物情感enjoyed the summer holiday。以此类推，根据where、when、how、what、how等要素，找出Peter's and Jill's summer holiday的相关信息，并梳理成表格（见表1）。

表1 理解性问题链示例

| When | Who | Where | How | What | How |
| --- | --- | --- | --- | --- | --- |
| in August | Alice | Beijing | by plane | visited uncle<br>went to the Great Wall,<br>Tian'anmen Square,<br>the Palace Museum<br>took a lot of photos | enjoyed the summer holiday |
| during summer holiday | Peter | the UK | by plane | visited Big Ben,<br>the British Museum | had a good time |
| during summer holiday | Jill | countryside | | stayed with...<br>picked apples | |

学习理解性问题链可引起学生的注意，引导学生从语篇中获取信息，通过梳理零散信息，厘清文本逻辑结构，感知并理解语篇的意义，为后续的应用实践做好铺垫。

## 二、应用实践类问题链，发展思维的批判性

应用实践类问题链主要用于引导学生进行描述与阐释、分析与判断、内化与运用等学习活动。为发展学生思维的批判性，教师经常使用Why、How等开头的问句来引导学生思考与分析、推测与判断，找出隐藏在文字背后的信息，逐步实现对语言知识的内化，促进语言运用自动化。

牛津深圳版小学英语教材的话题内容丰富，从自然科技到文学艺术，从环境保护到人文关怀，为学生在学习语言的过程中发展思维认知能力提供了素材支撑。比如，六年级下册Unit 2 Changes in our lives的单元话题是生活中的变化，其中Read a story板块通过故事*The happy farmer and his wife*表达了安贫乐道、知足常乐的人生态度。为什么教材编者在“改变”的话题下安排了一则“拒绝改变”的故事？教师不能仅关注表层信息，更要重视文本内涵，深入挖掘文本的主旨思想，关注语言学习对思维能力的促进作用，发展学生的综合思考分析能力。

教学中，教师通过一系列Wh-问题，与学生互动交流，建构故事的主要信息，师生教学对话如下。

Q1：Who are in the story?

Ss：A farmer，his wife and a fairy.（学生记忆事实）

Q2：Where did the farmer and his wife live?

Ss：They lived in a small，old house.（学生记忆事实）

T：A small，old house. So they were...

Ss：They were poor.（学生结合生活经验进行推断）

Q3：A fairy visited them and would like to give them three wishes to change their poor lives. Why didn’t they take the wishes?

Ss：They were poor but happy. Their house was small and old，but it’s warm and nice.（学生判断、分析和应用文本信息，对自己的观点加以佐证）

前两个问题涉及事实的记忆，学生可以直接从文本中提取信息作答。第三个问题需要学生联系故事上下文进行分析，并应用文本信息，以提供支持其观点的事实。通过层层深入的应用实践类问题链，教师引导学生围绕主题开展描述、分析与运用的学习活动，激发学生思考，发展学生的批判性思维能力。

## 三、迁移创新类问题链，发展思维的创新性

迁移创新类问题链主要包括推理与论证、批判与评价、想象与创造等超越语篇

的一系列问题。教师通过此类问题链，引导学生从不同的角度，结合自身生活经历与情感体验作出综合分析评价，发展学生的迁移与创新能力。在设计问题时，教师经常用“What do you think of...?”和“If...，what would happen?”等问题来引导学生通过自主、合作探究的方式，综合运用语言技能，实现深度学习，促进能力向素养的转化。

还是以六年级下册Unit 2 Changes in our lives中Read a story板块的故事*The happy farmer and his wife*为例，学完故事后，师生对话如下。

Q1：What do you think of the farmer and his wife?

S1：They didn’t take the gold and big house. They were not greedy.

S2：They were poor but happy. They were easy to feel happy.

S3：They didn’t want to change their lives. They wanted to have a simple life.

这个问题在原来的基础上迈了一步，需要学生在整体语境中，根据自己的社会经验和掌握的信息去分析角色品格。学生在进行分析的过程中，需要整合信息，提供支持其观点的证据。

之后，教师进一步引导孩子思考事件可能出现的另一种可能性。

Q2：What if we look at it another way? If the farmer took the gold and the big house, what do you think would happen?

S1：If the farmer took the wishes，he would lose a happy life.

Q3：Why do you think so?

S1：They were not ready to live a rich life.

S2：They wouldn’t work hard any more. They became lazy and unhappy.

S3：Being rich is not always a good thing. They had a poor but happy life. That’s enough.

教师通过假设性问题，引导学生从不同角度判断事件的走向，启发学生在面对选择的时候辩证地看待事情，学会全方位、多角度去衡量利弊。

接着，教师继续挑战孩子的思维，引导孩子转化视角，进入农夫角色。

Q4：If you were the farmer，what would you do ? Change your life or not?

S1：I would have some changes. I would like to change my house.

S2：I would like to change my house，too. But not by wish，by working.

S3：I don’t want to change my life by wish，either. I want to be myself. Poor or rich, that’s my own life.

S4：I don’t want to change. I would be lazy if I had a lot of money overnight.

S5：Some gold，a big house and a happy life，I would like to have a happy life.

Money is important，but not everything. Money cannot buy happiness. Happiness is more important than money.

在这里，教师通过一系列迁移创新类的问题，引导学生从“我”的视角出发，让语言学习与学生的内心世界建立起关联，学生通过角色体验，进行理性评估。不管学生选择“改变”还是“不变”，都体现了个性特征，学生创造性地解决陌生情景中的问题，理性表达观点，这既能使学生学到语言，又能使学生学会做人，还能使学生“言之有物”，真正地做到了迁移与创新。

总之，英语教育不能局限于语言交流，更应该启发心智。教师应该巧设问题，在与学生的互动交流中，推动学生的认知思维从低阶到高阶不断升级。

**参考文献**

［1］中华人民共和国教育部．义务教育英语课程标准：2011年版［M］．北京：北京师范大学出版社，2012．

［2］张璐．设计有效课堂提问的实践与思考［J］．中小学外语教学（小学篇），2020（9）：1–6．

［3］张春柏，舒运祥．义务教育教科书 · 英语［M］．上海：上海教育出版社，2018．

# 基于核心素养的小学英语课堂培养学生思维品质的探究

深圳市宝安区海旺学校　李从阳

【摘要】培养学生思维品质是提高学生核心素养的重要途径，因此小学英语教师要注重以核心素养为导向，采用多种教学方式培养学生的思维品质，提高学生的学习能力与课堂教学效率。本文对基于核心素养在小学英语课堂中培养学生的思维品质进行了探究。

【关键词】小学；核心素养；英语；思维品质

思维品质是指学生思维能力的表现以及特点，主要包括思维的敏捷性、逻辑性、灵活性等。由于学生的思维方式存在一定的差异，在思维活动中的表现也有不同的特点，思维品质在一定程度上反映了每个学生的思维水平的差异。针对思维品质，教师在开展教学时应注重根据学生目前的思维发展情况以及思维特点开展教学，采用创设情景等方式，激发学生的思维能力，结合教材内容，引导学生探究教学知识，让学生在掌握知识的基础上，学会灵活应用知识，提高学生思维的深度与广度，促使学生思维能力得到充分发展，从而有效培养学生的思维品质。

## 一、开展情景式教学，培养学生思维敏捷性

传统的小学英语教学在一定程度上抑制了学生思维的敏捷性与学习的积极性，导致学生思维能力不够，在教师提出问题后反应时间较长，不能快速地分析问题、解答问题，对学生思维能力及学习效率的提升不利。对此，教师在开展教学时应以核心素养为导向，突出学生主体，注重培养学生思维的敏捷性。教师可通过开展情景式教学，激发学生学习的内在动力，使学生能够积极且主动地参与到教学中，从而不断提高学生思维的敏捷性，培养学生的思维品质[1]。

例如：在4年级上册Module 2 Unit 4 Do You Have Any Cousins?教学中，教师就可根据教学内容创设和学生现实生活结合的情景，让学生能更积极参与。教师可在

热身环节先分享一张全家福，让学生看着照片自由提问，如5W1H问题："Who...? Where...? When...? Why...? What...? "等问题，然后过渡到学习课文。接下来学生在小组内分享自己的家庭照片，并用英语做介绍和互相问答。因为和自己的生活情景相结合，学生有话可说，气氛很好。最后一个环节，让学生用思维导图的方式画出自己的家族树，并进行分享。这样的教学方式不仅能够让学生进入学习的状态、集中注意力，还有利于培养学生思维的敏捷性。

## 二、开展互动式教学，培养学生思维逻辑性

小学生正处于思维发展的阶段，逻辑思维能力较差，教师单一讲解并不能使学生充分理解教学内容，因此教师在教学中应注重教学的引导性，引导学生逐步探究内容、掌握规律。教师可开展互动式教学，通过多向互动，增进师生关系，掌握学生的思维特点，在互动中引导并鼓励学生从多方面分析问题，逐渐培养学生思维逻辑性，提高学生的思维品质。

例如，在5年级上册Module 2 Unit 4 Grandparents的教学中，教师就可提出问题"What do you see? "，初步通过引导学生描述图片内容，让学生感知故事。之后教师进一步提出问题"What do you know? "，促使学生在观察图片细节中去思考，例如，两幅图中的日期，每幅图中有哪些人物，在什么地点，发生了什么事，人物的表情如何。最后教师用问题"What do you wonder? "引发学生去探索思考，猜测奶奶为什么迟到了，是因为健忘还是生病了，或者是发生了意外；猜测Mary和John在等待奶奶时的心情，是担心，是生气，还是焦急。学生在与教师互动中逐步了解故事内容，在"I see，I know，I wonder"的思维发展中提升思维逻辑性。

## 三、开展拓展式教学，培养学生思维灵活性

拓展式教学是指教师根据教学内容进行扩展，通过采用多种方法，如开展游戏等教学活动，让学生在活动中开阔眼界、拓展思维，这有利于培养学生的灵活性思维。在开展拓展式教学时教师要根据教材内容和学生学习情况，让学生在活动中巩固知识、建立知识结构、灵活运用知识，进一步提高学生的思维品质[2]。

例如，在学习6年级上册Module 4 Unit 10 Air这一课后，教师就可根据教学内容以及学生知识掌握情况开展教学活动。教师可组织学生学习飞行玩具的制作过程，教师使用英语逐句讲解飞行玩具的制作过程，可利用图片或课前准备好的教学工具帮助学生理解句子，让学生根据图片以及教师的动作制作玩具，了解制作过程。这个活动不仅增加了师生的互动机会，同时教师利用游戏能够帮助学生在制作

玩具的过程中进一步掌握已学的词汇以及句型，使学生能够学会使用已学知识解决实际问题，从而培养学生的思维灵活性。

## 四、总结

综上所述，基于核心素养培养学生的思维品质时，教师要注重根据学生的认知特点，结合教材内容引导学生逐步探究知识。同时教师要注重使用多种教学方式，使学生在情景中增强对学习的兴趣，提高思维的敏捷性，在和教师互动中提高思维的逻辑性，学会自主分析、解决英语问题，在教学活动中学会灵活运用已学知识，从而不断提高思维品质。

## 参考文献

［1］陶丽．基于核心素养谈小学英语教学如何培养学生的思维品质［J］．新课程导学，2019（12）：60.

［2］蔡长妹．基于核心素养的初中英语教学中学生思维品质的培养策略探析［J］．考试周刊，2020（30）：99-100.

# 插上故事的翅膀，促进思维的飞翔

——*Just One Cookie*教学反思

深圳市宝安区松岗第二小学 麦健萍

《义务教育英语课程标准（2011年版）》明确提出：丰富课程资源，拓展英语学习渠道。语言学习需要大量输入内容，丰富多样的课程资源对英语学习尤其重要。英语课程应根据教和学的需求，提供贴近学生、贴近生活、贴近时代的英语学习资源。英语绘本故事通过精美的版式、唯美的画面、精练易懂的文字，让孩子真正感受其中的深意和语言的魅力。阅读绘本故事，可以帮助孩子推开一扇窗，了解世界，培养孩子的想象力和学习力，发展情商和智商，还可以提高孩子的美感体验，学会观察和思考。显然，英语绘本故事走进英语课堂是响应新课程标准的必然产物。

笔者所选用的故事是攀登英语阅读系列中的*Just One Cookie*。该故事内容大胆创新，妙趣横生。以下是笔者对本节课的几点反思。

## 一、整体呈现故事，教学主线清晰

整体语言教学理念强调语言学习的整体性——完整的人用完整的语言做完整的事。它主张进行有意义阅读和在自然环境中使用语言。教师应是语言学习的启发者，为学生创造丰富的语言环境，发展学生的综合语言运用能力。在本课学习中，教师以true story为主线，为孩子整体呈现经典童话故事*Little Red Riding Hood*（《小红帽》），然后自然过渡到*Just One Cookie*故事学习。教师在教授*Just One Cookie*中，基于整体语言教学理念，整体呈现故事，让学生在完整的情景下学习完整的语言。教师两次让学生完整快速阅读故事，快速获取信息，培养学生的阅读技能。接着，让学生更深层次地跟读模仿，整体输出故事内容。教师在教授过程中，始终紧扣true story的教学主线，最后让学生讨论哪个故事才是true story，表达自己的观点，发展学生综合语言运用能力和创新思维能力。

## 二、教学环节层层递进，教学目标达成度高

本节课的教学思路清晰，教学环节层层递进，教学目标达成度高。本节课的教

授从*Who Stole the Cookie*这一歌曲入手，自然过渡到教学主线 true story。然后，通过学生表演，复习《小红帽》的故事，自然引入故事的主人公狼和*Just One Cookie*的故事。教师首先让学生猜猜狼口中的 true story是什么，然后让学生整体阅读故事，让学生发现狼口中的true story是它想吃cookie。接着教师提出问题：Why does he want to eat one cookie? Did he eat one cookie at last? 。学生阅读故事，并创新表演故事。学生阅读并表演完故事后，教师问学生究竟相信哪个故事才是真的。最后，教师鼓励学生改编故事和阅读更多经典童话故事。在本节课中，学生能很好地理解和表演故事的内容，在小组讨论展示的时候，学生很好地表达了自己的想法，把课堂气氛推向高潮。纵观整节课，教学效果好，教学目标达成度高。

## 三、利用发散思维，培养创新能力

《义务教育英语课程标准（2011年版）》强调了英语课程的人文性：英语课程承担着提高学生综合人文素养的任务，即学生通过英语课程能够开阔视野，丰富生活经历，形成跨文化意识，增强爱国主义精神，发展创新能力，形成良好品格和正确的人生观与价值观。没有创新的民族是没有希望的民族。因此，教师在教学中注重对学生的创新能力的培养尤为重要。传统《小红帽》的故事家喻户晓，耳熟能详。在学生们的认知里，大灰狼是凶猛狡猾的，它吃掉了小红帽和老奶奶。本节课学习的*Just One Cookie*这个故事敢于改编传统经典童话故事，敢于挑战孩子们固有的观念，给学生们带来一次冲击。大灰狼从大反派摇身一变成为善良、聪明的大好狼。学生们更愿意相信狼是聪明、善良的还是更愿意相信狼性本恶呢？答案是学生们是思维开阔的，乐于接受新事物、新观点和新理念，他们非常喜欢这个创新的故事，他们更愿意相信狼是善良的。可见，学生们的心地非常善良，胸怀非常广阔。而且，他们继续发散思维，用自己的语言表达观点，表演和创新故事，把故事演绎得淋漓尽致，把课堂推向高潮。

教学是一门遗憾的艺术。由于本故事难度稍高，篇幅较长，要在40分钟内读、练、演和拓展故事，难度有点大。因此，学生对于故事的思维挖掘还不够深刻。路漫漫其修远兮，本文是笔者初探英语绘本故事教学的不成熟之作，还有很多需要改进的地方。愿课堂插上绘本故事的翅膀，促进英语教学飞翔。

# 单元整体教学背景下学生思维品质培养的路径与方法

深圳市宝安区新安中学（集团）第二外国语学校　王丽芳

**【摘要】**单元整体教学是实现英语学科核心素养的一座桥梁。它不仅关注学生运用知识做事、持续做事、正确做事，还强调知识点从理解到应用，重视知识点之间的联结及运用。在单元整体教学实施过程中，学生的思维品质将会得到大幅度提升，而思维品质的发展有助于学生多元思维能力的发展，更有助于学生语言能力、学习能力和文化意识的培养。

**【关键词】**核心素养；思维品质；培养

英语教学中思维品质的培养应该贯穿教学活动始终，更应聚焦于培养路径的全面性，以及各路径之间的紧密联系。本文基于小学英语单元整体教学的六大要素，即单元教材教法分析、单元教学目标设计、单元学习活动设计、单元作业设计、单元评价设计、单元教学资源设计，尝试通过多种路径的综合运用，从微观层面为一线教师提出一些思维品质培养的路径与可操作建议。

小学英语课堂教学中思维品质培养的总思路框架如图1所示。

由图1可见，这几个路径之间是相辅相成、环环相扣的，也体现了英语教学过程的循序渐进，更提醒处于中间位置的教师不仅要按照逻辑顺序推进教学，还要重视教师话语的运用，以及将评价贯穿始终。

综上，以图1为主要依据来阐述培养思维品质的具体路径与方法。

## 一、明确单元教学目标，确立思维品质发展的方向

华东师范大学基础教育改革与发展研究所卜玉华教授在《小学英语教学目标设计中的常见问题及对策》中指出教学目标是教学实践取得实效的前提。那么怎样确定教学目标才更加科学合理呢？思维品质作为核心素养的重要组成部分，怎么才能在教学目标中有所体现呢？

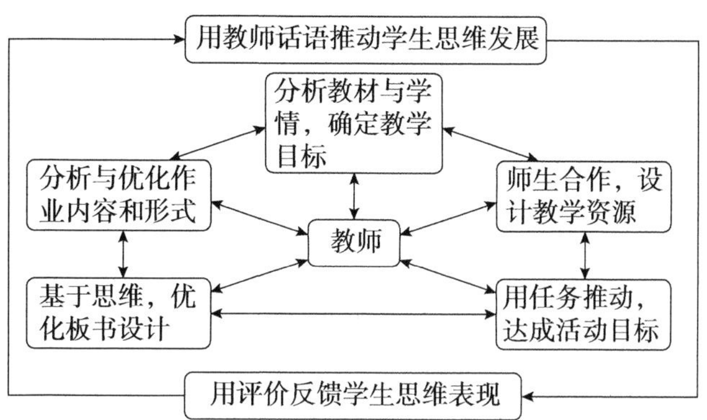


**图1　小学英语课堂教学中思维品质培养的总思路框架**

### （一）利用思维表现动词确定教学目标

由于思维品质这一概念具有抽象性的特征，广大教师在设定教学目标时可以使用一些思维表现动词，使思维品质具体化、可视化。同时教师可以参考马杰的教学目标设定“ABCD”原则，即行为主体（Audience）、行为动词（Behaviour）、行为条件（Condition）、表现程度（Degree）。例如：在语境中，学生能运用核心词汇准确描述物品的颜色；在思维导图的帮助下，学生能够流畅复述课文。

### （二）划分语言目标和体验目标来确定教学目标

以龚亚夫老师主编的《新维度英语》（*New Notion English*）为例，这套教材遵循多元目标英语课程理念，主张在教学中实现三大目标，即社会文化目标、认知思维目标和语言交流目标的融合。[1]

整本书的教学目标分为语言目标和体验目标。例如，第七册Unit 2 Making Cookies的语言目标是：①能够用英语描述食物的制作过程；②能够用英语描述物品的摆放位置。体验目标是：①培养做事情的条理性；②合理安排做事情的流程。

不难看出，认知思维目标在其中得到了很好的体现，积极的心理、多层次思维能力和有效的学习策略都在帮助学生培养良好的品格，并且把素质教育和心智活动也结合了起来。

综上所述，在培养学生思维品质时，教师必须设计出既具体又合理的教学目标，来为接下来的教学过程做好指导。

## 二、通过设计教学资源，培养学生思维的系统性

朱浦老师主编的《小学英语单元整体教学实践与研究丛书》，对于设计教学

资源的描述大概是这样的：其指教师收集材料，经过一定的加工后提供给学生，以帮助学生获取知识和训练技能。它研究设计怎样的资源来辅助单元学习活动（含作业）的开展，起点是明确单元资源的功能，重点是反思单元资源设计。[2]

那么教师设计教学资源时，可不可以有学生参与呢？在信息技术不断进步的时期，在设计资源的过程中，教师可以适当引导学生参与，这样在收集和筛选资源的过程中就可不断培养学生思维的系统性，即思维的有序程度和整合各类不同信息的能力。

## 三、通过任务推动，培养学生思维品质的灵活性和独创性

教与学的中间质是活动，但指向目标的活动才能被称为任务。在通过不同的任务逐步达到目标的同时，学生思维的灵活性和独创性得到充分发展。设计任务时，教师应注重以下内容。

### （一）注重任务的真实性

在任务型语言教学理论里，真实性一般指语言学习中的任务与真实世界中的任务的相似性。真实的任务是那些类似现在生活中各种事情的任务，也就是说学生离开课堂以后在生活中可能遇到的各种事情，如预订飞机票、写信、在地图上找到目的地、查找电话号码、收听天气预报等。而那些以学习和巩固语言知识为主的句型转换、选词填空、修改错误的内容等不是真实的任务。

只有在真实任务的引导下，学生思维的灵活性才得到进一步激发，学生才会多方面去解决问题，举一反三，知识迁移能力变强。

二年级下册Unit 6以动物为话题展开，教授了They are...句型，并涉及了第三人称单数形式。教学课件示例如图2所示。

图2　教学课件示例

教师以Let's go shopping为主要教学任务，增加了实时信息交流，学生表达之后教师会把玩具的图片发送给学生，在这个环节中充分鼓励和支持学生对学习材料的使用，学生在准备的过程中也会十分认真和细致。思考的深度不仅仅停留在口头简单表达，大多数同学会认真地思考到底自己喜欢什么玩具，需要几个玩具。这些锻炼了学生的批判性思维能力。

### （二）注重任务的开放性

在实际的教学过程中，教师针对不同的教学内容、不同的课型可设计不同的教学任务，但一定要注意这些任务设计不能只局限于学习理解层面，应用实践和创新类的活动是思维品质培养的重要途径，如头脑风暴、小组辩论、改写或续写故事、小组创作等。这些可以充分地锻炼学生的独创性思维和批判性思维。

## 四、优化板书设计，培养学生思维品质的深刻性

板书不仅能反映课堂教学的核心重点，反映知识间的逻辑关系，而且可以给学生整体的印象，有利于进行课堂总结。一节课的板书就是这节课的思维可视图，可以清晰地展示整节课的学习目标与学生学习和思考的过程。

### （一）注重板书的整体性

利用思维导图，提升板书的整体性。图3是基本的八种思维导图的运用方式。

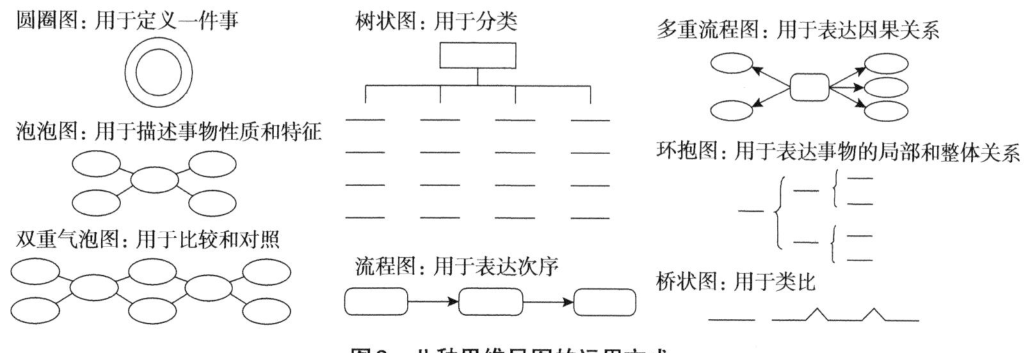


**图3　八种思维导图的运用方式**

一是圆圈图，适合下定义。

二是泡泡图（太阳图），适合描述事物性质和特征。

三是双重气泡图，适合比较和对照。

四是树状图，适合分类。

五是流程图，适合表达次序。

六是多重流程图，适合表达因果关系。

七是环抱图，适合体现局部和整体关系。

八是桥状图，适合类比。

### （二）注重板书与语用结合

板书的概括能力高，能培养学生思维的深刻性，但除了板书的功能性之外，教师还应该注重其与语用相结合。

## 五、优化作业的内容与形式，促进思维品质的多元培养

单元作业是指教师基于单元教学目标和教学内容设计的，由学生在课堂学习之外完成的，带有明确指向性任务的集合。[2]

作业的布置形式要多样，内容要丰富，要有趣味性作业、基础性作业、启发性作业、实践性作业和层次性作业。趣味性作业让学生学得更有趣，促进学生接受新知识和进行创造性学习；基础性作业让学生学得更有效；启发性作业能让学生的思维变得敏捷；实践性作业能让学生感受到学以致用的乐趣；层次性作业让所有学生都有所收获。

## 六、用教师话语推动思维品质的全面发展

大部分教师认为英语教师课堂话语都应是英语，倘若如此，那本文只是分析了英语教师在课堂上讲授的英语话语部分。其实英语教师课堂话语就是英语教师在组织和实施英语课堂教学时产生的话语，其主要是英语，也包括母语（如汉语）。[3] 教师的话语量一般控制在68%以内为宜。

### （一）注重话语的真实性

在语言能力发展的初级阶段，教师的话语是对学生而言最重要的语言输入内容，其基本特征呈现出真实性、互动性、逻辑性、规范性。真实性是所有特征中最重要的一个部分，只有真实了才能更有逻辑互动、更规范引导学生的学习。

### （二）问答策略最适合思维教学

美国耶鲁大学心理系与教育系教授斯腾伯格认为采用问答策略最能够促进学生的思维发展。[4] 因为在对话过程中，学生才能真正意义上锻炼思维，而不是

仅仅复述书本上的答案或教师的授课内容就可以过关。在问答策略中，教师扮演了一个最佳典范，向学生亲身示范他们应该做什么，也就是让学生进行批判性思考。

例如，在教授动物话题时，很多老师喜欢问“What's your favourite animal? ”，同学回答“I like ...”之后就没有下文了。有部分老师会追问“Why do you like ...”，学生很有可能也随口回答一些句式正确的句子，但是学生没有更深入思考。那么还有哪些问题可以引起学生的深度思考呢?

### （三）鼓励学生提问

斯腾伯格认为在多种形式的对话教学中，鼓励学生发问是最好的一种，其将提问分为了7个级别，以供参考。

第1级：回绝问题。

第2级：重复问题。

第3级：简单呈现信息。

第4级：鼓励发问者寻找资料。

第5级：提供可能的解答。

第6级：鼓励发问者对可能的答案进行评估。

第7级：鼓励发问者评估答案，并一一验证。[4]

可以看到，这些回答问题的等级是从一个极点变化到另一个极点的：从拒绝学生的问题到鼓励学生形成并验证假设。学生从不学习，到分析和创造性学习。

## 七、用评价反馈学生思维品质发展的水平

评价反馈是英语教学过程的重要组成部分，它贯穿教学始终。它能实时监测学生的思维表现，确定学生现有思维品质水平和预期水平之间的差距，及时调整教学设计，从而向学生提供必要支持，使学生取得更大进步。

想培养学生的思维品质，教师首先要抛开思维定式，尊重学生的思维差异性与多样性，要给予学生鼓励，重视学生自信心的培养。以本校英语学科“CVPC”评价方式举例说明，第一个C即Correctness，V即Voice，P即Politeness，第二个C即Creativity。教师在课堂内外对学生进行多元化评价，并且开展生生互评，鼓励学生注重话语的逻辑性与准确性，鼓励学生大胆发言、认真倾听，注重礼仪与创新精神，不断引导和促进学生的思维品质发展。

## 八、结语

本文以单元整体教学为载体，把学习和使用英语与思维品质的培养相融合。思维品质的培养不可能一蹴而就，而是与整个教学过程紧密联系，广大英语教师需要不断探究与努力。

**参考文献**

[1] 龚亚夫. 英语教学新论：多元目标英语课程［M］. 北京：高等教育出版社，2015.

[2] 朱浦，祁承辉. 小学英语单元整体教学实践与研究丛书·单元教学的教研探索［M］. 上海：上海教育出版社，2020.

[3] 程晓堂. 英语教师课堂话语分析［M］. 上海：上海外语教育出版社，2009.

[4] 斯腾伯格，史渥林. 思维教学：培养聪明的学习者［M］. 赵海燕，译. 北京：中国轻工业出版社，2008.

# 以问促思，妙用绘本

## ——小学低年段英语绘本教学中运用提问培养学生思维能力的案例研究

深圳市宝安中学（集团）实验学校　吴玲玲

【摘要】合理选择绘本并设计指向思维品质培养的提问是教师提升学生思维能力的有效途径。本文结合二年级*A Color of His Own*绘本课堂教学实例，探讨教师如何设计问题以训练思维敏捷性、灵活性、深刻性、批判性和独创性，促使学生在解决问题的过程中积极思考，提升思维品质。

【关键词】英语绘本；问题设计；思维品质

## 一、引言

《义务教育英语课程标准（2011年版）》明确指出，英语课程应根据教和学的需求，合理利用并积极开发课程资源[1]。绘本有助于培养学生发现问题、分析问题和解决问题的能力[2]。

使用绘本作为阅读材料的补充是小学低年段教师较为常用的方法。教师在使用绘本进行教学的时候，可以通过提出合理、适度的问题培养学生的思维品质。罗少茜等指出，教师的课堂提问可被分类如下：知识性问题（要求学生提取大脑中的数据或信息）、理解性问题（要求学生理解意义）、应用性问题（要求学生在新环境中使用概念）、分析性问题（要求学生将概念分解、区别事实与推论）、评价性问题（要求学生对观点或产品的价值作判断）和创造性问题（要求学生将细节或部分打造成连贯的、新的、不同的整体）[3]。

本文结合上海教育出版社的二年级下册教材Module 1 Unit 1 What Can You See?第三课时的教学案例，探讨在小学低年段绘本教学中如何运用提问培养学生的思维能力。

二年级下册Module 1 Unit 1 What Can You See?是该册教材第一模块“Using My Five Senses”的第一个单元，该单元通过展示课本人物对动物的探讨以及公园的美景，向学生呈现三种颜色的英语表达和询问物品颜色的句型：What color are they?。关于该单元的第三课时，教师采用了与该单元话题一致的绘本*A Color of His Own*进行阅读教学。该绘本呈现了一只变色龙努力寻找属于自己的颜色但失败了，最后在与另一只变色龙相处的过程中逐渐释怀并变得快乐的故事。教材语言以"—What color are they?—They're... "为主，而选取的绘本也是以"...（animals）are...（color）/...they are...（color）"的描述型语言为主，可以作为教材补充材料。

在小学低年段绘本教学中，教师既要引导学生与文本进行对话，也要与学生进行基于文本的对话。阅读教学中所使用的语料既是学生感知、内化、运用语言的载体，更是思维培养的载体[4]。教师提问的方向直接决定了学生思考的方向，教师设置问题的质量直接决定学生思维发展的广度和深度[5]。教师应引导学生在理解文本的浅层信息，分析、评价文本深层信息，以及根据文本进行发散和创新等一系列教学活动中，从联系现实生活、关注文本细节、深挖文本内涵等角度评价，有创意地表达。此外，教师应设置多层次的问题，培养学生的思维能力。

## 二、联系现实，激活已知，锻炼思维敏捷性

思维的敏捷性代表了思维活动的速度，也是智力的敏锐程度的反映[6]。面对教师提出的知识性问题，学生需要调动以往积累在脑海中的经验进行解答；调动过程的快与慢体现的就是思维活动的速度。因此，在绘本阅读教学过程中，教师可以设置知识性问题促进思维敏捷性的锻炼。教师需要联系学生已有的经验，找到其与绘本内容的关联之处，并围绕关联之处设计问题，鼓励学生思考和表达自我。

读前，教师让学生观察绘本封面上的变色龙，并提问"What animal is this?""What do you know about chameleons?"，激活学生已有的关于变色龙的经验。部分学生虽然因为词汇量不足等，使用了中文进行表达，但是他们仍然主动举手发言，可见教师的提问激活了他们的知识网络，使他们愿意参与到课堂活动之中。

在学生完成了绘本前四页的阅读后，教师提问："What can you see? What color are they?"。学生在观察绘本内容的基础上，调动自身已有的关于动物和颜色的相关语言知识，回答问题。设置知识性问题能引导学生获取绘本故事中的直观信息，还可以考查学生对于目标语言的掌握情况，促进学生巩固相关目标语言。

本课中的两个知识性问题："The chameleons are on the tiger，what color are they?""What color is the chameleon on the leaf?"，依然引导学生在绘本故事的发展中继续关注变色龙的颜色。学生经过前面教学环节的练习后，能够更加迅速、准确回应上述问题。

## 三、关注细节，举一反三，培养思维灵活性

具有思维灵活性的学习者善于摒弃思维定式，可从各种角度思考问题、用各种方法解决问题，在分析能力和综合能力上灵活转换[6]。培养学生的思维灵活性就是培养学生的思维灵活程度和有效迁移且利用知识的能力。优质的理解性问题和应用性问题的设置可以达成这一培养目标。

理解性问题主要用于检测学生对于所学内容的理解程度，而应用性问题则是为了启发学生运用新收获的知识来解决问题。前者引导学生在理解绘本内容和了解故事发展的基础上对信息进行初步解读，后者帮助学生将所学到的知识运用到新的情景中解决困难。教师在构思这两类问题的时候要善于放大绘本中的细节，通过巧妙变换细节要素，帮助学生在回答中逐渐明确具有共通性的知识点并进行总结，进而运用知识点举一反三解决相似问题。本课中这两类问题贯穿整个阅读过程。

教师引导学生关注到老虎身上的变色龙拥有橙黑条纹这一故事细节，另外展示了黑白条纹的变色龙，让学生基于从绘本中学习到的内容猜测变色龙所处的位置，提问："What color is it? Where is it?"。应用性问题的设置目的是引导学生明确变色龙在某种物体上的颜色，并通过其变化的颜色判断变色龙所在的位置，灵活迁移变色龙变色这一知识点，加深学生对绘本关键句"They（Chameleons）change color wherever they go."的理解。

本课故事中，变色龙为了拥有自己的颜色，想到了站在一片叶子上的办法，但叶子并没有一直保持绿色。教师带领学生细读这一部分内容，提出理解性问题并进行追问。师生教学对话如下。

T：On the leaf，the chameleon is green，yellow，red. Why does the chameleon change color on the leaf?

S1：Because the leaf changes color.

T：Yes，the leaf changes color. Why does the leaf change color?

S2：It's autumn.

S3：It's winter.

T：First，it's summer，the leaf and the chameleon are green. Later...Can you try?

S4：Later it's autumn，the leaf and the chameleon are yellow and red.

T：Then...You，please.

S5：Then it's winter，the night and the chameleon are black.

T：Good job. So we can say the leaf changes color because of...

Ss：Seasons.

T：Right. The season changes，the leaf changes color and the chameleon changes color too.

教师通过问题引导学生思考坚守在一片叶子上的变色龙依然变色的原因，使学生真正理解故事中隐含的时间线索，即季节更替。在教师提供的语言支架协助下，学生用自己的语言去表达季节交替的过程。

## 四、深入文本，挖掘内涵，训练思维深刻性

思维深刻性是指思维活动的广度、深度和难度[6]。能够对问题进行深入思考，逻辑抽象性强、能开展系统且全面的思维活动，用联系的观点整体认识事物和掌握知识，是具备思维深刻性的表现。分析性问题鼓励学生将自身置于更高的绘本阅读视角，以自身掌握的信息作为依据进行自我观点表达，从而达到思维深刻性训练。为实现通过设计分析性问题训练学生思维深刻性这一目的，教师需要透过绘本的文字摸索其内涵，摸索并理解绘本内容中主要细节之间的联系，从而进行主线信息归纳，并围绕其设计虽表达相似或一致但体现故事发展的提问。

本课中教师三次向学生提出同一个问题：“How does the chameleon feel now?”。第一次是在故事主人公变色龙坐在老虎尾巴上的时候；第二次是在变色龙随着叶子掉落与黑夜融为一体的时候；第三次是在故事的最后它与年长的变色龙成为朋友共同变色的时候。变色龙的心理变化是绘本中隐藏的主线信息，学生要联系上下文，找出体现情绪的词语，并观察绘本的画面，探索变色龙的心路历程，感受变色龙从一开始因没有自己的专属颜色而烦恼，后来为自己想出的办法失败而伤心，结尾因有了朋友共同体会变色而快乐。同一个问题激发不同且逐渐深入的思考，学生在绘本故事的漫游中加深对所学内容的理解。

在读后活动中，教师提出分析性问题：“Can the chameleon have a color of his own，why?”。教师让学生分析变色龙能否拥有专属颜色及其原因。学生在尝试回答这一问题的过程中，整理和组合前面所有阅读行为中获得的信息，进而阐述自己的结论。

## 五、基于情节，尝试评价，发展思维批判性

思维批判性体现在学习者能够在学习过程中对学习材料进行辩证分析，有全面评价，做到独立思考，敢于质疑，同时可以进行自我反省、调节和修正。

评价性问题需要学生在建立正确的价值观和形成思想原则的基础上对事物进行评价判断。教师可以围绕绘本中关键角色的具有争议性的行为或观点进行这类问题

的设计，也可以通过让学生将自身代入关键人物的角色进行思考帮助学生在解决评价性问题的过程中发展思维批判性。

教师提问："The chameleon climbs to the leaf because he wants a color of his own. Is it a good idea? Why?"。教师让学生评价变色龙通过待在叶子上获得专属颜色的主意如何。

大部分学生都认为这不是个好主意，并可简单描述原因。但有学生认为选择常青树的叶子是个好主意。评价性问题不仅能促使学生对绘本进行全面评价，还能引发部分学生进行质疑和独立思考。

教师还让学生进入变色龙的角色，思考自己是否想拥有专属颜色。教师提问："If you're the chameleon，do you want a color of your own?"。

对于这个评价性问题，有学生从自身的喜好出发，表达对不同色彩的喜好；也有学生从变色龙的特性出发，解释变色的好处。

学生在这一问题的催化下，从不同的角度进行思维批判性训练，尝试合理依据自身的准则进行思考并借助英语语言进行具有个人色彩的判断。

## 六、发挥想象，设想创造，锤炼思维独创性

思维独创性是指学习者在学习的过程中有独特的思考方式，也敢于采用新的方式进行思考，还能够基于当前的问题进行延伸发散。解答创造性问题需要学生充分发挥自身丰富的想象力，从多个角度进行思考。教师要抓住绘本故事中的矛盾点设计开放性问题，激发学生求异思维。

在完成绘本的阅读后，教师提问："The chameleon wants a color of his own. If you're the chameleon，what can you do?"。

学生想象自己成为那只希望拥有专属颜色的变色龙，为这个热切的愿望构思出各种各样的办法，并用自己的语言进行表达。学生基于绘本内容创新产生个性化的成果。思维独创性在学生此起彼伏的回答中清晰可见。

## 七、总结与反思

笔者在教学中发现低年段学生在回答问题的过程中，由于语言积累较少，难以做到很好输出，存在以中文进行回应或者回答中有语法错误等情况，但是即便英语语言输出不足，学生的思维是不容小觑的。教师应该正视他们的思维能力，坚持通过提问引发学生持续性思考和输出，教师可以对学生的回应予以积极正面评价，教师可将中文翻译成英文、用正确的语句重复学生的表达。

从提问的分类角度看，此案例中的提问以知识性问题、理解性问题和应用性问

题等为主，要求学生运用更高层次的认知技能进行思考的提问偏少。对于这种情况，教师应根据不同的教学目标提出不同的问题，让一节课中促使学生思考的问题多样化。当学生回答难度较大的问题时，教师也应给予他们适当帮助，如提供语言支架或者请英语语言水平较高的学生示范等。

部分适用于低年段的绘本因语言复现率过高、内容单调等而存在一定的局限性。教师应尽可能设计提问以引导学生深挖绘本的图片和文字内涵。教师需要根据实际情况选择绘本，并合理、适度设计课堂中的提问，让这些提问贯穿课堂教学的各个环节，促使尽可能多的学生进行思考和参与表达，从而更有效地提升学生思维品质。

**参考文献**

[1] 中华人民共和国教育部. 义务教育英语课程标准：2011年版 [M]. 北京：北京师范大学出版社，2012.

[2] 王蔷，敖娜仁图雅. 英语绘本在培养学生阅读素养方面的优势 [J]. 课程教材教学研究（中教研究），2017（Z3）：91.

[3] 罗少茜，黄剑，马晓蕾. 促进学习：二语教学中的形成性评价 [M]. 北京：外语教学与研究出版社，2015.

[4] 葛炳芳，洪莉. 指向思维品质提升的英语阅读教学研究 [J]. 课程·教材·教法，2018，38（11）：110-115.

[5] 易雅琴. 英语阅读教学中培养学生思维品质问题研究 [J]. 现代中小学教育，2020，36（7）：26-29.

[6] 林崇德. 思维心理学研究的几点回顾 [J]. 北京师范大学学报（社会科学版），2006（5）：35-42.

# 如何在指向核心素养的英语课堂中培养小学生的情商

深圳市宝安区西湾小学　吴秀凤

核心素养是个人对社会生活能力的基本“胜任力”，根植于基本知识与技能，体现为综合运用相关知识与技能富有灵活性和适应性地解决现实问题的通用能力。在英语课堂教学中培养学生的高情商，可让学生控制自己的情绪，充满自信，学会竞争，不畏艰难，思维敏捷，热爱学习，勇于开拓。下面从情绪管理五步骤入手，结合案例分析如何在英语课堂中培养小学生的情商。

《普通高中英语课程标准（2017年版2020年修订）》将英语学科核心素养归纳为语言能力、文化品格、思维品质和学习能力四个方面。外语教育应该利用母语教育中情感教育的内容，挖掘学生已有的生活经验，不仅要求学生热爱英语学习，克服学习中的困难，还要让学生有思想，有独立思考的能力，能立志为社会贡献自己的才能。高情商的学生能够与朋友更好相处，更懂得约束自己的行为。在艰难的时刻，他们更懂得安慰自己，从压力中解脱，回归原有的生活。

教师应在英语课堂教学中运用感知情绪、捕捉情绪化瞬间、学会倾听、积极疏导及共同解决问题来培养学生的情商，落实核心素养培育。

情绪管理训练是培养高情商孩子的关键。情绪管理指善于调节情绪，对生活中的矛盾事件引起的反应予以积极应对，及时缓解紧张的心理状态。培养高情商的孩子要从情绪管理训练开始，如果用五线谱来表示学生的情绪，那么五线谱上的音符则是他们所有情绪管理训练中的每一个美妙的瞬间。

## 一、以Unit 11 In the Forest第一课时的教学为例

### （一）感知情绪

在课堂教学过程中，教师要了解学生们的不同情绪，通过各种教学活动调节课堂氛围，调动学生学习的主动性，提高他们参与课堂互动的积极性。本单元的话题

是森林里的动物，整个单元都是围绕着森林里小动物的故事展开的。上课伊始，一首轻松欢快的*Animal Song*带领学生们走进动物世界，学生不仅获得了快乐，还学到了一些简单的英语句型。Post Task（课后任务）环节学生四人一组围绕故事进行分角色朗读，学生兴致高涨，课堂气氛十分活跃。

（二）捕捉情绪化瞬间

观察学生的情绪变化，关注他们回答问题的语气，感知他们参与学习的情况并及时对教学环节进行调整，进而帮助学生提高情绪控制力，将一节课的学习任务和情商培养融合在一起。学生学习的兴趣点与教授课业的教师有很大的关系，学生喜欢一个教师，就会喜欢教师所教授的学科。教师的一个眼神、一句鼓励都可能是一个个增进师生感情的契机。特别是对于英语基础薄弱的学生，教师更应及时捕捉他们情绪化的瞬间，给予他们更多的关心，给他们更多表现的机会，抓住契机对这类学生进行指导。教师应该把情绪化的瞬间当作增进师生亲密感、对学生进行指导的宝贵机会。本课语用输出包括“Look at me. I am a ... I am ... I like... I can...”等句子，对于基础薄弱的学生来说表达起来比较困难，课堂上教师捕捉到了这些学生的情绪，可通过师生对话、生生对话鼓励学生勇于参与表达活动，并及时对其进行肯定，进而提升他们的自信心。

（三）学会倾听

教师应学会倾听，让学生积极表达情绪。在课堂中，教师应积极引导学生用英语表达观点、主动提问、大胆与同学交流、大胆表达自己的情绪。教师认可学生在表达中存在的各种情绪，如胆小、不安、紧张等。本课故事讲述部分，当教师和学生们猜测故事发展的高潮部分时，教师提问：“Who will help the rabbit? Why? How is the little hippo now? And why?”。在学生讨论的过程中，教师对学生们给出的答案都给予鼓励，保护了学生的创造性，并和学生们一起讨论交流答案的合理性，讨论要用什么样的依据去猜测故事的后续发展，在情绪表达中让学生加深对学习的渴望。

（四）积极疏导

教师应包容学生们各种情绪的表达，并对他们进行疏导。本课中处理故事高潮部分是教师以提问方式让学生理解河马从难过到开心的过程，使学生明白每个人都有自己的优缺点，鼓励学生树立自信。当发现学生不能对此类故事有积极回应时，教师和学生交流成功带来的乐趣。当学生无法找到自己会做的事情时，教师通过疏导带领他们发现长处，发挥优势。部分学生不愿意积极开口时，教师可以用“I can swim and sing .Can you swim? Can you sing ?...”问题带动他们，帮助他们找到自身的闪光点。

（五）共同解决问题

教师和学生共同面对英语学科学习过程中的各类问题，一起找到解决问题的方法。本课中前两个部分是对狐狸和长颈鹿独白的学习，学生能够基本掌握表述框架。第三部分是小白兔的独白部分，要求学生生成小白兔对自己的描述，因为是整段生成语言表达，当学生无法参与时，教师要和学生们共同面对，并且通过鼓励、小组合作等方式，及时解决问题，启发学生思维，进而帮学生理解故事所体现的情感。

## 二、思考

核心素养指向的教学目标是培养具有全面素质的人才，只有注重培养学生的情商，才能培养新型教育背景下社会需要的高素质人才。通过情绪管理，教师帮助学生正确认识自己的情绪，并及时把握、调整和控制自己的情绪，进而调动学生的积极性，挖掘潜力，培养能力。

《教学论》指出，非智力因素虽不直接介入学生的活动，但它形成了个体倾向性中的学习态度，积极的个性品质不仅能激励、驱策学习活动有效进行，而且能促进智力充分发挥，而消极的个性则会阻碍、干扰学习活动正常进行。学生在学习英语过程中需要具备较强的自控能力、沟通能力及自我激励等良好的情绪管理技巧。

在英语学习中，情商不仅决定学生的英语学习成绩，更直接影响了学生的进一步学习。在课堂教学过程中，教师不能仅局限于英语知识教学，更应培养学生的情商，让学生以积极的心态投入学习，激发学生学习兴趣，帮助其建立学习的自信心。

### 参考文献

[1] 龚亚夫. 英语教育新论：多元目标英语课程 [M]. 北京：高等教育出版社，2015.

[2] 戈特曼，德克莱尔. 培养高情商的孩子 [M]. 付瑞娟，译. 杭州：浙江人民出版社，2014.

［3］潘美英. 浅谈小学英语教学中情商教育的渗透［J］. 中外交流，2019（5）：286.

［4］钱梓茹. 小学英语教学情商培养之浅析［J］. 小学生（教学实践），2015（9）：57.

［5］谭中倩. 新教育模式下学生英语情商的培养［J］. 新课程（上），2016（11）：164.

# 例谈小学英语词汇教学中的批判性思维能力培养

深圳市宝安区实验学校　陈瑾瑜

【摘要】21世纪是创新的世纪，也是信息大爆炸的世纪，这也给教师的教学和学生的学习指出了新的方向。随着时代的发展，思维品质已成为当今培养创新型人才的重要衡量标准之一。学生在义务教育阶段的学习不只是文化知识学习，同时是满足自身及社会需求的技能学习及思维能力学习。而批判性思维是高阶思维中的一种。因此在教学中，强调对学生批判性思维培养，是当今教师不可忽视的一个教学要点。本文通过两个案例，阐述如何在小学英语词汇教学中培养学生的分析、推论等批判性思维能力。

【关键词】批判性思维；小学英语；词汇教学；高阶思维

词汇是句子及语篇的组成单位。对于非母语的英语学习者而言，词汇掌握的深度和广度，会在一定程度上直接影响对于阅读内容的理解。英语词汇学习在英语学习中是十分基础的一项。在中国，英语词汇教学不同于中文词汇教学，教师要克服教学环境和教学方式的差异，同时采取适当的策略，才能让词汇教学效率最大化。

批判性思维，英文翻译为Critical thinking。《德尔菲研究报告》（*The Delphi Research Report*）指出：批判性思维是有目的的（Purposeful）、通过自我校准（Self-regulatory）的思维判断。美国批判性思维理事会主席Richard Paul和教育心理学家Linda Elder认为，批判性思维就是用合适标准对事情的真实性进行判断。这个对于批判性思维的定义得到广泛认可。我国批判性思维研究专家武宏志等认为，批判性思维有认知技能和感知倾向两个维度，核心批判性思维涉及解释（Interpretation）、分析（Analysis）、评估（Evaluation）、推论（Inference）、说明（Explanation）和自我校准（Self -regulation）。

在词汇教学中体现对学生批判性思维的培养，主要可以通过培养学生在学习词汇的音、形、义的过程中，有意识使用解释、分析、推论、说明等高阶思维能力，完成词汇正确朗读、拼写、理解及运用。

## 一、小学英语词汇教学中培养学生批判性思维的重要性

《义务教育英语课程标准（2011 年版）》指出，英语课程承担着培养学生基本英语素养和发展学生思维能力的任务。而《普通高中英语课程标准（2017年版）》明确了英语学科核心素养为语言能力、学习能力、思维品质、文化品格。思维品质作为关键能力和必备品格的其中一种，已经是日常英语教学关键目标中的重要内容。因此，在日常的英语教学中，教师除了要设定与语言知识和能力相关的目标以外，还要围绕“如何培养学生的思维品质”这一问题进行课堂活动设计。

批判性思维指的是对人或事情做出公正、审慎判断，而非不加质疑地接受各种的观点。批判性思维涉及人们对事情的看法，体现主动思维的过程。因此，培养学生批判性思维不仅有益于他们的学科学习，更能影响他们在日常生活中的处事方式，从而培养正确的行为价值观。批判性思维并不是与生俱来的，它需要后天培养，因此从小学开始伴随着学科教学，进行批判性思维培养，是一种正确的选择。

## 二、小学英语词汇教学中对学生批判性思维培养存在的问题

尽管批判性思维已经开始受到教育界的广泛重视，但部分教师只是纸上谈兵，或者空喊口号，没能在课堂上真正投入实践，导致以下问题出现。

第一，词汇教学重点依靠简单拼读、重复朗读及重复拼写等方法进行。

自然拼读固然能帮助学生有效记忆单词发音及字母组成，但并不能帮助其进行词义理解，简单来说，其只涉及了音、形的学习。重复朗读、拼写更是片面强调学生如同学习机器一般死记硬背，无法培养学生批判性思维。

第二，词汇造句等活动看似强调了语言知识目标中理解与正确运用，但没有实际意义。

在观摩真实课例中，笔者发现有教师喜欢用看图造句或者仿照造句的方式来加强和检验学生对新单词的理解和运用。但这种“look and say”或者“think and say”的方法并不能完全检测学生对词义的掌握情况，因为会存在学生只是“照葫芦画瓢”的情况。如何引导学生以批判性思维涉及的技能方式去进行新词汇理解与识记，需要教师们思考、探讨和实践检验。

## 三、相关教学案例呈现及分析

为了结合实际进行分析，笔者观察并记录了个别真实教学情景，选取词汇教学

的部分进行呈现与分析。

### (一)在词汇教学中培养批判性思维能力——分析

**【案例一:沪教版牛津英语(深圳版)A girl and three bears 第一课时】**

这是一堂二年级下册的课,本单元为本册书的最后一个单元,为故事单元,在这个单元的教材内容中,并没有给出固定的核心句型。至于单元故事内容,大部分二年级的孩子都曾经接触过中文版本,而本单元的语用目标为完成本单元的学习后,学生能用英文复述或者背诵这个故事。

笔者选择的案例源自本单元的第一课时,在本课时中,授课教师选取了整个故事的前三分之一作为教学内容,故事文本经过教师整合后,主要关于the bear family成员的简单介绍及它们到公园出游的情景。

在学习故事文本的过程中,学生会接触到新词hungry、thirsty。这两个词汇均在文本句型"I'm thirsty/hungry. I want some..."中出现。以下是授课教师在词汇教学部分的简单记录。

(1)教师先让孩子们跟唱一段旋律,里面加入了新授的文本,作为第一次熟悉文本的教学活动。

(2)教师进入词汇新授的环节。

T:I'm hungry. I want some cake. Look at me. I'm hungry.(同时用手摸着肚子表演出"饿"的状态。)Now,read after me. Hungry. Hungry. U says /ʌ/. Hungry. Who can read this word for me?

S1:Hungry.

S2:Hungry.

S3:Hungry.

T:Look,children.(把故事里的角色头套戴在头上,并表演故事中的对话文本。)I'm hungry. I want some...?

Ss:Cake.

T:Yes! Now can you make sentences?"I'm hungry. I want some__________________."(课件中同时呈现该句型,并在周围放上许多学生所熟知的食物图片,这些食物的英文都是孩子们曾经学过的单词,如rice、bread、noodles等。)

在这个课堂活动中,学生们会根据图片提示,一个个举手起立造句,进行句型和新单词hungry的巩固学习。而接下来的thirsty的教学活动设计大致与此相同,在造句部分,教师把课件中的食物图片换成了熟悉的饮料图片,如juice、milk、cola等。

在本课时的教学设计中，词汇hungry和thirsty的正确朗读、正确理解及正确运用是教学中的难点。在单词新授与巩固的教学活动中，教师使用了带读、拼读、课堂话语解释的方式来进行新授，并在句型框架的帮助下利用看图造句的活动来进行巩固和检测。整个过程中，学生对词义的第一次学习是在教师通过肢体语言进行演示的环节，而第二次学习是在看图造句的环节。而在这两次学习的过程中，学生缺少分析、推断实践，教师也无法真正去评估学生是否已经准确掌握词义。

笔者认为，在看图造句的环节，可对课件中的图片进行改动。例如，在词汇hungry的学习课件中，可以加入一些饮料的图片，或者玩具的图片。这样，学生若利用玩具的单词则无法符合逻辑地完成“I'm hungry. I want some__________________.”的造句。例如，学生A若完全未理解hungry的词义，则他可能会造出句子“I'm hungry. I want some kites.”；学生B若混淆了hungry和thirsty的意思，则他可能会选择饮料的单词并造句“I'm hungry. I want some juice.”。这样教师可以从造句的答案中了解学生对新词正确理解及运用目标的完成程度。学生也会在此教学活动中，先思考句中单词“hungry”的词义，再对比分析课件中的插图，匹配得出符合句意的图片，确定句子的逻辑性，经历过分析对比，最后得到自己的答案。

### （二）在词汇教学中培养批判性思维能力——推论

**【案例二：Unlock·Reading&Writing skills 2，Unit 1“Places”第一课时“Urban life and rural life”】**

这是一堂六年级下册的读写训练课。这是一节小班教学课，学生人数不足10人。教学的内容并非来自学生在校学习的课本，而是教师选自课外读物的文本。本单元的主题是“Places”，介绍世界各地具有特色的生活，教学文本共三篇，其中第一篇为视频文本，学生需要通过观看视频，在动画、录音的帮助下理解视频大意。教师在教学过程中会设计一系列的活动来帮助学生理解视频文本的内容，获取文本的主题思想，最后让学生形成对urban life和rural life的见解。

视频文本介绍了Siberia（西伯利亚）这个遥远偏僻的地区，文本中用了一个新词remote来形容Siberia，而这个同时是本课的难点单词。以下是对授课教师新授该词的简要教学记录。

T：Well. Boys and girls. Please watch the video again. Listen carefully. Try to catch this word，R-E-M-O-T-E（边说在黑板上写下remote。）and read it to me later.（播放视频选段。）So，who can read it for me？

S1：Remote.

T：Yes. You are right. Now everyone，read after me. Remote. Okay. So what does it mean? Now please watch the video for one more time. And tell me your guessing.（播放视频选段，片段中的录音文本为：In the far north of Russia，thousands of miles from the capital Moscow，Siberia is one of the most remote places in the world.）What does “remote” mean? Far away from other places or close to other places.

Ss：Far away from other places.

T：Great! How did you know that? What helped you to find that?

S1：The photos in the video.

S2：In the far north. Far.

S3：Thousands of miles.

S4：There are no people in this place in the video.

T：Good job！These really help you to get the meaning of the new word!

在本课时中，remote对于学生来说是一个完全没有接触过的词语，而在前面的学习中，学生已经对视频内容以及录音文本有了一定接触，对文本主题也有了一定把握。教师在教授新的单词时，并没有直接告诉学生读音，而是先让学生在视频中留意这个单词，并认真听发音，过后再重复。这样的活动设计让学生对这个单词的音和形都产生了更多关注，使他们产生好奇心。之后在教授词义的过程中，教师也没有马上用教师话语或者媒体等展示单词的意思，而是提示学生关注视频片段，选出意思。这个活动给学生创设了自主思考的机会，培养他们独立的推理判断能力。在公布了正确的词义后，教师还补充提问大家是如何判断出来的。这个过程中，不同学生给出的答案不尽相同，学生间因为思维能力、思维方式的差异而产生不同的答案，这是一个他们互相学习的过程。

## 四、小学英语词汇教学中对学生批判性思维培养的建议

### （一）关注学情，以词汇的语言知识目标作为教学基准

在小学低年段和高年段的英语词汇教学中，学生关于词汇的学习目标是存在一定差异的。例如，小学二年级对于核心词汇只要求达到正确朗读、理解、口头运用的程度，而小学六年级对于核心词汇的学习要求则达到了正确朗读、理解、拼默及书写运用。因此，教师在设计培养批判性思维相关的教学活动时，要先清楚地知道学生对该词汇的已知程度，以及明确他们在本课时需要达到的学习

程度，再思考什么样的教学活动可以帮助他们在词汇学习的过程中培养批判性思维。

### （二）了解批判性思维所包含的技能，用任务带动学生进行语言学习及技能运用

批判性思维有认知技能和感知倾向两个维度，还包含多个核心技能。教师需要明确在某个教学环节想要培养的是学生的哪种思维技能，用任务推进教学，使学生利用思维技能思考，使用语言，完成任务。而且在每个任务中，学生是一边运用批判性思维能力进行思考，一边使用本堂课的核心语言进行表达的，这是一个隐性思维活动和显性语言表达相结合的过程，是思维和语言并行的过程，而不是只完成思维培养或语言学习的单过程。

## 五、思考和总结

我国的英语语言学家从20世纪90年代开始就关注词汇教学在英语教学课堂中的重要性。词汇教学要求教师通过教学活动帮助学生正确掌握单词的音、形、义，同时能在正确的语境中使用词汇。《义务教育英语课程标准（2011年版）》指出，小学生毕业后，学生应当达到二级要求，掌握423个基本词汇。

因此，教师在词汇教学中，不能要求学生用死记硬背的方法来进行单词学习和记忆。在设计词汇教学的课堂活动时，教师应该更注重激发培养学生的批判性思维，让他们逐渐形成属于自己的词汇学习的思维方式。而培养学生的批判性思维是一个长期和循序渐进的过程，也是一个知识、能力和素质同步发展的过程。

为此，教师本身也应该先注重对自身批判性思维的培养，让自己逐渐形成敢于质疑，并通过分析推断做出结果评估的思维习惯。同时，教师要拓宽自己的知识面和思想维度，促进自己教学能力提升和教学方式改革，使学生在课堂中逐渐具有自主、健康发展的批判性思维。

## 参考文献

[1] ROCHE M. Developing Children's Critical Thinking through Picture books [M]. New York：Routledge，2015.

[2] 王巧芝. 小学英语教学中学生批判性思维培养的问题与对策研究 [D].

烟台：鲁东大学，2018.

［3］中华人民共和国教育部．义务教育英语课程标准：2011年版［M］. 北京：北京师范大学出版社，2012.

［4］武宏志．何谓“批判性思维”？［J］. 青海师专学报·教育科学，2004（4）：1–4.

［5］黄影途．在小学英语单元整体教学中培养学生的批判性思维［J］. 英语广场，2019（11）：155–158.

# 探索提升小学生英语学习兴趣的创新策略

深圳市宝安区径贝小学　程佳瑜

【摘要】培养学生良好的学习习惯，形成积极、持久的英语学习兴趣是小学英语教学目标之一。在英语教学过程中，教师通过探索创新策略来激发学生的兴趣，促进学生不断提高英语学习的能力。小学英语教师应在课前、课中、课后利用丰富的教学策略，充分激发学生的学习兴趣，调动学生的学习积极性。

【关键词】小学英语；学习兴趣；创新策略

## 一、前言

随着我国国际地位和全球信息化技术水平不断提升，学生的国际素养和跨文化交际能力在未来的国际竞争中的重要性日益凸显。因此，在小学阶段做好英语基础教育，培养好小学生的外语学习能力并激发学生持久的内在学习兴趣和动力，避免学生对英语学科产生厌学情绪，是英语教育教学工作的重要目标。鉴于这种高标准的英语教学目标，小学英语教师通过收集教育资源素材，不断创新英语教学策略，提升学生学习兴趣。在英语教学实践的过程中，教师们会面临各种各样的实际问题，教师们应做好相关问题总结、反思工作并设计解决措施，通过研究创新教学策略解决课堂实际问题，进一步激发小学生对英语学习的兴趣，全面促进学生的英语学习效果。

## 二、小学低年级学生英语学习兴趣的现状

首先，通过对学生和家长进行调查，笔者了解到大部分小学低年级学生已有浓厚的英语学习兴趣，这样的兴趣主要来自学生对新鲜事物的好奇和对英语课堂中有趣的歌曲与游戏的天然兴趣。教师如何将其转为持久的内部动力和兴趣，是探索创新策略时需要探索的问题。

其次，当前的英语教学中，大家普遍使用的是情景教学模式，通过创设有趣的情景，让学生通过体验，学会其中的语言知识，这提升了学生的英语学习兴趣，增

强了学生的英语学习能力，提高了小学英语课堂的趣味性。

最后，英语课前教师准备精致的课件，收集丰富的英语学习资源，并将它们进行有机整合，以此来唤起学生对英语知识的兴趣，充分满足学生的求知欲。学生不仅可以掌握英语教材上的内容，还可以同步提高英语课外阅读的能力。

## 三、小学低年级学生英语隐性分层教学模式

结合前测情况（见图1），针对对小学低年段，教学采用隐性分层教学模式，主要将学生分为“兴趣高昂”“兴趣一般”和“无兴趣”三类。根据学生的实际水平，以及对英语学习的兴趣，采用不同的教学方法，促进不同学生提升英语学习兴趣，从而不断提升小学生的英语学习效果。

| 你喜欢上英语课吗？为什么？（ ）<br>A.喜欢，因为我喜欢英语老师；<br>B.喜欢，因为英语课很有趣，可以唱歌、跳舞、玩游戏；<br>C.喜欢，因为英语课我可以学会很多知识；<br>D.不喜欢。原因是 ________ | 多选题 |
|---|---|
| 选项 | 数量 |
| A | 82 |
| B | 85 |
| C | 88 |
| D | 0 |

| 你喜欢学习英语吗？为什么？（ ）<br>A.喜欢，因为我喜欢英语国家的节日，比如圣诞节、万圣节；<br>B.喜欢，因为我喜欢与外国人交流；<br>C.喜欢，因为我喜欢英语课堂，它很有趣；<br>D.喜欢，因为我喜欢看英语卡通，唱英语歌。<br>E.不喜欢。原因是 ________ | 多选题 |
|---|---|
| 选项 | 数量 |
| A | 61 |
| B | 76 |
| C | 111 |
| D | 76 |
| E | 0 |

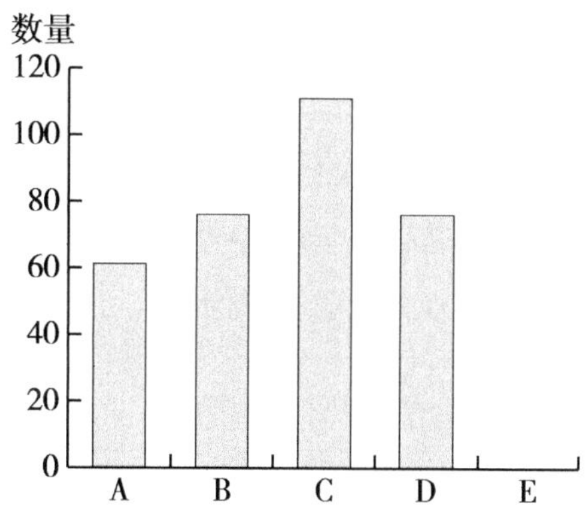


图1　前测情况

小学英语教学的主要目的是培养小学生的英语语言运用能力。兴趣是最好的老师，英语学习兴趣则是促进学生英语学习能力提升的基石。在课堂上使用隐性分层教学模式，可提升英语教师因材施教的教育实践能力。“兴趣高昂”类学生可以在兴趣的驱使下，努力挑战学习中的难点，不断自发自觉地促使自己取得更好的学习效果，提升英语语言能力；对于“兴趣一般”类学生，教师要有针对性地创设有趣的课前、课中、课后活动，引导学生参与其中，培养起浓厚的学习兴趣；对于“无兴趣”类学生，教师则要关注学生对英语学习没有兴趣的原因，走进学生内心，了解他们的世界，支持他们在一点一滴的进步中重建对英语学习的兴趣。

## 四、探索提升小学生英语学习兴趣的创新策略

### （一）精心备课，利用头饰制作、课前表演等课前活动提升学生的英语学习兴趣

#### 1.教师课前工作

小学英语教师应不断提升自身的专业技术能力，主要包括英语教学课件制作能力、教学内容设计能力等，精心设计一节高效有趣的英语课，不断提高学生学习英语的兴趣，并在课堂上养成学生运用正确高效的学习方法、掌握英语语言知识、培养英语语言能力的习惯，最终实现高效英语课堂的目的。

#### 2.学生课前活动

课前表演是学生极为期待的教学活动之一。很多学生都渴望成为舞台中间的主角，他们会为此付出大量的课外时间和精力准备。英语教师可以创设剧本、情节、人物。学生通过亲自动手制作头饰，多感官参与到学习中，将对手工和艺术的兴趣迁移到英语学习中；通过背台词、彩排表演，学习英语语言知识，锻炼英语口语表达能力。课前表演不仅提升了学生的英语口语表达能力，发挥了学生的想象力，提高了学生在具体情景中的表现能力，还增强了学生的学习积极性和内在学习动力。无论是表演者，还是观众，在这个环节中，都大大提升了对英语学习的兴趣。

### （二）创设趣味情景，利用歌谣、游戏等课堂活动增强学生英语学习兴趣

#### 1.创设趣味情景

英语教师通过创设情景，为学生创造一个贴近真实生活的语言学习环境，通过

巧设人物和情节，发挥小学生的想象力，调动小学生的好奇心，促进学生对英语语言知识的理解，提高学生的英语语言能力，从而提高学生的英语学习效果和学习兴趣。

此外，小学阶段的学生，思维仍处于具体形象思维阶段，无法脱离语境理解抽象的语法知识。教师在处理英语语法知识点时要特别注意，不可以进行单独、机械语法操练。教师应通过创设单元语境和话题，让零散的语言知识有机结合起来，在层层递进的教学中培养学生的学习兴趣，帮助学生形成知识体系，夯实学生的英语基础知识，培养学生的英语语言学习能力。

**2. 丰富课堂活动**

在传统的英语教学模式下，教师让学生死记硬背英语单词，这既违背了学生的学习规律，也抹杀了学生的学习兴趣。结合小学生的心理特点，英语教师应在课堂上用精心设计的、丰富有趣的课堂活动，来提高学生的英语学习效率和兴趣。

创编朗朗上口的英语歌谣。英语教师将语言知识和有节奏感的旋律结合起来，创编朗朗上口的英语歌谣，形成丰富多样的教学文本和语言学习材料，既能增加英语语言教学的多样性，又能让学生在欢快轻松的氛围中学习语言知识、不知不觉掌握所学内容，轻松又有趣。

设计精彩有趣的小游戏。Zip、Bingo、Boom、Little train、Guessing、Drawing、What's missing等简单有趣、变化多端的小游戏可以通过教师设计，反复、多变地出现在课堂中，让学生以轻松愉悦的方式参与到英语课堂的学习中。这些小游戏既能强化学生英语学习的效果，又能激发学生的内在学习动力。课堂游戏充分贴合儿童喜爱游戏的天性，学生在参与游戏活动的过程中能够掌握大量的英语知识，提高学习效率。

小学英语教师充分利用歌谣、游戏等实践活动助力小学英语课堂多元化教学，既激发了学生的学习兴趣、好奇心，又增强了学生的英语学习能力，避免了学生对英语产生厌学情绪。

**3. 巧用小组竞赛**

在英语课堂上，教师应使用丰富多样的评价机制，激励学生你追我赶，形成良性积极的竞争学习氛围，激发学生的好胜心和求知欲。小组竞赛的短期结果是一节课的胜利，长期结果则可以作为学生学习评价的一部分，教师可在课后活动中进行抽奖、换奖品等实物激励。这样的竞赛和评价机制不仅有助于每一节英语课的高质高效，也是一套完整的英语学习激励机制的重要部分，是助力英语教学、提升学生学习兴趣和动力的利器。

### （三）利用自主作业、趣味评价、及时反馈等课后活动提升学生英语学习的兴趣

**1. 自主作业**

2021年7月，中共中央办公厅、国务院办公厅印发了《关于进一步减轻义务教育阶段学生作业负担和校外培训负担的意见》。该文件规定，学校要确保小学一、二年级不布置家庭书面作业。按照上述要求，在没有书面作业，且一、二年级英语学习目标以听说为主的情况下，英语教师可以结合教学进度和内容，给学生布置相应的听读作业。为了更好激发低年级学生的学习积极性，培养学习自觉性等，教师可以给学生布置自主作业，由学生自己根据学习进度和兴趣，选择听读内容，进行每日听读，并记录在读书单上，形成个性化的读书记录。这样不仅培养了学生的自觉性和自主性，也最大限度地保护了学生的学习兴趣，避免学生在重复跟读中丧失学习兴趣。

**2. 趣味评价**

教师基于学生的课堂表现、课后作业表现等综合因素，对学生学习情况持续进行评价，通过课堂优胜组奖励、作业优秀奖励等积累，给学生兑换抽奖券、小奖状等奖品，通过看得见、摸得着的实物来肯定学生付出的努力，激励学生保持良好的学习习惯和兴趣并继续努力。趣味评价的趣味性可以体现在课堂趣味评价、趣味积分、趣味抽奖、自选奖品等，只要学生对其中的某一环节有兴趣，都可能激励自己努力争取，保持学习兴趣和积极性。

**3. 及时反馈**

在英语课后，教师要将学生的学习情况及时反馈给家长，便于家长及时了解孩子的学习情况。教师及时反馈对于培养低年级学生良好的学习习惯、学习兴趣和积极的学习心态尤为重要。

对于具备英语语言能力的家长，教师可以在家长的要求下给予相应的家庭教育指导，支持家长在家创设家庭英语学习环境，并根据家长的反馈及时指导，为学生共创家庭与学校的英语语言教育环境，循序渐进地提升学生的英语口语交际能力，让学生在日常生活的真实情景中用英语进行交流，增强学生的英语学习兴趣和信心。

## 五、结语

综上所述，小学英语教师不断总结提升英语教学创新策略，既要减轻小学生学

习英语的负担，又要提高小学生英语学习的质量和兴趣。为避免小学生产生厌学的情绪，教师应采用多种趣味教学策略，为学生创造一个充满趣味的英语课堂。教师通过不断积累教学经验，融合线上、线下英语教学，形成混合式教学模式，兼顾不同学生的学习能力和接受能力，在课前、课中、课后三方面多管齐下，不断拉近与学生的距离，帮助学生掌握英语学习内容，全面提高学生的英语学习水平，养成学生良好的英语学习习惯，为我国小学英语创设高效率的学习课堂、培养充满英语学习兴趣的下一代社会主义事业建设者和国际公民做出贡献。

## 参考文献

［1］李媛媛．趣味性教学在小学英语高效课堂中的应用探究［J］．校园英语，2016（36）：129．

［2］吴爱英．趣味教学在小学英语教学中的应用［J］．开心，2017（12）：73．

［3］崔国新．探索小学英语趣味教学的创新策略：华南教育信息化研究经验交流会2021论文汇编（三）［C］．2021．

# 小学英语教学中思维品质培养策略研究

深圳市宝安区建安小学　冯欣宁

**【摘要】**在小学英语教学过程中，学科核心素养培养是教师们不断追求的目标，其中又以思维品质的培养为难点。笔者认为要培养学生的思维品质，需要在教学目标设置、课堂教学以及课后作业三方面进行变革。笔者通过分析具体的教学案例，对英语教学中的思维品质培养进行探讨研究，希望能够通过这个研究带给同行教师们更多的思考。

**【关键词】**学科核心素养；思维品质；小学英语

《普通高中英语课程标准（2017 年版）》将英语学科核心素养归纳为语言能力、文化意识、思维品质和学习能力四个方面。[1]其中语言能力、文化意识、学习能力三方面都是笔者在日常教学中涉及较多的，在课堂教学中能够比较自如地将相关内容渗透进去，但是笔者认为思维品质方面内容在课堂教学中很难体现出来。而思维品质的训练是发展智力、培养能力的突破口。[2]因此，笔者希望通过把思维品质与课堂教学相融合，使学生在学到语言知识和语言技能的同时锻炼到思维品质。

## 一、思维品质的概念与其重要性

何为思维品质？思维品质是人的思维个性特征，反映其在思维的逻辑性、批判性、创造性等方面的水平和特点。思维品质非常重要，一个人必须拥有基本的逻辑性、批判性和创造性才能在生活中更快、更好掌握新技能，提高做事速度，提升判断能力等。良好的思维品质促进个人心智发展，并提升其学习能力。每个学生的思维品质都应该是独一无二的，并且在生活中的方方面面都有涉及，包括学习。笔者自我反思后发现在英语教学中，笔者似乎更在意学生语言知识、语言技能等掌握，而甚少着重去训练学生的思维品质。因此，笔者需要在英语教学中培养学生的思维品质。

## 二、教学中渗透思维品质的方法手段

### （一）反向设计，通过教学目标设置培养思维品质

在平常的教学设计中，教学目标一般设置为通过学习，学生能掌握某句型的用法或是学生能流利用某句型进行表达。这样的教学目标设置只注重培养学生的语言能力，弱化了学生思维品质的培养。那么该如何设置教学目标才能培养学生的思维品质呢？以牛津英语深圳版5年级上册Module 2 Unit 5 Friends为例，普通的教学目标可能是通过学习，学生能掌握both和all的区别，并且运用这两个词进行句型表达。这样的教学目标就是典型的注重语言能力培养的目标，如果要改为既注重语言能力又兼顾思维品质，笔者觉得可以改为通过学习，学生能选择可以和好朋友一起做的事情，并感受在一起的快乐。这个教学目标看似太简单了，甚至可能有人会觉得一点都体现不出本节课的教学内容，但是细细分析，这短短的一句话包含了核心素养的四个方面。

首先是“学生能选择可以和好朋友一起做的事情”，这半句要求学生对好朋友的爱好、特长有所了解，这样才能够选择出和好朋友一起做的事情，那么选择的过程就是对学生思维品质的一种培养。同时，学生在对比的过程中所要用到的语言知识就是本节课需要学生掌握的，这就培养了学生的语言能力和学习能力。接着后半句“并感受在一起的快乐”就是对学生的文化意识的培养，因为这包含了对学生情感态度与价值观的塑造。

由此可以看出，通过反向设计，从教学目标入手，可以在宏观角度把培养学生思维品质渗透到日常的教学中去。

### （二）在课堂教学中评估思维品质培养效果

在第一步设置好指向思维培养的教学目标后，教师应该思考要在课堂上让学生思考什么问题，如何设置这些问题才能够培养学生的思维品质。同样以牛津英语深圳版5年级上册Module 2 Unit 5 Friends为例，教师可以设置以下问题来检验、评估思维品质培养效果。

- 我对好朋友的爱好、特长等有多少了解？
- 我经常和好朋友一起做相同的事更多还是不同的事更多？
- 好朋友需要总是在一起做各种事吗？

通过设置以上问题，教师可以预见，学生要回答出以上问题，需要用到的语言知识如下。

same，different，both，all，often，sometimes，usually，never

...both（do）...

...like（s）doing...

本课培养了学生的思维品质的以下方面：推断能力（通过别人喜欢做的事情推断出对方是否可能与自己或其他人成为好朋友）；找出规律的能力（通过好朋友喜欢的某几样事情找出规律，找出能够和好朋友一起做的事情）。

另外，教师可以通过以下问题对学生思维品质进行培养。

• 请从好朋友的个人信息卡中提炼相同的爱好。

• 请以好朋友个人信息卡为依据推断会一起做的事情。

• 请阅读、听关于不同人爱好的多个语段，推断谁和谁是好朋友。

在教学过程中如果学生能把以上问题厘清并进行回答，那么这节课就可以说是具有思维品质培养效果的一节课了。

### （三）在课后作业中渗透培养思维品质

除了可以在课堂上培养学生的思维品质，教师也可以在课后作业的布置上对此进行培养。仍以牛津英语深圳版5年级上册Module 2 Unit 5 Friends为例，普通的作业布置可能是抄写单词、课文，做做练习册等，要是想在作业布置上培养学生的思维品质，教师可以试试布置这样的作业。

• 编制一本图画书，用照片或图片呈现几个好朋友之间一起做的事情，并口头和书面描述。

• 在韦恩图中写出两个人相同和不同的爱好。

• 以清单或树状图的方式写出和好朋友经常一起做的事。

• 用...both/all（do）句型书面表达好朋友一起做的事。

这些作业或多或少涉及一个“思考—推断—得出结果”的过程，学生在这样的过程中慢慢就会把思维品质培养起来。

## 三、总结

在核心素养的需求指导下，教师的教与学生的学必须是有变化的，特别是思维品质的培养，对教师提出了新的挑战。笔者通过一段时期深入实践，获得了一些启发。在今后的教学中，笔者还要走不断创新与发展之路，通过自身努力提升教学质量，培养学生英语学科素养，促进学生全面发展，真正实现教学相长。

## 参考文献

［1］中华人民共和国教育部. 普通高中英语课程标准：2017年版［M］. 北京：人民教育出版社，2018.

［2］林崇德. 培养思维品质是发展智能的突破口［J］. 国家教育行政学院学报，2005（9）：21–26，32.

# 核心素养背景下小学高年级英语教学提升学生思维品质的策略研究

## ——以牛津深圳版五、六年级相关教材内容为例

深圳市宝安区黄麻布学校　张春颖

**【摘要】**《义务教育英语课程标准（2011年版）》提出，通过英语学习使学生初步形成综合语言运用能力，促进心智发展，提高综合人文素养。语言学习的过程就是学生形成积极的情感态度、主动思维和大胆实践、提高跨文化意识、形成自主学习能力的过程。在核心素养的背景下，教师更应引导并培养学生运用英语在实际生活中提出问题和解决问题。本文以不同的单元片段为例，从课前、课中和课后三个维度研究有效的教学策略，以促进学生思维品质提升。

**【关键词】**核心素养；小学高年级；英语课堂教学；思维品质；教学策略

### 一、引言

《普通高中英语课程标准（2017年版）》指出：英语学科核心素养主要包括语言能力、文化意识、思维品质和学习能力。核心素养是育人价值的集中体现，是学生通过学科学习而逐步形成的正确价值观、必备品格和关键能力。其中思维品质是心智特征，指的是思维在逻辑性、批判性、创新性等方面所表现的能力和水平。思维品质的发展有助于提升学生分析问题和解决问题的能力，使他们能够从跨文化视角观察和认识世界，对事物做出正确的价值判断，从而形成正确的价值观。因此，在英语学习过程中，语言能力是基础，学习能力是条件，文化意识是方向，而思维品质是动力。教师要学会给学生源源不尽的动力，激发他们真实思考，帮助他们形成梳理、概括、建构、推断、创新、评判和表达等能力。

### 二、教学现状及问题

笔者任教于深圳市一所九年一贯制学校，现教授六年级两个班共106名学生。

笔者在五年级接手不久便发现学生对于能够直接在书本中找到答案的问题非常积极，而对于需要进一步思考的“why”或“how”类问题则不愿积极动脑思考，举手的学生寥寥无几。为此，笔者开始思考教师如何在小学高年级英语课堂教学中提升学生思维品质的策略。对于上述现象，笔者分析主要原因可能在于教师对于引导学生提问认识不够深刻，对学生课外阅读的拓展没有进行鼓励和提出要求，没有在平时的课堂教学或作业任务中体现对学生思维品质的培养。

## 三、小学高年级英语教学中提升学生思维品质的策略

### （一）课前自主思考，分析发现问题

#### 1.任务驱动思维整合

教师通过任务单的方式，引导学生对本课相关内容进行提前思考和梳理，培养学生思维的独立性和灵活性。以六年级下册第7课Helping others第一课时为例，笔者第一课时的主要教学内容为故事*The bee and the ant*，蜜蜂和蚂蚁属于昆虫类，因此教师任务单的自主思考任务就是让学生自己想一想学过或者已知的昆虫单词，以及尝试拼读本节课会出现的一些生词和新词（见表1）。通过自主预习的方式，学生有机会在大脑中整合已学知识，并对新知产生预判，这有助于学生更高效学习新知。

表1　　课前预习任务单示例

| Step1 课前预习 | |
|---|---|
| 活动1：I can think and write | 学习提示： |
| Insects I know:<br>________________ | 自学：<br>通过已学单词，思考并写出知道的昆虫 |
| 活动2：I can spell and read | |
| praise，collect，nectar，spread，<br>pollen，colony，fair，unfair | 自学：<br>通过拼读规则，自行拼读单词 |

#### 2.自主预习整合笔记

教师可以通过提前布置阅读并做笔记的任务，提升学生提取信息和分析信息的能力，进而培养他们的思维品质。部分学生可以在提前预习知识点的过程中将以前所学内容融入新课中，这将大大提升学生思维的逻辑性、灵活性、独立性和学生的思维整合能力。

## （二）课中任务驱动，合作讨论学习

### 1.引导学生学会提问

提问是培养思维品质的一个重要途径。大多数教师在日常教学中往往只关注学生如何解决问题，而忽视了学生发现问题的能力。以牛津深圳版五年级下册第12课Fire的Read a story（阅读故事）部分为例，笔者在while task（课上任务）部分引入故事时，首先带领学生关注故事的标题*Yaz*，*the meat and the fire*，引导学生根据标题和图片对故事内容进行提问和猜测。笔者在课件上展示出了特殊疑问词Who、What、When、Where、Why、How，五年级学生经过前几年的英语学习对基本句型结构已经有了一定了解，因此大多数学生可以根据词汇提示提出与故事相关的问题。学生带着疑问去学故事会让故事理解更加深刻，学习的过程也更加具有目的导向。

### 2.小组合作讨论

小组合作讨论能够拓宽学生思维的广度，学生更愿意在同伴的激发下迸发出灵感，产出更多有趣并创新的答案。以六年级下册第7课Helping others的Listen and say（听和说）部分为例，在学习完小狗丢失的故事后，笔者对全班同学提出了一个问题，并请他们在纸上写一写然后在小组内分享。笔者原以为会有很多同学愿意帮助陌生人寻找小狗。结果笔者发现只有少部分学生愿意帮忙，有的是因为自己以往有丢失宠物的经历。大多数学生根据自己的认知，选择不帮助陌生人寻找小狗，原因是怕被陌生人欺骗、拐卖，以及父母从小教导过不要跟陌生人说话等。笔者关注到了这个情况，于是对学生进行了进一步引导。“或许因为安全问题，我们做不到亲自帮忙，但是有没有其他的方法可以帮助陌生人寻找小狗呢？”学生这时便说出了更好的解决方案：可以拨打110，寻求警察的帮助；询问路边的清洁工阿姨，或者帮助丢失小狗的人制作一张寻狗启事；等等。在这种情况下，学生通过小组合作讨论，思维碰撞产生出了不同的想法，将这些想法在班级内进行分享。教师作为一个指导者，根据学生的回答给出了正确的价值观指引。思维品质的提升不仅有利于培养学生思维的广阔性和批判性，还能够帮学生形成正确的价值观导向。

### 3.进行个人质疑思考

思维品质的培养需要集体讨论和学生个人思考结合。不同的学生的思考方式不同。对于一开始较为欠缺思维能力的学生来说，通常是先进行组内讨论，倾听他人想法，而后才能逐渐形成自己的观点。以牛津深圳版五年级下册第10课Great inventions的Listen and say部分为例，笔者在讲到“Joe is going to invent a flying bike.”的时候，一个同学举手问：“Why doesn’t Joe invent a flying car?”。听到这个问题，笔者瞬间感到惊喜，这就是一个培养学生思维的批判性和创新性的好机会。于是笔者把这个问题直接抛回给学生们，让他们自己想一想并说一说原因。学生思考了5～10秒钟，班级气氛变得很活跃，很多学生都说出了自己的想法。有的学生说：“因为Joe是个小学生，年纪很小，还不会开车。”有的学生说：“因为Joe发明的flying bike体现了绿色环保理念，可以保护环境。”还有一名学生说：“因为发明flying bike后可以骑车，但是发明flying car就不能起到运动锻炼的效果了。”学生针对学习内容有效质疑，而解决疑问的过程恰好促进了学生思维品质的发展。

**4.根据内容进行创新**

创新性思维和批判性思维是两种高阶思维。要想培养学生产生高阶思维，教师就需要在教学中关注开放性问题，给学生时间和机会去思考、去分享。以牛津深圳版六年级上册第7课Seeing a film的Read a story部分为例，学生在学习完故事后，笔者说：“What happened next? Please make a new ending of *Snow White*.”，笔者又问：“What will the queen do? What will the seven little friends do? What will the hunter do? Or what can other characters in the story do?”。通过小组合作讨论，学生给出了很多很有创意的想法。例如：有学生说王后改邪归正，还有同学说王子被王后堵截在路上，关押了起来，白雪公主被猎人所救，最终白雪公主和猎人幸福地生活在一起。虽然学生对于中文版的故事很了解，但是如果教师能够给学生机会来改编或续写故事，相信他们将会给教师源源不断的惊喜。而在此过程中，学生创造性和批判性思维能力更能得到很大提高。

### （三）课后拓展综合创新

**1.改编创新培养发散性思维**

发散性思维的培养贯穿课中和课后。在课堂教学中由于时间的限制，学生很多时候只能通过口头描述来分享自己的想法。在小学高年级的教学中，读写结合是非常重要的，因此教师可以设置一些写一写的任务，将学生的创造性思维落实在笔头上。学生写作不仅能够提升语言能力，对于自身思维的逻辑性提升也有较大的帮助作用。以牛津深圳版五年级下册第8课Buying clothes的*The emperor’s new clothes*为例，在进行这部分内容的教学中，笔者增添了一个英文原版的动画故事视频，这个视频较长，文本中的生词也较多，但是学生对中文版的故事都非常了解，所以在针对故事的问答过程中，学生对于故事的理解很透彻，只是有一些词暂时无法用英文表达。因此，笔者布置了续写《皇帝的新衣》这样一项周末作业（在皇帝被小男孩拆穿他并没有穿衣服，羞愧地跑回宫殿以后发生了什么事情呢？）笔者发现学生其实很愿意发挥自己的想象力，尤其是能力比较突出的同学，续写的故事既有趣又不落俗套。而对于能力较弱的学生也能够用三四句话把自己的想法写出来，这是一种较为有效的学生思维创造性和批判性培养方式。

**2.阅读记录拓展思考**

学生的思维品质培养除了需要教师在课堂上引导，还需要大量语言输入内容。学生可以通过不断阅读、不断思考来提升自己的思维品质。因此，笔者给学生推荐了一些英文书目，让学生每日进行两到五分钟阅读，并做好阅读记录。在记录时，学生需要写上阅读的日期（date）、书目（title）、作者（author）、阅读页数（page）、学到的单词短语或句子（I learned...）、学到的道理（I know...）、对人物及故事内容的评判（I think...）、想要提出的问题（I wonder...）等。学生经过一年的阅读和记录，不仅阅读量有了很大增加，通过不断写下I learned...，I know...，I think...和I wonder...提取信息、整理信息、建构信息和创造信息等能力更是大大提升。

## 四、结语

### （一）师生在研究中的变化

笔者在研究的过程中，学会在英语课堂中把更多的时间给学生，并且通过引导学生自主预习、做笔记、鼓励学生提问、课后拓展等方式培养学生思维的逻辑性、独立性、灵活性、敏捷性、批判性和创造性等，正在逐渐向着真正以学生为主体的课堂迈进。学生在本研究的过程中表现出了很大的变化，大多数学生在课堂上的表现明显变得更加积极和活跃，他们学习更加主动，会积极针对某一内容或者不合理的地方进行思考，在课中更加愿意表达分享自己的想法，还有很多学生课下追着笔者去分享自己对于故事的新看法等。

### （二）对教学进步的启示

教师要始终坚信，英语学习需要促进思维能力发展，而思维能力更加能够促进英语学习。思维品质可以促进语言能力发展，促进文化品格形成，更能够促进学习能力提高。因此，在教学过程中，教师不仅要关注课堂教学，更要对课前预习以及课后作业多加思考，设置有效的任务以帮助学生思维品质发展，推动深度学习，最终实现英语教学的育人功能。

## 参考文献


[1] 徐浩，屈凌云．聚焦英语学科核心素养：《普通高中英语课程标准（2017年版）》的解读与实施[M]．北京：外语教学与研究出版社，2019.

[2] 中华人民共和国教育部．普通高中英语课程标准（2017年版2020年修订）[M]．2版．北京：人民教育出版社，2020.

# 教学资源整合

# 基于话题重构小学英语教学文本①

——以In My Room一课为例

深圳市宝安区碧海小学　赖嘉瑜

【摘要】围绕一定话题对现行小学英语教材进行文本重构，摆脱孤立词汇或语法的教与学，丰富小学英语课堂教学的内容与形式，影响学生的学习方式、语用体验及学科情感。在进行文本重构时，教师应遵循源于教学、紧扣话题、基于学情及凸显整体的原则，并借助信息技术更好实现课程育人的教育理念。

【关键词】小学英语；话题；文本重构；教学文本

## 一、基于话题重构教学文本的必要性

在全球化、信息化的今天，英语早就成为人们了解其他地区情况的主要工具，在各类交际活动中扮演着交流或传递信息的重要角色。课堂是语言学习的主阵地，自然也离不开有效交流，而交流活动的核心便是由话题及其载体所组成。在小学英语课堂教学中，这一载体便是具有意义的话题教学文本。

现行小学英语课堂教学，往往忽视话题的作用与价值。以上海教育出版社出版的牛津小学英语（深圳版）二年级上册教材《英语·口语交际》第8单元In My Room一课为例，稍有经验的教师也许一眼就能看出bag、box、desk、chair这4个词是重点词汇，“Put...on/in...”是重点句型。为了让学生熟练掌握这些重点知识，教师在设计教学时，往往专注于反复再现与操练这些知识，试图让学生达到会认、会读、会说甚至会写的程度。

然而，这样的语言学习方式仅局限于教材呈现的平面信息，整个课堂教学过程会显得苍白、乏味，学生的语言学习过程简化成了词组背诵、记忆训练，很难使学生的语言运用能力得到真正提升。究其原因，一些教师缺乏对教学文本的核心——话题内容的学习，即没考虑到用一个有意义的话题来支撑整个教学活动，甚至教

① 本文系深圳市宝安区教育科学“十三五”规划2018年度立项资助课题“小学英语高年段单元整体设计的语境创设实践与研究”（课题编号：yb2018107）的阶段性研究成果。

材原有的话题也成了摆设，游离于实际的课程教学，这会导致学生即便学会了重点知识的外形，也很难真正理解语言的应用场景，更不用说语言背后的文化与生活内涵。知识学习是有必要的，但课堂教学不能仅局限于知识传授，更应关注知识背后的文化教育、审美教育、生活教育等。

如此看来，“怎样教”并不是小学英语教学中最迫切的问题，在回答“怎样教”之前，教师更应该审思与厘清“教什么”。俗话说，“巧妇难为无米之炊”，有米才能做出饭来，有好米才能做出香喷喷的米饭。如果将英语课堂教学活动比作做饭，那么教师首先需要做到的便是寻找到米，准确地说是寻找到“好米”。

英语课堂教学中的“米”便是教学文本。那么，是不是把英语教材中的所有语言内容都堆砌到课堂上，就解决了英语课堂教学中缺“好米”的问题了呢？很显然不是。《义务教育英语新课程标准（2011年版）》提出，教师要结合实际教学需要，创造性地使用教材。教材是实现教材目标的重要材料和手段。在教学中，教师要善于根据教学的需要，对教材加以适当取舍调整。换言之，教师要结合生活实际及学生已有的认知水平，对教材内容进行合理文本重构，并且重构的重心应是基于话题的意义去创设贴近学生学习生活并将新旧知识融于一体的语言学习环境。因此，课堂教学中的“好米”是以有意义的话题重新构建的教学文本。这就要求教师对现有的教材进行解构，再根据具体课程选择适当并有意义的话题进行文本重构。这不仅是对课程标准要求的积极回应，也是当下基础教育阶段英语课堂教学改革的内在要求。

## 二、基于话题重构教学文本的教学策略

所谓重构文本，其实相当于对原有教材进行二次开发，即教师根据实际教学情况，在教材原有内容的基础上进行剪裁、整合、再创作。这种重构虽然是具有想象力的创作，但并不是漫无边际的，更不能恣意妄行。教师要避免在文本重构的路上迷失，需时刻谨记“知识无涯，重构有度”。文本重构也并非仅仅在课堂上加一个或几个语篇就行，它需要考虑的问题是多方面的，至少应遵循一些基本原则来进行合理重构。笔者结合自身观察与实践探索，总结出几种重构教学文本时可行的教学策略。

### （一）重构素材应源于教材，但不拘泥于教材

文本重构的主要素材来源于教材，话题的设定或选择要体现教材原有的主题。但教材只是教学内容的原材料，只是展开英语教学的一个依据，如果缺乏解读教材

文本的意识与能力，会在重构的路上越走越偏。现行大部分小学英语教材的内容形式均是对话组合或简短语篇，包括上述举例的牛津小学英语（深圳版）教材也是如此。这一方面说明对话（话题）在英语教学中的重要地位，另一方面为教师重构教学文本提供了原材料。

教师在重构教学文本时的主要素材取自教材，但教师不能局限于教材，要结合实际教学需要进行改编创作。例如，在实际教学过程中，教师将原教材的对话式语篇改为独白式语篇，能为学生提供更多角度的可理解的信息；而将原本的独白式语篇改为对话式语篇，会极大地加强课堂活动的交际性。

### （二）基于学情创设更适合的话题

在确定话题时，教师要明确重构文本是为学生更好学习英语而服务的。因此，除了以解读教材为基础，重构本文应该从学生的实际认知水平与已有生活经验出发，从学生的身心发展需要出发，重构的教学文本要符合“i+1 理论”的语言输入原则，符合学生的最近发展区，符合学生的年龄特点，太难或太易的文本都不能达到较好的教学效果。

很多学生平时很喜欢说话，但一到英语课堂就沉默不语，这是为何？究其原因，大部分是教师所提出的话题是学生不感兴趣、知之甚少或无意义的，导致他们无话可说。因此，在话题的选择上，教师除了要兼顾教材原有的话题，还要考虑话题的生活性、可操作性及现实性等，即选话题时既要贴近学生的现实生活，又要紧扣教材原有话题，不至于跑偏；还要将相似或相关的话题融合在一起，使重构之后的教学文本变得更为形象具体、内容连贯。这样能有效确保学生具备一定的与话题有关的语言基础，进而可以在课堂上围绕这些话题展开较为深入的学习讨论。

### （三）重构需凸显单元整体教学思想

除了注意上述内容，教师重构文本时要有单元意识、模块意识，甚至要有全册书意识，要有小学阶段整套教材意识，这样才能更利于新旧知识融会贯通。不同年级、不同单元的话题虽有所不同，但往往内含一定的逻辑关联，有着某些联系。因此，在进行文本重构时，教师要“瞻前顾后”，整合相同或相似主题的话题材料。

需要注意的是，单位整体的教学思想不只是表现在整合相同或相似主题的话题材料上，还要贯穿整个教学活动。比如，不同年级的文本重构要求是不一样的。因此，教师既要考虑前面的基础，也要考虑后续的铺垫。重构后文本的内容丰富程度与难易应有所不同。低年级的教学文本应以激发兴趣、培养习惯及夯实基础为主，可以是一组对话、一首儿歌、一首小诗、一个故事等；小学中高年级，由于教材文本在长度和难度上逐步增加，所涉及的词汇、句型、语法以及文化等内容更为丰富，教学文本的篇幅则需随之加长，可以变成一篇日记、一封信，甚至是一份菜谱、一张告示。

总之，要以单元整体来构建教学文本，任何形式的文本都可用于教学中，任何年级与单位的教材内容都可以进行重组，都是为整体教学而服务的，无须拘泥于某一个固定层级、单元及形式，只要其符合当前学生的认知水平，有助于提升学生的语言运用能力，都可以拿来为重构教学文本所用。

## 三、基于话题重构教学文本例析

可以说，重构文本内容影响着学生的学习方式、语用体验及学科情感，重构文本的过程也对教师提出了更高的要求，而这个思考和创作的过程正是教师教学专业能力与学生语言运用能力共同发展的过程。笔者在此尝试运用前文所述几项策略，对In my room一课进行教学文本重构，以便更好与广大同行探讨交流重构教学文本的经验。

### （一）基于原有文本的话题语义来创设新话题

回观上文提及的In My Room一课，主要是围绕着“在我房间”这一话题进行结识朋友的相关语言学习。在此之前，学生已经在前面的单元学习过很多与本单元密切相关的句型。这一课要求学生学习文具和玩具的词汇bag、desk、chair、box、pencil case，正确理解并运用介词“in/on”，通过句型“I put...in/on...”表述物品的摆放位置等。但在这课之前，关于玩具和文具的词汇，学生已经学习过pencil、rubber、ruler、bike、kite、ball、doll等。因此，教师可以考虑在教学过程中滚动以前的词汇，既复习了前面学习的知识，也丰富了本单元可表达的语言内容。同时，由于学生上一单元刚刚学过“I can see.../I like...”句型，在文本当中，教师可以引用这些句型，使学生输入和输出的文本内容更加丰盈。

也就是说，当所教内容略显单调、情景不够丰富时，教师需要结合已学内容进行单元整合，重构教学文本，创设更为丰富的语境，这样才能较好地完成教学任务，达成教学目标。本单元就可以在In My Room的基础上创设出“I like my room”这一新话题，即根据“在我的房间里”这一话题，创设出更具体、生动的“我喜欢我的房间”这一话题，这样就在原有教材的话题基础上创设出内容更丰富、更有意义的话题了。

### （二）根据学情来构建学生感兴趣的教学环节

每个学生都有自己的房间，也都有自己喜欢的物品。而摆放这些物品、布置自己的房间，体会保持房间清洁的乐趣与好处，对于二年级孩子来说是非常符合他们的实际生活需求的。教师可以针对二年级学生已有的知识基础教授本课，摆放在房间中的物品并不局限于本单元出现的物品词汇，还可以复现一年级学过的文具与玩具等常见物品词汇，将已有知识整合到本单元的教学内容当中，使语言变得更为丰富。

同时，教师可以基于学生的年龄特征和兴趣爱好，采用学生特别喜欢的动画*Peppa Pig*（《小猪佩奇》）里的主角Peppa和她的弟弟George为文本故事的主角，增设“In Peppa's Room”“In George's Room”两个教学环节，构造出一个有趣的故事情节，再引出教材话题“In My Room”，让学生在参观不同房间的语境中习得语言、内化语言、提升语用能力。这三个分话题是具有一定联系逻辑的，很好地丰富了原有教材的话题，在后续的教学过程中，教师就可以通过让学生观看他们喜爱的动画《小猪佩奇》里不同动物的房间情况，过渡到学生自己的房间摆放物品情况，这样就可以使学生始终沉浸在同一个语境中，进行全语境式学习。这样做可以调动学生的观察能力，激发他们模仿的兴致及获取信息的积极性，同时，学生能较充分理解语义，并结合合理想象，进行有品质语言输出。

### （三）以单元整体教学思想来设计教学目标与内容

单元整体教学思想要求教师用单元整体目标统领分课时的教学目标，而分课时教学目标的达成又是单元整体教学目标实现的重要前提。因此，教师可以重构出三个分课时教学目标与内容，以期通过三个分课时教学目标的落实，最终实现单元整体教学目标。

本单元创设的话题为“I like my room”，教学目标为学生正确认读和运用物品词汇和句型“I put... in/on...”来表述房间物品摆放情况，能在整理、收拾的过程中体会到收拾好房间后整洁、舒服的情感。在此单元整体教学目标的统领下，教师可以对分课时的教学目标与内容做如下设计。

第一课时的话题为“In Peppa's Room”，通过Peppa和George姐弟俩收拾好圣诞节礼物的故事，让学生感知并理解文本，初步区分in和on，并尝试认读相关物品的词汇。同时，让学生初步体验收拾好自己喜欢的东西、房间整洁的良好感觉。第二课时的话题为“In George's Room”，通过George遗失了心爱的恐龙并开始寻找恐

龙的故事情景，让学生在文本带动中进一步运用词汇和句型，更进一步体会到房间不整洁、东西摆放杂乱就难以找到自己的物品，由此带来的麻烦，从而体会到收拾房间的重要性。第三课时的话题为“In My Room”，教师展示自己的房间陈设，通过小组活动，让学生亲自体会并陈述如何摆放自己房间物品，练习语言表达能力。这样便可通过三个连贯的、有意义的话题及内容来完成本单元的整体教学目标。这样不仅能让学生在有意义的语境中习得语言知识，也能让学生对生活物品的摆放整理有一个比较全面的认识，督促学生从小养成良好的生活习惯，最终达到育人的效果。

### （四）借助信息技术更好实现课程育人

在教学设计时，教师最关注的是课堂能否体现育人的价值，具体表现为教学内容能否引起学生内心共鸣，让学生在习得知识的同时学会生存、学会生活。除了基于有意义的话题构建有趣的教学情节、设计层层递进的目标，教师在进行文本重构时，还可以借助信息技术来实现仅靠语言与文字难以实现的情感教育。习近平总书记在党的十九大和全国教育大会上均强调了加快推进教育信息化建设，教育部2018年印发的《教育信息化2.0行动计划》也指出要坚持信息技术与教育教学深度融合的核心理念。可见，借助信息技术来解决日常课堂教学问题的能力，已成为新时代教师必备能力。

本课例中由于仅靠语言描述，很难让学生真切地体会到参观他人房间及摆放自己房间物品这些活动情节，教师可以提前准备，如与家长合作拍摄班级里一些学生的房间，或通过视频在线跟学生家长对话，甚至可以利用VR（虚拟现实）技术给予学生可视、可听、可感的真实体验，来帮助学生更好感知体验不同人的房间的物品摆放情况及每个人的生活习惯，拓宽对房间物品摆放的认识。在信息技术的带动下，学生可以更好参与课堂、融入课堂。在语言内容带动学生语言知识学习的过程中，教师实现教学情感目标渗透，引起学生内心共鸣，凸显课程育人价值。

## 参考文献

［1］王世发．话题·交流［J］．中学语文教学，2003（4）．

［2］中华人民共和国教育部．义务教育英语课程标准：2011年版［M］．北京：北京师范大学出版社，2012．

［3］刘指引. 基于问题设计的阅读教学策略研究：以人教版高中英语为例［D］. 上海：上海师范大学，2017.

［4］钱满秋. 基于可理解性输入i+1理论的英语词块习得探索［J］. 牡丹江大学学报，2013（3）.

［5］王锡安. 加强学校课程整合　回归课程育人本质［J］. 教育科学论坛，2015（17）.

# 基于牛津（深圳版）英语教材的文本整合实施策略

深圳市宝安区石岩湖学校　杨影娇

【摘要】教材对于教师的授课与学生的学习都有直接且重要的影响。灵活使用教材，充分实现教材的编撰意义成为教学成功的先决条件。本文首先对牛津（深圳版）小学英语教材特征进行分析，随后根据教材特征得出教材文本整合的必要性，最后从不同单元文本整合、不同年级文本整合、不同能力培养板块文本整合、实际生活与文本整合四个方面，全面且深入地为基于牛津（深圳版）英语教材的文本整合实施提出策略。

【关键词】牛津（深圳版）英语；教材；文本整合

教材是按照教学目标，将教学内容按照知识逻辑与学生身心发展规律顺序进行编写的书籍。教师基于教材备课、授课、布置课后练习，学生基于教材预习、学习、巩固复习。教材对于各个教学环节的重要性都是不言而喻的，然而，由于授课的实际情况不同且学生基础存在差异等，教材并不能完全适合教学，文本整合应运而生。对小学英语教材文本整合，可优化教材资源，使教材更适合学生、更好服务于教学，进而提高小学英语教学效率。

## 一、牛津（深圳版）小学英语教材特征分析

寻求适合牛津（深圳版）小学英语教材的教学方法，首先要对教材进行全面、整体分析。在小学一至四年级教材中，每册教材由四个模块组成，每个模块包含主题下的三个单元，模块内容随着年级升高而拓宽，呈螺旋上升之势。每个单元又由培养不同能力的小板块构成，对话板块可以组织学生用新学的单词句式进行简答日常对话，培养英语语感；字母、语音板块展示了字母的大小写形式与相应的读音和韵律，培养学生书写能力；歌谣板块通过与本单元内容相关的儿歌或诗词，激发学生学习兴趣的同时巩固所学内容，优美动听的歌谣还能起到陶冶情操的作用……牛津（深圳版）小学英语教材兼顾了实用性与知识性，通过常用的简单英语词汇与经典句式为学生英语学习建立良好的基础。五六年级教材在前四年的基础上，对主题

的内容略有微调。例如，在介绍大自然的部分中，用生活中的风、水、火三个子单元进行详细补充介绍。随着适用年级的不断升高，教材中单词量也随之增加，涉及的语法知识逐渐复杂，更加注重学生全面发展与长远发展。

## 二、教材文本整合必要性

由于牛津（深圳版）小学英语教材各单元涉及广泛的题材、大量陌生单词、较多的语法知识，其对于小学生的基础能力有着较高的要求。教师在教学过程中，不能被教材所牵制，而要成为教材的主人。教师可以通过对教材内容合理补充与删减，整合重点内容，将知识的传授逻辑与学生身心发展规律相结合，深入浅出、化繁为简，使学生接受知识更为顺利。同时，对教材文本合理整合能使前后单元能相互呼应，达到重点知识温故知新的效果。教师灵活、创造性使用教材，能够实现教材整体融会贯通。此外，教师应考虑到不同学生的英语基础水平不同，对知识的掌握程度也不尽相同，通过教材文本整合实现个性化教学，满足不同课堂的不同要求，使教材服务于学生。

## 三、牛津（深圳版）小学英语教材文本整合实施策略分析

### （一）不同单元文本整合

牛津（深圳版）小学英语教材是在每一单元对某一个话题进行深入分析，包括该话题涉及的单词、使用情景、固定语法搭配等内容，相当于该话题的一个资料合集。教师在学期初应对本学期授课教材进行全面、透彻地分析，明确各单元教学内容，寻求单元之间的相似性，开展对比教学。例如，以“My favorite things”主题为起点，将与该主题相近的“My family and friends”“My neighbor”“My favorite food”等不同单元相结合，将不同的文本整合成以“我最喜欢的事物”为中心的一个阅读面，并对主题扩展补充，连点成线、线线成面，彼此呼应，使结构更加完整、内容更加丰富。教师可以引导学生主动探索知识之间的相近性，以学生的视角对学习内容进行近似分类，明确相近知识的相同点和差异点以加深记忆。同理，教师可将具有相对性的知识进行分类汇总，这会使学生对文章产生更加深刻的理解，教材的编写意义也随之得到更加完整体现。

### （二）不同年级文本整合

牛津（深圳版）小学英语教材的编写呈螺旋式上升，即同一个内容在不同年级

会重复出现，且随着年级的上升，每次出现的侧重点不完全相同且逐渐复杂化、专业化。例如，英语教学中极其重要的语音教学，在低年级时主要是进行单个字母的读音与基础音标的发音相关教学，中年级时逐渐发展为有规则的元音字母读音教学以及简单字母组合的发音规律教学，到高年级则变为有规划元音字母开闭音节教学，由简到繁、由易到难。教师在实际教学中，要把握教材的螺旋性与递进性，授课前做好不同年级同一内容的整理工作，并将学期整体预期目标分割化，将预期目标划分到每个单元中，明确每个单元或每个学期的教学目标，实现循序渐进教学，贴近学生的认知内容，保证学生顺利接受新知识。此外，教师可以在学期末进行相关文本整合，综合回顾所学知识，对重点内容突出强调以加深学生记忆，引导学生发现学习内容的递进性、掌握知识的发展规律、提高学习效率。

### （三）不同能力培养板块文本整合

教师应深入钻研教材，明确不同教学内容的预期成果，从不同的能力培养目标出发，将不同能力培养板块有机结合，从而激发学生不同能力的叠加效果，充分提高教学质量，准确把握教学节奏。例如，在“My room”课程中，涉及的句型有“Where is it? It’s behind/next to/in/under/on...”。课程主题涉及物品摆放的位置，因此，学生需要在掌握词汇、句型的基础上了解其用法。在文本整合之前，教师利用多媒体讲解课程的内容，使学生区分in、under、on等词，教学内容仅限于文章内容。在教师将英语听力能力培养与口语表达能力培养结合后，教学内容变得丰富，在讲解结束后，教师利用网络播放事先准备好的录音，录音中介绍了房子中ball、bear、kite、clock等摆放的位置。录音播放结束后，学生在保证主题不变的前提下通过自己的思考，增加或删减后进行内容复述。书本知识被转移到听力材料中，再进入学生的大脑中，最后经过思维转化从学生口中表达出来，真正转化为学生自己的知识。这一连贯的知识传递途径对相关知识进行重复训练，锻炼了学生的听力能力、思维能力与语言表达能力。此外，文本整合前枯燥、单调的内容在文本整合后变得丰富，教学资源变得丰富多彩，一定程度上增加了文本的吸引力，使学生改变了以往被动的学习状态。

### （四）实际生活与文本整合

牛津（深圳版）小学英语教材的教学主题大多来源于实际生活，而学生是教材的直接使用者，所以教师在文本整合中要以学生的实际情况、生活经历为基础，利用教材内容贴近生活的特点，实现实际生活与教材文本巧妙整合。不同学生的家庭教育环境与成长环境不尽相同，对不同事物的了解程度也自然有所不同。因此文本整合需要教师寻求教材内容与学生生活的相同点与差异点。例如，在A birthday party中，学生掌握的重点词汇以及句型有：spring roll、soya milk、would rather（not）do sth。现实生活中的生日派对与教材中的生日派对有一定的差异，教师可以引导学生利用重点词汇以及句型阐述自己的生日派对与教材中生日派对存在的差异，通过引导学生将理论与实际结合，帮学生更好内化知识。

教师应充分挖掘教材的编撰意义，找寻知识之间的联系，通过对教材文本整合，实现教材知识充分吸收，达到最好的教学效果。

**参考文献**

[1] 张柳萍. 基于小学英语教材的文本再构实施策略：以《牛津小学英语》为例[J]. 英语教师，2017（7）：48-50.

[2] 胡彦洁. 试谈小学英语教材整合中的文本再构策略[J]. 辽宁教育，2017（19）：27-29.

[3] 欧阳导. 牛津小学英语教材的文本再构策略分析[J]. 新课程（小学），2019（2）：93.

# 丰富小学英语课堂教学资源的课例研究

## ——以牛津英语（深圳版）一年级下册Module 2 Unit 5 Food I Like为例

深圳市宝安区海港小学　冯云开

### 一、问题的提出

小学英语教材根据课程标准所编写，一方面，统一要求难以照顾到不同发展水平的学生；另一方面，尽管教材是“一纲多本”，却还是“大同小异”，难以满足不同需求。而众多的专家学者明确提出，英语绝不是仅仅通过学习教材就能学会的，不应该“少而精”，而需“泛而杂”。英语学习需要大量的听力和阅读材料，伴之大量的任务活动。如何丰富课程资源，把各种各样听力和阅读材料有效整合于课堂教学中，成为教师关注的重点。

### 二、理论依据

《义务教育英语课程标准（2011年版）》六条基本理念中的第六条指出，丰富课程资源，拓展英语学习渠道。语言学习需要大量输入。丰富多样的课程资源对英语学习尤其重要。英语课程应根据教和学的需求，提供贴近学生、贴近生活、贴近时代的英语学习资源。创造性开发和利用现实生活中鲜活的英语学习资源，积极利用音像、广播、电视、书报杂志、网络信息等，拓展学生学习和运用英语的渠道。关于课程资源优化整合，特别是在小学阶段，教师要选取适合学生年龄特征的歌谣、绘本故事等与课堂教学进行有机融合。

### 三、教材分析

牛津英语（深圳版）1B Module 2的教学主题是My favourite things，“Food I like”为Unit 5。学生在Unit 4学习了“I like...”句型表达自己喜欢的食物之后，在本单元学会运用核心词汇和句型“Do you like...”询问他人是否喜欢某种食物以及表达自己喜欢的食物，并为学习用“What do you like?”询问他人喜欢的饮料做好铺垫。因此本课的学习在整个模块的学习甚至是整本书的学习中起到一个承上启下的作用。

在本单元的学习之前，学生在一年级上册Unit 8、Unit 9学过水果和快餐类的一些食物单词，如apple、pear、peach、orange、hamburger、pizza、pie、cake，在本模块的前一单元Unit 4学过用“I like...”的句型表达自己喜欢的玩具。从学生现有知识储备来说，虽然学生之前已经学过一些表示食物的词汇，但都主要是用于学习购物或点餐时使用的功能句型，本课中的核心句型“Do you like...”对学生来说是新知和学习的重点，是对Unit 4“I like...”句型的延伸。因此，在本单元的Food I like主题下，笔者将结合food we like和sharing food的情景，在文本推动中不断滚动复现水果、食物以及“I like...”“Do you like...”等帮助学生学习语言内容和语言知识，如在第一课时food we like的情景中增加询问Alice、Danny等朋友是否喜欢一些水果和快餐类食品的内容，使学生语言输入更加丰富，也为后续学生语用输出做铺垫。

## 四、教学目标

### （一）能力目标

在Food I like及Food I share的语境中，用英语询问并回答是否喜欢某种食物，学会用英语分享食物并谈论食物的味道，做到内容大意、语音、语法基本正确。

### （二）知识目标

一是在Food I like的语境中，感知、理解并运用核心单词jelly、ice cream、sweet、biscuit及核心句子“Do you like...”“Yes，I do. / No，I don't.”。

二是能基本跟读*Jack and Jim*，做到语音语调基本正确。

### （三）情感目标

在表达对食物喜爱之情的同时，体验分享食物的快乐。

## 五、在课堂教学中丰富课程资源，有效拓展学生学习渠道

在小学英语课堂中，歌谣、游戏等使用都比较普遍，一节课上老师和学生唱唱跳跳是常有的事情，但是在哪些教学活动中应加入课程资源？应加入哪些课程资源？如何实现有效整合？这些都是有些英语教师未曾想过或未想清楚的。下面以笔者在一次区教研活动的研讨课为案例，阐述在课堂教学中应如何丰富课程资源，有效拓展学生学习渠道。

### （一）欢快歌曲来助兴，核心训练不可少

课堂中的英语歌曲必不可少，一些课例中的歌曲虽然朗朗上口，但是与教学内容不相关，出现在教学活动中十分突兀。因此，可以根据单元主题、教学内容筛选歌曲，达到既能活跃课堂气氛，又能为教学目标服务的目的。例如，本案例中，在复习一些已学过的食物单词hamburger、pizza、pie、apple、banana等后，笔者让学生欣赏歌曲*Do you like...?*，歌词中有soup、pizza等已学知识，也有将要学习的ice cream。另外，歌词中的“Do you like...?”也是本课学习的核心句型，同时基于歌曲中的回答是“Yes，I do. / No，I don't.”这样完整的表述，笔者对用Yes或No简洁回答的教学目标进行了相应修改。歌词中还出现yummy/yucky这两个对于味道的表达，也为本课第二课时教学中对食物味道的描述做好了前期铺垫，是一条伏线。

另外，关于食物的歌曲很多，其中有一首也非常适合，歌词是“Do you like，do you like pizza? Yes，I like. Yes，I like. Yes，I like pizza.”。

### （二）创编歌谣兴趣浓，朗朗上口效果好

低年段学生非常喜欢歌谣，歌谣朗朗上口、能根据教学内容进行创编的特点，也深受教师喜爱。在本单元中，学习食物的单词jelly后，笔者展示以下歌谣让学生根据节奏自主朗诵。

I like jelly. I like jelly.

Soft and sweet. Soft and sweet.

I like jelly. I like jelly.

Nice，nice，nice.

歌谣既有对jelly的喜爱，也有对味道的描述，朗朗上口，增加学生兴趣之余，还能训练其对食物喜爱及其味道的描述。在学生学习其他三个核心词biscuit、ice cream、sweet后，笔者利用歌谣挖空的方法让学生根据喜爱的食物进行创编。

I like ____________. I like ____________.

____________ and ____________. ____________ and ____________.

I like ____________. I like ____________.

____________, ____________, ____________.

学生对味道的描述有cold、sweet、sour、crispy、yummy、nice、wonderful等，词汇量之丰富，远远超出了一般一年级下学期只学习了几个月的学习者的能力水平。

### （三）自然拼读巧融合，绘本故事启阅读

我校一直探索在课堂教学中融入自然拼读，PSR（Phonics、Sight words、Reading）课程实施于课堂内外。经过一路的探索，我校初步形成了“10+30”的课堂模式，也就是40分钟的课堂里，前面10分钟为Phonics或Sight words的拓展课程教学，后面的30分钟为牛津教材内容的基础课程教学。如何做到10与30有机融合，有效实现拓展课程与基础课程整合，使拓展课程为基础课程服务，使基础课程进一步巩固拓展课程的训练效果，成为研究的重点之一。

本单元中笔者在10分钟的拓展课程中选择了有趣的字母故事绘本*Jack and Jim*。

This is Jack. This is Jim.

Jack is wearing Jim's jeans. Jim is wearing Jack's jacket.

Jack is playing with Jim's jigsaw. Jim is playing with Jack's jeep.

Jack is having Jim's jam. Jim is having Jack's juice.

Jack is listening to jazz. Jim is listening to jazz.

首先，选取关于字母J的故事是根据一年级下册的拓展课程教学计划安排——学习21个辅音字母的故事，进一步巩固对21个辅音字母的字母音、字母名及关联词的掌握。其次，以字母J开头的关于食物的单词有jam、juice、jelly等，都是学生生活中常见的，特别是jelly也是本单元的核心词，为接下来的教学埋下了伏笔。最后，*Jack and Jim*的寓意也与本单元的第二课时Food I share一致，Jack和Jim这对朋友一个体形小、一个体形大，一个喜欢黄色、一个喜欢蓝色，虽然有不同的爱好，但都能与同伴分享。也正是基于体形大小不一的原因，他们发现衣服、玩具，甚至食物都无法分享，最后只有音乐能成为他们共同的爱好。这也与第二课时Food I share中，不同的人对于不同的食物有不同的喜好，在有共同喜好的前提下可以分享食物，喜好不同，则要以包容的心态对待他人的内容不谋而合。

另外，在核心词biscuit的教学中，加入有趣的字母故事中B的故事，进行故事复习巩固及其他食物词汇拓展。

A biscuit...

A biscuit can be a bus.

A biscuit can be a bike.

A biscuit can be a boat.

A biscuit can be a banana.

A biscuit can be a bear.

A biscuit can be a butterfly.

But...

If birds are nearby...

The biscuits can only be birds.

由于*The biscuits*相关内容是一年级上册学过的，笔者在教biscuit这个词后让学生根据绘本故事图片展示，说出“A biscuit can be a...”的故事内容，学生对于绘本故事的热爱与熟练程度大大超过了预期。同时，在“...can be a...”句型的支撑下，笔者让学生根据ice cream、sweet两个核心词进行头脑风暴，发挥发散性思维及创造性思维，把见过的、没见过的、可能的、不可能的冰激凌和糖果的形状都说出来，学生的创造性给课堂带来更多的惊喜，同时进一步激发学生对绘本的热爱，为下一阶段的自主阅读打下了坚实基础。

## 六、关于丰富课程资源的几点思考

第一，要基于学生的学情，根据学生现有知识水平及现有接受能力选取课程资源。

第二，选取课程资源要考虑到教材的主题设置、教学目标的设定等，要与主题保持一致性。既贴合教材，又略微高于教材，才能体现课程资源的拓展作用。

第三，在进行课程资源的选择时，要注意课程资源与教学活动有机融合。要找准加入课程资源时机，不可生搬硬套；更需要注意对量的控制，不可喧宾夺主。

第四，选取的课程资源要价值观导向正确，实现立德树人的培养目标。

因此，即使面对简简单单的教材内容，只要教师发挥主观能动性，进一步丰富课程资源，有效拓展学习渠道，便能让学生学习趣味性大大增加，提高教学效率。作为一线教师，应在课堂上运用歌谣、故事等，丰富课程资源，拓展学生学习渠道，助力学生语言能力、学习能力、思维品质、文化意识的培养。

## 参考文献

［1］中华人民共和国教育部．义务教育英语课程标准：2011年版［M］．北京：北京师范大学出版社，2012.

［2］钱小芳，但清瑶．小学英语教材与绘本融合教学的方式与实施途径［J］．中小学外语教学（小学篇），2021（10）：1-5.

［3］张燕华. 立足教材资源 丰富课堂教学：谈小学《英语》教材资源的有效利用策略［J］. 江西教育，2016（21）：86–87.

［4］付义衡. 关注拓展点，让小学英语课堂教学资源更丰富［J］. 考试周刊，2010（56）：115–117.

［5］梁军. 合理利用身边资源 丰富小学英语教学［J］. 新课程（小学），2017（2）：150.

# 教学策略创新

# 基于主题意义探究的小学英语电影教学实践

深圳市宝安区宝民小学　陈文婷

## 一、引言

《普通高中英语课程标准（2017年版）》指出，六要素整合的英语学习活动观是指学生在主题意义引领下，通过学习理解、应用实践、迁移创新等一系列体现综合性、关联性和实践性等特点的英语学习活动，使学生基于已有的知识，依托不同类型的语篇，在分析问题和解决问题的过程中，促进自身语言知识学习、语言技能发展、文化内涵理解、多元思维发展、价值取向判断和学习策略运用[1]。对主题意义的探究是学生学习语言的重要内容，能直接促进学生形成正确的价值观，帮助其在认识自我、建构自我中完善情感和性格，从而实现学科育人的目标。

在新媒体时代背景下，课程标准对语言技能提出了新的要求，在原有听、说、读、写四项语言技能的基础上，增加了看（Viewing）的技能。看的技能是指对语言、视频、图像、颜色、声音等多模态形式的语篇进行理解和有效表达的能力。对于擅长模仿的儿童来说，经典的英文电影有着纯正的语言、生动有趣的情节和积极的价值观，是不可多得的看的素材。以经典电影作为多模态语篇教学的切入点，开展综合性、关联性的语言活动和思维活动，对提高学生听说读写看的语言技能、丰富思维方式和提升英语学科核心素养具有重要意义[2]。

目前，大部分教师都意识到英文电影对语言学习的独特性和优异性，然而由于缺乏科学合理的电影教学方法和资源平台，不少教师只能根据个人兴趣开展教学，教学质量良莠不齐。笔者所在的课题组在实践中积极探索以主题为引领的小学英语电影教学模式，对英文电影教学的普及有一定的贡献和意义。

## 二、基于主题意义探究的小学英语电影教学模式

基于主题意义探究的小学英语电影教学是以单元主题为引领，紧扣教材内容，节选经典电影片段，设计综合性语言学习活动的过程。本文提出了由观影前、观影中、观影后三个环节共同构建的小学英语电影教学模式（见图1）。

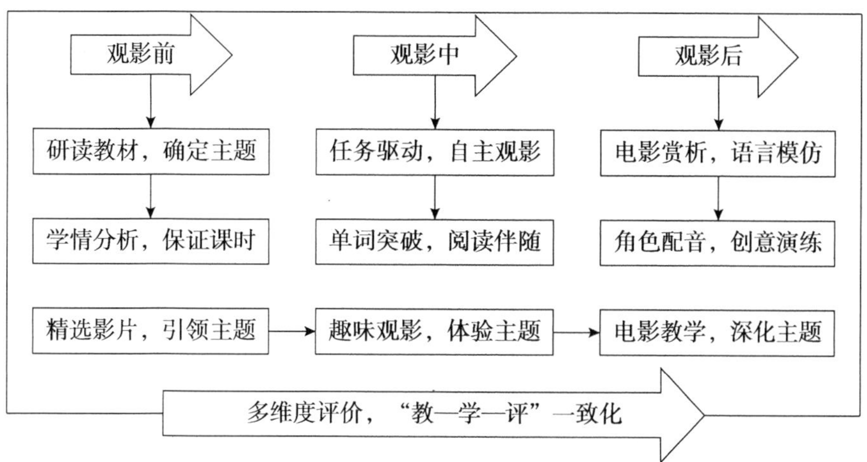

**图1　基于主题意义探究的小学英语电影教学模式**

该电影教学模式是基于课标、基于教材和基于学情的，学生在观影前、中、后综合性学习活动中用语言思考、用语言做事，实现内容、语言、思维的统一[3]。

## （一）观影前：精选影片，引领主题

基于主题，精选影片是开展电影教学的第一步，选择高契合度的电影有助于教学目标的达成。在筛选电影时，教师需对教材、学情和主题意义进行全面的考虑。

**1.研读教材，确定主题**

教师在研读单元内容、提炼单元主题意义、挖掘核心价值和育人功能后，确定电影主题，罗列电影清单，并选择与单元主题相融合的、具有正面教育意义的英文原版电影开展教学设计。

**2.学情分析，保证课时**

教师在筛选影片时需考虑学生的生活经验、理解能力及素材的难度和课时量的问题。一般认为，电影的语言难度要适宜，选材的生词量为5%～10%，确保学生在“看”的过程中，不会因为语速太快和生词太多影响对主题意义的理解。为保证电影教学的可行性，每部电影的教学用时建议定为2～3课时，可充分调动学生运用课余时间完成观影、配音等任务，减少课时不足的问题，增加电影实施的可行性。

笔者所在课题组对牛津（深圳版）英语教材二至六年级单元主题意义进行全面的梳理，并根据不同的主题匹配最适合教学的经典英文电影，形成分级电影清单和资源集，本文截取五年级上册的电影推荐清单作为参考（见表1）。

表1　　基于单元主题的电影推荐清单（五年级上册）

| 模块主题 | 单元主题 | 单元目标 | 电影主题 | 推荐电影 | 相关主题 |
|---|---|---|---|---|---|
| Module 1 Getting to know each other | Unit 1 My Tuture<br>Unit 2 Going to School<br>Unit 3 My Birthday | 了解自己的理想和爱好，并树立远大的理想，勇敢追求梦想 | Dream and Future | *Zootopia*<br>《疯狂动物城》 | What is the dream?<br>How to achieve your dream? |
| Module 2 Relationship | Unit 4 Grandparents<br>Unit 5 Friends<br>Unit 6 Family Life | 与家人共度美好时光，与朋友友好相处，感受和珍惜亲情和友情 | Friendship and Family | *Coco*<br>《寻梦环游记》 | How to get along with our grandparents? |
| Module 3 Out and about | Unit 7 At the Beach<br>Unit 8 An Outing<br>Unit 9 Around the City | 积极参与户外活动，具备冒险精神和坚毅的品格 | Adventure and Outing | *Alice in Wonderland*<br>《爱丽丝梦游仙境》 | What should we do to have an adventure or outing? |
| Module 4 The natural world | Unit 10 Wind<br>Unit 11Water<br>Unit 12 Fire | 了解大自然的规则，珍惜大自然 | Nature | *Happy Feet*<br>《快乐的大脚》 | What should we do to protect the nature? |

教师在单元教学中贯穿主题电影教学是对主题意义的探索和深化，教师需对学情和教材分析后对主题意义和电影价值观进行深层次的活动设计，同时收集学生配音作品、电影表演作品，真正让学生在电影学习中体会语言学习的乐趣。

### （二）观影中：趣味观影，体验主题

#### 1.任务驱动，自主观影

为避免学生过分关注剧情而忽略了语言的学习，教师需设计自主观影任务单，供学生在自主观影中使用。自主观影任务单源自自主学习的概念，在观影中发挥着预习、检测和监督的功能。

#### 2.单词突破，阅读伴随

观影任务单形式多样，包括单词任务单、阅读任务单等。单词任务单可以帮助学生提前学习词汇，扫除观影障碍，更好地理解故事。阅读任务单是关于电影背景知识、电影人物或故事情节的阅读素材，在电影教学中有机渗透阅读策略的培养，是为帮助学生做好后续语言学习和背景知识的铺垫，大大提升电影教学的有效性。

### （三）观影后：电影教学，深化主题

程晓堂教授曾在讲座中提出电影教学的主要意义：通过电影学习语音语调，培养语言理解和运用能力，了解不同的情感文化以及实现素质教育的功能，从而培养学生

的电影素养。观影后的“赏、析、模、演、练”教学环节需要教师兼顾语言的工具性和人文性，帮助学生在趣味观影中学习语言，在语言学习中体会正确的价值观，从而达到思维品质与学习能力的共同提升，以下简单介绍电影教学的各个环节。

**1.电影赏析，语言模仿**

赏（Enjoy the film）：通过欣赏电影语言的严谨和优美，让学生在真实的情境和对话中感知语言和运用语言，此环节多为朗读和跟读。

析（Analyze the film）：赏析电影是电影教学揭示主题思想的重要一课，包括梳理电影环节、归纳故事、综合分析和评价人物角色等。一般来说，归纳、分类、比较、假设、推理、检验、判断等活动属于较高认知水平的心智活动，需要教师有意识地去引导和训练才能习得[4]，从而培养学生的批判思维、创新思维、开放思维和逻辑思维。

模（Dub the film）：节选部分经典台词开展重读、连读、重音、升降调、不完全爆破等发音技巧的训练。同时引进“趣配音”“爱配音”“iMovie”等应用软件来剪辑和展示配音成果，让语言的学习过程变得更加有趣，让语言学习的效果得到更及时的反馈。目前，信息技术的进步让电影教学的落实得到了更多的保障。

**2.角色配音，创意演练**

演（Act out the film）：在跟读、模仿电影原音后，以演绎或者戏剧的形式进行输出，是要求学生在语言模仿的基础上，增加动作和表情的舞台表演，对学生提出了更高的要求。

练（Extend the film）：对电影学习进行延伸就是运用语言知识做活动，具体形式有表演、创意写作、海报宣传等。为了培养学生独立思考和大胆表达的能力，教师应尽可能多地为学生创造自主探究与合作展示的机会，使学生参与到深度和持久的合作学习中去。

### （四）多维度评价，“教—学—评”一致化

有效合理的评价可以帮助学生达成目标，反思自己的学习行为，积极主动地提升自己。教学评价应以学生为本，遵循全面性、多样性、可操作性、一致性和发展性的原则[5]。评价内容既应考查学生听、说、读、看、写五项语言技能的发展程度，又应关注思维品质和文化意识目标的达成，从而凸显学科育人价值。

## 三、基于主题意义探究的英语电影教学课例——*Alice in Wonderland*

基于以上提出的主题电影教学模式，本文以电影*Alice in Wonderland*的教学作

为探讨课例，该电影课例遵循“学情分析—教材分析—确定主题—选择影片—教学设计—教学评价”的路径进行设计。

### （一）观影前

**1.学情分析**

五年级学生（10～12岁）日趋成熟，有自主、合作、探究的精神，但是表现出害羞、害怕出错的心理特征，需要教师有意识地培养学生的自我认同意识和大胆合作意识。目前，电子产品的盛行渐渐让越来越多的学生不愿意参加户外或集体活动，导致学生缺乏交流与合作的机会，因此，通过主题电影教学引导学生走出去是关键而必要的。

**2.教材分析，确定主题**

五年级上册英语教材第三模块的主题意义是学生能在谈论沙滩度假、外出探险和朋友日常活动中体验丰富活动带来的趣味性，鼓励学生走出去开阔视野，丰富见识，从而形成独立、勇敢的品格。

**3.匹配影片**

在准确把握主题意义后，教师选择与课文内容相同的电影作为观影素材，该电影画面清晰，语言优美，是不可多得的经典电影学习素材。

### （二）观影中

**1.任务驱动，自主观影**

在教学后，教师布置了学生在家自主观影的任务，为保证自主观影效果，教师基于电影*Alice in Wonderland*的基本信息、角色名词、角色的性格和原版小说节选，设计了观影任务单，要求学生带着任务去查找背景资料并观影，并在观影前后填写任务单（见图2）。

教师设计观影任务单旨在帮助学生初步感知主题，激活已知，拓宽文化视野。同时，培养学生信息提取、信息检索、信息归纳总结等电影素养。在观影后阅读原著帮助学生第二次探索或建构主题意义，从而加深对主题的学习和理解。

**2.单词突破，阅读伴随**

在观影后，学生制作电影生词卡片或阅读*Alice in Wonderland*英文原著，完成简单的阅读任务。学生在观影后对小说的好奇心和兴趣大大提升，并在阅读中再次探究绘本文本内容而发现或构建主题意义和价值观。

**About the writer and director**

**Brief introduction**

Alice in Wonderland is an 1865 novel （小说）written by English author Lewis Carroll. It tells of a girl named Alice who falls down a rabbit hole into a fantasy world (Wonderland) with a lot of animals. Fantasy(奇异的）things happen but Alice become more and more brave. It's a cartoon movie.

The story is ridiculous（奇怪的） but is also real. From this tale we know that the children are pure, they are not polluted by any other human behavior, they have unusual but wonderful thoughts. Besides, they are full of curiosity and eager to knowledge. We need to protect their pure and beautiful world.

**About the Writer（作家）**

Lewis Carroll(1832-1898),was an English writer.He was very interested in poems(诗）and novels（小说）. "Alice's Adventures in Wonderland" published（出版） in 1865 "Alice's in Wonderland swept(横扫）the world . At that time, children's books always tried to teach something. Lewis Carroll did not try to teach anything. He only wanted to tell a wonderful story by breaking（打破） the traditional （传统的）boring things. The Greens Brothers(格林兄弟）, Anderson（安徒生）and Lewis Carroll are the world's top children's literature masters(文学大师） .

**About the Director（导演）**

Tim Burton is an American film director, film producer, writer, artist and animator. His full name is Timothy Walter Burton.He was born on 25th August, 1958. He was an animators with Walt Disney Animation Studios.

Vincent was his first film – a six-minute black and white stop-motion short. Alice in Wonderland (directed by Burton) is the highest grossing film of 2010.

If you're a fan of his work, check out these top films:Charlie and the Chocolate Factory(查理和巧克力工厂); Edward Scissorhands(剪刀手爱德华); The Nightmare Before Christmas(圣诞夜惊魂).

**Task1: After reading , please find out the main information about the writer and the director and finish the reading card.**

| Name of the writer(Novel) | Country | Interests | The year of publish | The World's top three children's literature masters(文学大师) |
|---|---|---|---|---|
| | | | | |
| Name of the Director (Movie) | Country | Main jobs | Alice in wonderland is on... | Other famous works |
| | | | | |
| | | | | |
| | | | | |

**Task2:查阅并写一写 Alice 和 the Mad Hatter 两个角色的人物特点（约200词，中英皆可）。**

1.Alice：外貌描写，是一个什么样的女孩，为什么

2.the Mad Hatter 是一个什么样的角色？正面反面？他是谁的拥护者？他最常说的话是什么？

3.Alice 和 the Mad Hatter 的疯狂下午茶（Mad Tea Party）你能描写一下吗？

图2 *Alice in Wonderland*电影观影任务单

## （三）观影后

### 1.教学安排

观影后的赏、析、模、演、练环节是灵活组合的，教师可根据学情和课时进行增删，该课例的教学设计涵盖了7个教学步骤，共4节课。每个课时的教学内容和教学目标如表2所示。

表2 *Alice in Wonderland*教学计划表

| 课时 | 教学步骤 | 教学活动 | 教学目标 | 时间 |
|---|---|---|---|---|
| 课时1 | Step1–2 | 复述故事，分享观影阅读卡 | 整体感知，梳理电影 | 40分钟 |
| 课时2 | Step 3 | 赏析电影，回答问题 | 赏析电影，探讨主题 | 40分钟 |
| 课时3 | Step 4–5 | 模仿和配音 | 模仿配音，内化主题 | 40分钟 |
| 课时4 | Step 6–7 | 海报创编，多维评价 | 语言输出，评价伴随 | 40分钟 |

### 2.具体教学步骤

第一步：复述故事，导入与回顾电影。

本课要求学生运用核心词汇与故事图片作为支架，复述*Alice in Wonderland*的故事，同时关注第三人称单数与一般现在时态的使用情况。复述环节是对影片故事的回忆和创意表达，也是对主题意义的概括和归纳。该环节和教材内容做到呼应和衔接，巩固所学，拓展教材。

第二步：使用观影阅读卡，激活主题知识。

教学预热的第二环节是运用思维表，帮助学生把观影后的已知、想知和未知进行提炼。本课例选择了电影名称、类型、作者、故事简介和人物角色等要点制作成思维表，学生需在小组合作中共同完成（见表3）。

表3　*Alice in Wonderland* 思维表

| What do you know | What do you want to know | What do you learn |
|---|---|---|
| Name: | | |
| Type: | | |
| Writer: | | |
| Main plot: | | |
| Characters: | | |

[**设计意图**] 帮助学生梳理已知、预测未知、内化电影的重要信息，并在与他人合作与讨论中重构故事，形成对主题的思考，逐步接近电影的主题意义。

第三步：赏析电影，问题引导。

李宝荣指出，教师需要通过设计具有逻辑性和层次性的问题链，引导学生对主题意义进行清晰、全面的认识，从而提升思维的逻辑性和批判性[6]。笔者参照王莉[7]的成果，设计了本课的电影赏析环节问题链，如表4所示。

表4　*Alice in Wonderland* 电影赏析问题链

| 问题阶梯 | 问题设计 | 设计意图 | 教学活动 |
|---|---|---|---|
| 1级<br>事实与信息 | What are the six impossible things in the movie? | 学生能在观影后提取关键信息，概括Alice做的六件勇敢的事情 | 头脑风暴<br>说一说 |
| 2级<br>分析与预测 | What do you think of the White Queen and the Red Queen? | 学生分析、比较红、白皇后所做的事情，帮助学生跳出非黑即白的二元思维 | 想一想<br>说一说<br>分享想法 |
| 3级<br>整合与评价 | How does Alice behave in the movie? | 学生结合影片进行举例说明，帮助回忆和提炼内容 | 小组完成思维导图 |
| 4级<br>关联与创造 | If you were Alice, will you go out and try new things? | 学生联系自身经历进行关联创造，进行主题体验 | 画一画<br>写一写<br>说一说 |

[**设计意图**] 该电影赏析环节的四个问题层层递进，对主题意义的探讨逐步深入。首先，通过1级信息类问题探讨故事中Alice做的六件勇敢的事情，帮助学生

梳理整个故事的线索和脉络；其次，通过2级分析类问题评价红、白皇后所做之事，培养学生的批判性思维和逻辑性思维；再次，通过3级综合性问题引导学生对“勇敢、爱探险、有责任”的主题进行总结，从而提升学生对电影主题意义的整体理解、思考、探究和表达的能力；最后，通过4级开放性问题，引导学生结合自身经历进行思考，深化主题意义。

第四步：模仿台词，培养语感。

运用英文电影真实的语言情境和对话进行语言技能的训练，帮助学生掌握重读、连读、重音、升降调、不完全爆破等发音技巧，有利于提升学生使用语言的熟练度和流利度。本课例开展了关于连读、语调和重读的台词训练，如图3所示。

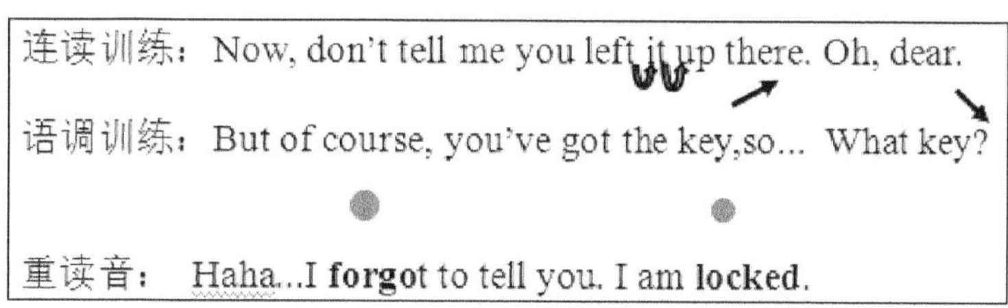


图3 *Alice in Wonderland*电影台词模仿节选

**［设计意图］**帮助学生在充满趣味的电影情境中根据重音、语调、节奏的变化感知说话人的意图和态度，体会发音规则，增强语感，学习语音知识，发展语音能力。

第五步：配音表演，小组合作。

在配音活动前，教师对学生进行配音、剪辑和合成的技术指导，帮助学生解决可能遇到的技术问题，提升学生的信息素养；在配音活动中，教师扮演学习的观察者和促进者，及时对有困难的小组进行指导；在配音活动后，教师组织全班对每一个小组的作品进行分享和评选。该课例中，教师剪辑了Alice遇到的六件事，一共六个片段，每个片段用时不超过1分钟，降低难度，提升学习的兴趣，配音的具体要求如下所示。

（1）Form a team：4 or 6 students in a group.（组队：4～6人为一组。）

（2）Each group dub one clip together.（每组选择一个片段进行合作配音。）

（3）Choose the role you like.（选择自己喜欢的角色。）

（4）Dub just like the characters and pay attention to language，body language and emotion.（模仿人物的语言、动作和情绪。）

（5）Use iMovie to cut or compound your works.（运用剪辑软件iMovie进行作品合成。）

（6）Share with us.（作品上传并分享。）

［**设计意图**］电影的沉浸式语言学习效果是传统课堂所无法企及的。该活动通过开展配音活动进一步内化和输出语言，并通过小组合作活动凸显学生的主体地位，培养学生自主、合作、探索的能力。

第六步：创编海报，深化主题。

学生以4人为一组，共同设计一份电影宣传海报，要求查阅并熟悉海报的元素，并写60～100词的宣传语推荐该电影。

［**设计意图**］制作海报、撰写海报宣传语的目的是让学生通过写一写、画一画的形式再次深度思考电影主题，实现知识的迁移与创新，在综合性的活动中学习语言并提升感知力、表达力、理解力和创造力。

第七步：多维度评价，“教—学—评”一致化。

本次电影课结束后，教师组织学生进行自评和小组互评，对学生个人和团队的参与度、完成度进行评分和总结。本次课程结束后设置如下奖项。

（1）最佳团队奖2组：“最佳配音作品奖”1组、“团结友爱奖”1组。

（2）最佳个人奖15名：“最佳配音员”5名、“最佳优秀个人”5名、“最佳技术奖”5名（最佳个人奖基于小组推荐、教师参评和现场投票综合评选）。

［**设计意图**］多维度的评价帮助学生在自主学习和合作学习中发现优势和不足，及时改进，养成良好的学习习惯，达到以评促学的目的。

## 四、结语

一部电影的力量不亚于一部名著，学生能在观影中轻松、真实、自主地汲取知识，培养语感，体验交际，感知中外文化差异性，提升文化认同感。目前，基于主题意义的电影教学是呼应时代要求的创新教学实践，笔者希望通过本文抛砖引玉，与更多的学者和教师们共同探讨行之有效的电影教学模式和策略，帮助学生快乐学习语言，提升自主学习能力和语言能力，并树立正确的人生观和价值观，最终达成学科育人的课程目标。

**参考文献**

［1］中华人民共和国教育部．普通高中英语课程标准：2017年版［M］．北京：人民教育出版社，2018．

［2］李静．多模态理论下英语电影课堂教学不同输入模式过程设计［J］．科教文汇（下旬刊），2018（7）：40–41．

[3] 王晓琳. 打开别样教育世界：小学创意电影课程的开发艺术 [M]. 上海：华东师范大学出版社，2018.

[4] 吴树芳，朱杰，王梓懿. 浅析布鲁姆教育目标分类体系 [J]. 教育现代化，2018 (46)：22–23.

[5] 朱浦. 教学理论探究 [M]. 上海：上海教育出版社，2008.

[6] 李宝荣. 基于主题意义的中学英语单元学习活动设计策略 [J]. 中小学英语教学与研究，2020 (5)：18–22，55.

[7] 王莉. 指向学生思维品质培养的小学英语教学策略 [J]. 安徽教育科研，2020 (18)：69–70.

# “双减”背景下小学生英语结构化知识构建的教学策略研究

深圳市宝安区红树林外国语小学　李意新

**【摘要】**在小学英语教学中，通过整理同类知识进行归类复现、通过寻找知识连接点进行整合复现、通过布置生活化作业进行巩固复现，有助于提高知识的复现率，帮助学生构建更加有机的知识体系。

**【关键词】**复现；归类；整合；巩固；结构化知识

“双减”政策要求强化学校教育主阵地作用，让学生学习更好回归校园，提升课堂教学质量，提升学生在校学习效率，减轻学生过重作业负担。在英语教学中应坚持以学生的“学”为主，通过提高知识复现率，引导学生自主构建结构化知识。结构化知识是从不同角度和不同层次对主题展开阐述并建构逻辑关系而形成的概念结构。在这种概念结构中，主题与下级分支存在因果、主次、整体到部分、抽象到具体、现象到本质等逻辑关系[1]。小学英语结构化知识构建是学生实现语言自主学习，提高学习迁移能力的关键。知识复现是学生掌握语言、学习知识的重要基础。《义务教育英语课程标准（2011年版）》明确指出，英语教材的编写要依据语言学习的规律……并保证重要语言内容有较高的复现率。[2]在英语教学过程中，教师应在解读教材和备课过程中更加有机地整合单元与单元、册与册、年段与年段之间的知识，寻找它们之间的连接点，创设能够关照已学知识的教学活动，从而提高知识的复现率。

因此，在小学英语教学实践中，笔者探索了整理同类知识的归类复现、寻找知识连接点的整合复现以及布置生活化作业的巩固复现三种提高知识复现率的策略，来充分激活学生大脑中的知识储备，并在教学过程中以结构化知识为主线进行新旧知识归类、整合、巩固、扩充，深化学生对知识的理解，引导学生自主构建结构化知识，提高学生课堂学习质量，同时减少复习巩固类作业，减轻学生作业负担，让学生有更多的时间来提高综合语言运用能力。

## 一、归类复现，引导学生语言积累有序拓展

归类复现指在学习新知识时对已学的同一类知识进行复现，同一类知识复现给予学生更丰富的知识积累，帮助学生实现语言积累有序拓展，更好构建结构化知识。深港版小学英语第5册Unit 6 Our Fashion Show的核心词汇是衣物类词汇jacket、sweater、jeans、trousers、shorts、shoes、socks，教授本课时，笔者复现了学生已习得的衣物类词汇coat、skirt、dress、scarf、T-shirt、hat、cap等。在导入新课时，笔者从学生已知的这些衣物入手，让学生回顾这些词汇，接着由已知进入未知，用课件呈现本课新的衣物单词。在本课的拓展输出环节，笔者设计了趣味活动“穿衣戴帽”，让学生自主选择衣物为熟悉的卡通形象换装并进行描述，有学生回答：“Look，this is my Teddy. He's wearing a red hat. He's wearing a white T-shirt and brown shorts.”在此过程中笔者发现，归类复现可以给学生更开阔的表达空间，让学生表达不拘泥于本课所学的内容。

同样地，Unit 4 Fun with Shapes教材本身体现了对颜色系列单词的复现，如red circle、green triangle等，但教材只复现了常见的颜色单词red、blue、yellow、green，学生已经比较好地掌握了这些颜色词汇。而学生比较生疏的颜色词汇，如black、white、brown、purple等在教材中没有体现，这又恰恰是需要学生巩固的内容。因此，本单元每节课课前笔者通过带领学生唱颜色歌曲进行热身，唤醒学生对这些颜色词汇的记忆，接着在各种形状词汇教学中有意识地增加这类颜色词汇，如在教新词circle时，通过课件呈现不同颜色的circle，如black circle、brown circle、purple circle。通过这样有意识、有侧重归类复现，在结束该单元的学习时，学生已能灵活运用原本生疏的颜色词汇。

以上案例提及的衣物词汇或颜色词汇归类复现可以激活学生的知识储备，帮助学生巩固旧知识。更重要的是，学习是学习者根据已有的知识、能力、态度和背景对新信息进行积极转化、解释和意义建构的过程[3]，归类复现可以帮助学生更好学习新知。归类复现可应用于新课导入、课前热身、新知呈现和操练、拓展输出等环节（见表1）。

表1　归类复现示例

| 主题 | 旧知 | 新知 | 复现方式 |
|---|---|---|---|
| clothes | coat，skirt，dress，scarf，T-shirt，hat，cap | jacket，sweater，jeans，trousers，shorts，shoes，socks | 新课导入——头脑风暴；拓展输出——穿衣戴帽 |
| color | red，green，blue，yellow | black，white，brown，purple | 课前热身——热身歌曲；新知呈现和操练——操练渗透 |

## 二、整合复现，实现学生语言知识有机连接

整合复现是指在教授新内容时从词汇、句型、活动、角色替换中寻找与已学知识的连接点，有目的、有重点进行知识复现。

### （一）以词汇和句型为连接点

以词汇和句型为连接点进行整合复现即在教授新知时，在新的主题框架下教授新词汇或新句型时融入旧知中的词汇或句型，以旧带新。Unit 3 My Favourite Things的重点句型是“How many...do you have? I have...”，核心词汇是stamps、coins、soft toys、badges。在教授下一个单元即Unit 4 Fun with Shapes时，笔者创设了画一画、谈一谈的活动，课前让学生自由选择用几何图形如圆形、方形、三角形画一幅简笔画，在课堂上，笔者组织学生根据自己所画的图展开对话“How many circles/ triangles/ squares/ stars do you have? I have...”。在新的话题里实现了旧句型复现和新词汇学习有机整合。以词汇和句型为连接点可以帮助学生将已学知识活学、活用，避免知识僵化，避免学生只在stamps、coins、soft toys、badges语境中才会使用“How many...do you have? I have...”。

在设计Unit 7 Weather的教学时，笔者充分关照了上一个单元所学的词汇与句型。在Unit 7 Weather新授课中，在呈现了天气“It’s wet. It’s rainy.”等信息后，笔者展示了人们穿雨衣的图片，然后用Unit 6 Our Fashion Show的重点句型“Who’s wearing...”提问学生：“Who’s wearing the raincoat?”。这样一来，笔者便可以教授“The man is wearing a raincoat. The woman is wearing a raincoat.”，整合新、旧知识。笔者在呈现天气“It’s hot. It’s cold.”等信息时大量复现了Unit 6 Our Fashion Show及之前所学的衣物词汇如jacket、sweater、jeans、trousers、shorts、shoes、socks、coat、skirt、dress、scarf、T-shirt、hat、cap。学生在引导下能够输出丰富的语言，如“It’s cold. Put on your sweater/ jacket/ coat/ scarf. It’s hot. Take off your sweater/ jacket/ coat/ scarf/hat. Put on your shorts/ T-shirt/ shirt/ hat/ skirt/ dress/ swimming suit.”等。这很好地激活了学生对原有知识的记忆，让旧词汇在新句型中灵活、重复被运用，让旧句型在新情景中得以迁移复现。

### （二）以活动为连接点

教师在设计教学活动时应充分考虑知识复现，设计能够给予学生更宽广表达空间的活动，在教学活动组织过程中给予学生更有利于知识复现的示范引导，使教

学活动成为整合复现多方面知识的有效连接点。在第6册 Unit 2 Pet Corner Part B的教学中，笔者设计了猜一猜教学活动：游戏时，一学生面向同学、背向屏幕，通过句型“Does it...”向其他同学提问获取信息，以此判断屏幕上为何种宠物，其他面向屏幕的同学则通过“Yes，it does.”或“No，it doesn't.”帮助正在猜词的同学。猜词的学生可以提问：“Does it eat cat food?”。其他学生回答：“Yes，it does.”或“No，it doesn't.”学生参与游戏前，教师做了示范，先用本课所学的内容进行提问，如“Does it eat/drink...”紧接着，教师有意识使用学生已经习得的身体部位词汇eyes、ears、tail等提问：“Does it have long ears?”。在教师的引导下，参与游戏的学生能够努力运用原有知识储备丰富自己的表达，帮助自己更快获得想要的答案。在以活动为连接点提高知识复现率的做法中，教师示范起了关键作用，如果教师示范仅限于本单元或者本课的知识，那么学生表达很可能有局限。此外，如果学生在活动中主动使用了旧知，那么教师要及时予以肯定引导，鼓励其他学生在活动中整合应用旧知。

### （三）以角色替换为连接点

可在教学活动中通过替换角色营造新的表达情景，让学生在新的情景中整合迁移应用旧知。Unit 3 My Day Part A的重点内容是短语get up、have breakfast、go to school、have lunch、go home、do homework、have dinner、go to bed及其在相关句型中的运用。在拓展环节，笔者跳出教材所设计的人物角色，结合上一单元Pet corner的内容，大量运用了宠物图片，让学生看图说话。学生表现得异常踊跃，他们能够说出“The puppy is having breakfast.”等有趣的句子。角色替换为新授内容找到一个切入口，比起反复地说谁正在做什么，活泼的小动物显然更能激发学生的表达意愿。这个环节的练习不仅对新授重点短语进行迁移运用，也实现了旧知复现。

无论是以词汇和句型为连接点、以活动为连接点，还是以角色替换为连接点，整合复现要求教师对使用教材有纵向了解，能够灵活自主找到不同阶段知识的连接点，从而实现语言知识有机整合。整合复现让知识与知识产生连接，形成纵横交错的知识结构，让知识不再是单行线和孤岛。

## 三、巩固复现，促进学生语言交流有效实践

要达到巩固旧知识的目的，单纯靠课堂上进行词、义、形复现还不够，必须通过练习实践让学生对所学的知识加以运用[4]，让知识学习融入有意义的语言交流中，布置生活化作业可以让学生在真实的生活情景中进行有意义语言交流，有效巩

固语言知识，提高语言运用能力[5]。

第六册Unit 1 Our Favorite Subjects Part C的教材内容是一个关于鹦鹉Pinky的故事，其再现本单元的教学重难点“He/She likes .... He’s/She’s  good at it”等。在课后作业中，笔者布置了“猜猜ta是谁”的作业，让学生用所学的英语尽可能详细地描述本班的一个同学，由其他同学来猜猜他是谁，学生描述得越详细则得分越高。布置作业时，笔者做了示范，引导学生回顾了描写人物可能用到的句型，笔者说：“I have a good friend at school. He’s tall and thin. He has big eyes and big nose. He can sing. He likes PE. He is good at badminton.”。经过这样的示范，学生在作业中不仅应用了本单元的重点句型，还大量运用人物外貌特征描写的句型以及“He/She can+动词原形”等句型。

Unit 4 My Day Part B部分的教学重点是“What lessons do you have on Monday/Tuesday/Wednesday...? I have maths/English...”。其中，科目词汇是第六册Unit 1的重点词汇。因此，布置作业时，笔者结合学生的生活实际，让学生制作英语课程表，并用英语说说最喜欢哪一天的课、原因是什么，目的在于引导学生回顾喜欢的科目和擅长的科目。有学生回答：“I like Wednesday and Friday. I have music on Wednesday and Friday. I like music. I can sing very well.”。学生在知识应用中达到巩固目的。

生活化作业要求学生用英语做事，需要综合应用各阶段的语言知识。教师在布置生活化作业时要重点考量任务是否真实，是否符合学生的认知水平，能否激发学生完成作业的意愿。教师布置作业前对学生进行示范引领时要体现知识整合、旧知复现，通过课后生活化作业，搭建起新旧知识之间的桥梁，让零散的知识得以整合重现，在应用中构建更加生动、更易被理解的知识网络。

## 四、结语

小学英语学习的关键在于语言知识的积累、迁移和运用。“双减”背景下，既要确保学生在校内学足、学好，还要减轻学生过重课业负担。通过归类复现、整合复现和巩固复现的教学策略，教师可以更加有效提高小学英语教学中的知识复现率，学生可以更加自主构建结构化知识，从而提高学习效率。此外，这些教学策略的使用让课堂一定限度上达成了作业承担的复习巩固功能，减轻了学生的作业负担，提高了学生学习语言的能力。因此，一线教师可以尝试在课堂教学中常态化归类和整合复现，在课后作业中布置生活化作业进行巩固复现。

教师要灵活常态使用归类、整合和巩固复现，不仅需要充分了解单册教材的整体知识架构，还要熟知整个小学阶段的教材，尤其是同一主题、同一系列内容在教材中的分布情况。具体而言，从年级的角度，要了解已学习的教材和将要学习的教材之间的联系；从模块的角度，要了解同一主题已学过的模块和将要学习的模块之间的联系；从单元的角度，要了解相同话题已学过的单元和将要学习的单元之间的联系。这样，教师在组织教学时才能更好整合复现知识，才能更好打通前后知识的脉络，帮助学生构建结构化知识。

## 参考文献

［1］张秋会，王蔷．浅谈文本解读的五个角度［J］．中小学外语教学（中学），2016（11）：11-16．

［2］中华人民共和国教育部．义务教育英语课程标准：2011年版［M］．北京：北京师范大学出版社，2012．

［3］朱茜，徐锦芬．国外优秀英语教材词汇和语法的布局、复现及练习方式［J］．外语教学理论与实践，2014（4）：25-33，93．

［4］陈玮．遵循记忆规律　优化知识复现［J］．山东教育，2008（14）：25-26．

［5］李唯，李翠丽．小学生英语“生活化”作业有效设计研究［J］．基础教育论坛，2014（3）：52-54．

# 教育源于生活

## ——浅谈小学英语课堂教学生活化

深圳市宝安区松岗第三小学　王阿妮

【摘要】《义务教育英语课程标准（2011年版）》要求创造性地设计贴近学生实际的教学活动，吸引和组织学生积极参与到英语课堂当中。因此，教师应努力创设生动和真实的语言环境，让学生在日常生活中学习英语，从而积极参与到英语学习中，形成学习英语的兴趣，提高学生在动态真实环境中使用英语进行活动的积极性，让日常生活走进英语课堂。

【关键词】小学英语；日常生活；积极参与；兴趣爱好；英语课堂

著名教育家杜威说过："教育即生活，即生长，即经验改造。"中国教育家陶行知从中国的实际出发，提出"生活即教育"的思想，把教育同整个生活联系起来，通过各种社会实践真正做到教、学、做合一。因此，在日常的英语教学工作中，笔者努力创设生活化的教学氛围，生活化英语教学有助于学生用真实的方式来应用所学的知识，从而积极参与到英语教学中。那么，如何在小学英语教学中进行生活化教学呢？

### 一、创设真实生活的课堂教学环境，提高学生课堂参与积极性

在《义务教育英语课程标准（2011年版）》的指引下，笔者努力创设生动和真实的语言环境，让学生在自主学习、合作学习中逐渐形成学习英语的兴趣，让生活融入课堂。

#### （一）运用实物教学手段，创造生活化的英语课堂

实物教学最常出现在小学英语低年段教学中，深圳版英语教材小学一、二年级是口语交际教材，主要培养学生的英语听说能力，一、二年级的学生初学英语，积极性很高，但是年龄很小，语文基础知识欠缺，所以在英语课堂上采用实物教学是非常必要也非常有效的。教师可以根据教学内容，就地取材。例如，在教授pen、 pencil、ruler、book、toy-bear、doll、pillow、long、short、soft、hard等单词时，笔者直接以学生手中的文具和午休抱枕作为教学案例，这样学生不仅印象深刻，还觉得非常亲切、有趣（“Show me your pen. Show me your pillow. My ruler is long，but your ruler is short. My pillow is soft，your pen is hard.”）。也可以用教室里的一些物品进行巩固，信手拈来，方便自然，学生易懂易记，如“Open your pencil box. Close your book”等内容，学生感觉特别熟悉，而且在实际生活中学习语言，记得更牢。通过学习这种生活化的英语知识，学生觉得英语这个第二语言并非离自己很遥远，而是与生活息息相关，走到哪里都可以碰触到英语，这促进学生主动学到的英语知识运用到实际中，并让他们更进一步学习探索，走出教室开拓更广阔的“课堂”。单一的教学环境容易使学生感到厌倦，和学生生活很贴近的教学内容可以把学生带到真实的环境中去。

对于中高年段的学生，英语学习不仅仅是听说能力的培养。教师要提高学生英语阅读能力、英语写作输出能力以及英语基础语法运用能力，若日常的英语课堂让学生难免疲惫，教师使用实物教学则会让他们很兴奋，实物教学能增加英语教学的趣味性，让学生愿意积极参与到老师的英语教学活动中。

比如，牛津英语教材四年级下册Unit 2 Smell and Taste的核心内容就是学生通过闻气味和品尝味道来判断不同颜色的果汁是什么水果汁，语法核心是学生学会表达一般疑问句和选择疑问句，并最终能够画和写出自己喜欢的果汁。在设计该单元第三课时教学活动的时候，笔者用实际生活中真实喝的果汁来进行教学活动，如orange juice、watermelon juice、strawberry juice、grape juice、kiwi juice、mango juice、pineapple juice等不同颜色的果汁，让学生真正去闻和尝，从而判断出是哪种果汁，该课时最后的环节就是让学生在品尝各种果汁后写出自己喜欢的一种或者几种果汁。

该课时中有一个Play a game的环节，学生四人一小组，每小组分到一种果汁，小组成员通过核心句型一问一答、一闻一尝，最终确定该小组果汁的口味，然后由两位小组成员进行展示汇报。整个环节学生积极性高、参与度高。最后，每位学生就自己喜欢的果汁写出不少于五句英语。整节课每一个学生都很积极、认真。最后的展示汇报环节，笔者特意选了几个英语水平并不高的学生，惊喜地发现他们也可以说出来，笔者从他们的脸上看到了自信。下课笔者找了个别的学生聊天，他们表示很愿意上这样的英语课，它就像一场果汁品鉴大会。

这节课对笔者的启发很大，让笔者想到了曾经听过的芬兰英语老师上的一节课——Making birthday cake，其中学生真正地参与制作蛋糕。这让笔者对自己平时的英语教学活动设计进行了反思，日常设计教学活动可能更注重精美的课件，缺少全体学生参与，导致很多环节的设计目标性不强，学生小组合作学习也没有扎实、有效进行，学生说英语也仅限于课堂，依然不会用英语表达课后日常生活中吃的水果、喝的果汁，当然，英语课堂学生参与也很有限。

### （二）教材处理生活化，让英语贴近学生

要用教材教而不是教教材。一拿到教材，教师首先要研读教材，分析教材，根据学情进行教学设计从而进行教学活动实施。小学英语教材内容贴近学生实际的生活和学习，插图生动形象；话题简单有趣，富有文化底蕴。教材涉及的知识点大多是日常生活中遇到、能经常运用的知识，如学生爱逛的公园、动物园，学生喜欢吃的水果、牛奶、冰激凌，学生挂在嘴边的一些日常礼貌用语等。然而仅靠书中的知识点不能为学生感知、理解、记忆和运用英语创设最佳的语言情景。因此，教师要在分析教材的基础上联系学生的实际生活进行适合学生的教学设计。

以牛津英语四年级下册Unit 5 Sport为例，该单元主要讲的是球类运动社团的话题，提到社团，学生们再熟悉不过，因为大部分学生在学校会参加社团，所以针对该单元笔者没有一开始就讲运动项目，而是从社团这个学生都很熟悉、很感兴趣并且贴近他们实际校园生活的话题入手，三个课时的话题分别是“Clubs in our school”“Sport clubs”“My friend’s favourite club”。第一课时笔者主要和学生们探讨本校有哪些社团，学生加入了哪些社团，以及他们在加入的社团里能做什么、喜欢做什么，以教会学生关于不同社团的正确英语表达。这些话题贴近学生的实际校园生活，所以大部分学生的积极性很高，都愿意用英语表达自己的兴趣爱好以及自己所在的社团，同时学生学习了各种关于社团的英语专业词汇。第二课时笔者回到课本，就运动项目社团和学生们进行探讨，讨论他们喜欢的运动项目以及可以加入的运动社团，同时让他们掌握单元核心句型和单词短语。第三课时笔者让学生分小组谈论自己和同伴的爱好以及喜欢的社团，同时让他们掌握单元语法第三人称单数的使用规则。

该单元的三个话题设定从全体学生真实的社团课出发，设定的单课时话题与学生实际生活息息相关。学生有话可说，愿意积极参与到课堂的话题讨论中，同时能够学习到很多课本上没有但实际存在的社团的英语表达。教师这样真实生活化处理教材，唤起了学生头脑中已有的生活经验，并驱使学生从丰富多彩的生活中挖掘更多的英语表达内容。这种方法运用到日常英语教学中，既丰富了教学内容，又拓宽了学生的视野。

### （三）真实家庭成员举例教学，将英语用到最熟悉的人身上

英语教师要注重语言实践，培养学生的语言运用能力，提升学生“用英语做事情”的能力。即使在深圳这样的大城市，依然有很多孩子学英语仅仅为了应付考试，英语并没有起到语言工具的作用。

例如，学生上课可以谈论课本上的角色Kitty、Alice、Ben、Joe等的家庭成员及他们的喜好、长相，但很少说自己，更不愿意谈论自己的家庭成员。究其原因，可能是小学生没有这种知识转化意识，学英语就学书本上的，甚至能把课文熟练背诵下来，但无法谈论自己的家人及朋友；还可能是一旦离开课本就某一个话题谈及生活中真实的人物时，学生就不会说了，对于好多词汇不知道如何用英语表达。比如，在讨论父母的工作这个话题时，课本上的职业是teacher、doctor、driver、firefighter、policeman，但对于一些孩子来讲，他们的父亲在外挣钱养家，母亲在工厂上班，或者全职在家等，父母的职业并未体现在课本上，所以在备课时，笔者就想到如果只教学生课本上的知识，让他们积极主动谈及身边人的工作根本不可能。于是笔者私下了解了很多学生父母的职业，并查阅了用英语怎么表达这些内容，比如，工人（worker）、工厂老板（factory owner）、全职妈妈（full-time mother）、生意人（businessman）、店主（shopkeeper）等，这样学生在课堂上才能够去谈论自己的家人。

再如，在My family这个模块的复习课时，由于复习课的目标是让学生从name、age、job、appearance、clothes、hobbies、abilities这些方面谈论自己的家人，课程一开始，笔者就拿自己的姐姐举例，有照片、有导图、有语篇，图文并茂，然后让学生拿出自己家庭成员的照片根据导图提示谈论自己的家人。

用家庭成员举例教学，将英语用到最熟悉的人身上，这可能需要老师在上课前做大量的准备工作，甚至了解学生的各种背景信息。这样的英语课能让学生感受到英语离自己很近，英语就在自己的生活当中，英语课好像就是在谈论自己身边的人和事，这样学生自然愿意投入英语教学活动中了。

## 二、利用家庭作业，将课堂教学生活化落到实处

作业除了有巩固课内知识、技能的功能，还有社会化、生活化的特点，而不应只是机械操练。《义务教育英语课程标准（2011年版）》把培养学生基本英语素养、发展学生思维能力和提高学生综合人文素养作为英语教学的基本任务。因此，教师在设计课外作业时要做到注重趣味性、实用性、创造性，这样不仅让学生语言

学以致用，培养学生的创新能力，而且能使学生走出学校、走向社会、走进生活，有利于学生素质全面发展。下面是一些笔者常用的简单易行且丰富多样的英语课外作业示例。

一是听说类英语作业。一、二年级学生把课堂所学的英文小故事表演给家长看，并让家长一起表演，提出宝贵的意见。中高年级的学生周末等看英文电影、听原版英文儿童歌曲、听英文绘本故事，教师可以每月在班级开展一次英文歌曲比赛，评选出“英语小歌星”，或举行英语讲故事比赛，评出“英文故事大王”，这样一来学生学习英语的兴趣会更加高涨。教师要引导学生课外用英语与他人交流，多给学生创设说英语的条件，逐渐培养学生英语思维习惯，教师可让学生每天坚持与家人互致问候语，也可在班里制定英语交流制度，组织学生用英语相互问候。

二是采访汇报类英语作业。为了拓展教学内容，给学生提供更多在生活中说英语、写英语的机会，在学生学习了“What’s your favourite colour /subject /sport /animal/music/festival?”等内容后，笔者布置了让学生课后当小记者的活动——学生可以就这些话题采访同学、朋友、家人，这样学生能在真实的活动中体验用英语交流的乐趣和英语的魅力，最后学生要记录下采访内容，做一回“小记者汇报”。

三是动手操作类英语作业。比如，Around my home这个单元后，笔者布置的作业是让学生观察自己家周围的路线以及建筑物，绘制一张地图，然后拿着自己绘制的地图描述自己家的具体位置以及周边的标志性建筑物。作业完成后，大部分学生能够掌握建筑物名词、方位介词以及There be句型的用法。

四是日常生活类英语作业。笔者鼓励学生给生活用品等制作精美的英语标签，学生制作标签、设计标签时非常用心，这样既可帮助学生记忆单词，也能提高书写水平。笔者还让学生收集摘抄生活中随处可见的英语缩写、英文广告标牌，如WTO、CCTV、VCD、kg、E-mail、Windows、Merry Christmas等。通过这一作业，学生会为自己能发现并学到这么多的课外英语而高兴。

托尔斯泰说：“成功的教学所需要的不是强制而是激发学生的兴趣。”教师应设计选择性强、更生活化、可以让学生拥有更多选择和更大的发展空间，且能满足不同类型、不同层次学生心理要求的作业，让全体学生各尽其思、各展其能，激发他们做作业的兴趣，从而提高作业质量。

## 三、结束语

陶行知先生认为，生活教育是以生活为中心之教育，生活与教育是一个东西，它们是一个现象的两个名称。生活即教育，是生活便是教育；不是生活便不是教育。教育源于生活，学生学习英语不是因为英语“高大上”，不是为了应付考试，而是为了让英语这个语言工具更好为实际生活服务。学习源自生活。诚然，五彩缤纷的生活既是语言的源头，也是运用语言的沃土。只有让英语走进生活，生活才会让英语教育大放异彩。

## 参考文献

［1］中华人民共和国教育部．义务教育英语课程标准：2011年版［M］．北京：北京师范大学出版社，2012．

［2］教育部基础教育课程教材专家工作委员会．义务教育英语课程标准（2011年版）解读［M］．北京：北京师范大学出版社，2012．

［3］徐文娟．小学英语单元整体教学理念下的读写教学实践［J］．中小学外语教学（小学篇），2020（1）：19-23．

［4］陶行知．生活即教育［M］．武汉：长江文艺出版社，2021．

［5］郭海艳．浅谈小学英语课堂教学生活化［J］．考试与评价，2017（12）：148．

# 拒绝虚假主体性，打造学习共同体

## ——牛津英语深圳版五年级下册Unit 4 Buying Books教学案例

深圳市宝安区福新小学　王　婧

【摘要】在新的教育教学理念的倡导下，在新课标的指引下，课堂教学已经逐步转向以学生为主体、以教师为主导的模式，但是在实际课堂教学中部分教师还是倾向于抓紧主动权，不敢放手让学生自主尝试，或者认为给时间让学生讨论而不做任何引导评价就是凸显学生的主体地位，导致改革进程缓慢、效果不佳。教师应真正做到尊重学生的主体地位，在教学活动设置、教学环节推进中、对学生评价时注意是否真正发自内心让学生参与了有效学习。

【关键词】学生主体；学习共同体

佐藤学在《静悄悄的革命：课堂改变，学校就会改变》一书中提到了教学中的“主体性假象”这一说法，他20年来观摩过数不清的教学课，发现很多课堂教学都笼罩在“主体性”神话的教学中。尽管学生踊跃发言，表面看起来非常活跃，但实际上学生学习内容杂乱、学习质量低下，教育被表面化，陷入了浅薄与贫乏的困境。笔者也追求过那种“学习氛围很浓”的课堂，但是最终，笔者还是选择了慢下来，等一等，用心听一听，真正把课堂还给学生。

本节课是牛津英语深圳版五年级下册Unit 4的第一课时。课堂教学基本上按照笔者的教学设计有条不紊进行，总体来说，笔者觉得本节课进行得很顺利，学生的反应让笔者很满意，这节课虽然课堂呈现偶有瑕疵，但是学生的优秀表现充分肯定了笔者的教学设计。从备课到上课，笔者在某些方面发现了自己不曾关注的东西，收获很大，归纳为以下几点。

### 一、着眼单元，整体设计课时

本单元的课题是Reading is fun，listen and say部分主要内容为Kitty和Alice在书店里挑选准备购买的书籍的对话；look and learn主要是对dictionary、magazine、newspaper、storybook四个单词的学习；look and read部分是关于小朋友为即将到来的Book Week（读书周）做准备的篇章；write and say部分是一个介绍自己喜欢的图书的小练笔；ask and answer部分主要涉及在英美文化中对于楼层的不同表达方式，同时在语言运用方面涉及be going to的一般疑问句；learn the sounds部分主要是学习字母i和字母组合ie发/ai/的音，内容构成单词和chant语篇；本单元最后一个部分是一个culture corner，介绍在英国和美国，楼层第一层的表达方式是不同的。仔细研读完整单元的内容分布之后，笔者决定将本单元的主题确定为“Reading is fun”，下设两个分话题，分别是“Buying books”和“Book Week”，虽然核心语言涉及学生从未接触的be going to，但是综合学情考虑，笔者觉得核心语言难度不大，因此笔者大胆地将本单元设计成两个课时来完成。虽然有些冒险，但是笔者认为值得尝试。笔者将listen and say、look and learn、ask and answer和culture corner部分整合为第一课时，主要基于语境需要，在书店买书一定会涉及书店的楼层分布、图书的种类等内容。由于内容比较多，在备课的时候笔者也担心一节课的时间不够，或者学生接受不了那么多信息，但是上完课之后笔者发现学生的能力比想象中强大，一节课的容量刚好，而且学生反馈的结果是很不错的，所以这节课的单元内容统整尝试是成功的。

## 二、语音导入，培养拼读能力

在课堂伊始，笔者为学生展示了自己编写的一段关于字母i以及字母组合ie在单词中的发音/ai/的诗歌。首先展示含有字母i以及字母组合ie的图片和单词，让学生认读；然后逐句展示含有字母i以及字母组合ie的单词相关的语篇，让学生尝试朗读；接着让学生在音乐节奏的带领下再唱一遍，让学生反复感受字母i以及字母组合ie在单词中的发音；最后根据诗歌的内容顺势提问学生：“Do you usually read books? What books do you know?”，这样既充分利用了这段自编语篇的价值，又能自然地引出新课reading和books的话题。教师费尽心力编写出较为合理的材料，就一定要想办法让这个材料的价值最大化，为教学服务做到物尽其用。

## 三、关注生成，抓住育人契机

很多时候教师上课重心都放在自己的流程上，为了赶流程会忽略掉学生传递的重要信息。在本节课中，笔者意外地从学生的回答中发现了很多亮点。在Free talk环节，笔者让学生讨论自己喜欢读哪一类书，并且说明原因。有个学生说：“I like reading storybooks. I usually read storybooks go to bed.”。这段表达在语法上有些许错误，但是笔者惊喜地发现了他想说的是“I usually read storybooks before bedtime.”。

在纠正了他的错误表达之后笔者马上及时肯定了他睡前阅读的习惯。如果笔者只关注了这个学生的语言表达，那么笔者只会针对他回答中的不足部分给予纠正，但是笔者认真倾听了他的回答，从中发现了他潜藏的良好的学习习惯并予以肯定。很多时候，教师在课堂上只关注学生的语言表达是否准确流利，只看语言本身正确与否，而忽视了学生在进行表达时是带着怎样的态度，忽视了语言背后更深层次的信息。这节课让笔者开始反思日常的课堂教学中，是否在教授学生知识的同时做到了育人。佐藤学曾提到，在教室里的交流中，倾听远比发言更重要。然而，部分教师仍然以学生的“发言”为中心，而并不认真仔细“倾听”。如果教师只注意自己的教学进度，并没有想准确接住学生的每个发言，未能与那些学生的想法产生共振，持续下去，学生会慢慢变得讨厌发言，同时教师会错过很多教育契机。

## 四、合作学习，凸显主体地位

本节课笔者在Free talk环节让学生开展了两人小组的对话练习活动；在listen and choose环节，让学生先两人一组讨论Alice和Kitty可能买什么书；处理课本练习时让学生在默读之后小组内展开讨论并检查答案；在跟读回答问题环节让学生独立思考之后再开展小组讨论；在巩固拓展环节留给学生充足的时间来进行对话练习；在总结整堂课的时候，笔者让学生小组内分享自己本节课的所学所得，再全班分享。纵观整节课，笔者留给学生的自主学习时间是充足的，让每个学生都有机会参与课堂讨论。只靠老师点名回答问题，机会是非常有限的，而小组合作的学习模式能有效地在有限的时间内让每个学生都参与课堂、开动脑筋、分享交流，这也是笔者平时课堂教学的一贯做法。

## 五、归纳总结，加强学法指导

部分教师似乎只专注于“教法”，拼命学习研究各种教学技能和方法，而忽略了学生的“学法”。教师的教学对象是一个个活生生的人，而且学习是没有止境的，不是教给学生多少东西他们就能学到多少东西。每个学生的理解领悟能力、学习态度、学习外部条件等都不相同，因此，让学生找到适合自己的“学法”显得更为重要。在本节课，笔者不仅在课堂结束之前让学生从词汇、句型结构知识方面对本节课进行了回顾总结，还让学生归纳针对某些知识点效果最佳的学习理解或者记忆方法，这种从学生的角度总结出的学习方法才是适合他们和真正有效的。同时，在课堂教授过程中，笔者及时发现了学生容易错误使用of和for，在多次纠正仍然犯错的情况下，笔者将这两个词板书到黑板上，并且特别强调二者区别，让学生印象深刻。本节课之后，学生对这两个词的使用再也没有出过错。

纵观整堂课，笔者都在坚持一个中心——创造以“学”为中心的教学环境，在教室中实现“活动、合作、探究学习”。在课堂互动中，不仅学生在相互交往中共同成长，笔者也通过聆听学生的发言内容，明白了他们的言语中包含的想法。抓住每一个教育契机，构筑教室里的“交往中培育”的师生关系，创造学习共同体，本节课是一次积极有意义的尝试。

## 参考文献

［1］中华人民共和国教育部. 义务教育英语课程标准：2011年版［M］. 北京：北京师范大学出版社，2012.

［2］佐藤学. 静悄悄的革命：课堂改变，学校就会改变［M］. 李季湄，译. 北京：教育科学出版社，2014.

# 基于ARCS模型①的小学英语线上教学设计与实践

深圳市宝安中学（集团）外国语学校　曾晓冬

【摘要】本文笔者结合了线上教学实践经验，分析了小学英语线上教学存在的问题，并提出如何基于ARCS模型进行小学英语线上教学设计，从而提高小学英语线上课程实效。

【关键词】ARCS模型；小学英语；小学英语线上教学设计

2018年，教育部印发了《教育信息化2.0行动计划》，这标志着教育信息化2.0时代的到来。[1]该文件提到推动从教育专用资源向教育大资源转变、从提升师生信息技术应用能力向全面提升其信息素养转变、从融合应用向创新发展转变，努力构建“互联网+”条件下的人才培养新模式、发展基于互联网的教育服务新模式、探索信息时代教育治理新模式。另外，随着微课、翻转课堂、慕课等出现，线上线下教育相结合的趋势不可阻挡。

在政策和数字时代的双重要求下，学生线上课程的实效尤为重要。基于2020年线上教学的现状，笔者通过访问学生等，发现线上教学存在以下问题。第一，课堂互动受影响。英语作为外语语言类的学科，教学过程中较为强调生生交流、师生互动，而线上教学是师生隔空对话，部分学生由于缺乏面对面交流导致参与课堂的积极性下降。线下教学相对线上教学,互动形式更加多样化，线下课堂教师可以借助实物、肢体动作等与学生实现互动，调动学生的课堂参与度。第二，教师无法及时收到反馈。在线上课堂，教师无法像线下课堂那样观察学生的表情、笔记、感知整体课堂氛围等。教师由于无法收到及时反馈，难以获知学生学习难点，难以及时调整教学策略。第三，学生面临着注意力和自制力挑战。小学生由于自身年龄特点和心理发展特点，面临着无法长时间保持注意力的问题。网络化学习的过程还包含着干扰信息和无关信息，学生自主学习的时间和质量都难以保证。

① ARCS模型是由美国佛罗里达州立大学教授约翰·M. 凯勒于20世纪80年代提出的一个教学设计模型。所谓ARCS，是Attention（注意）、Relevance（关联）、Confidence（信心）和Satisfaction（满意）四个英文单词的首字母缩写。

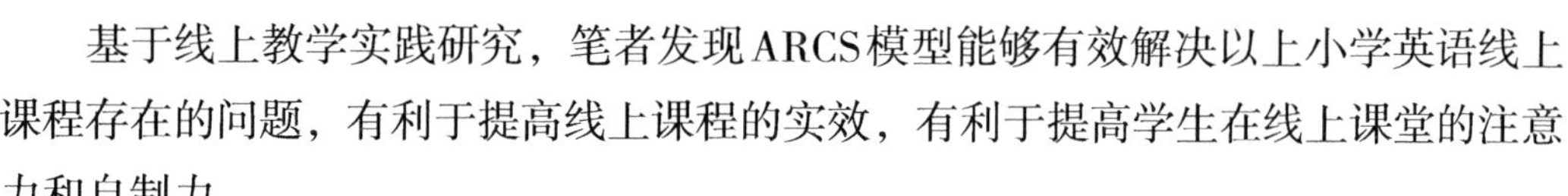

基于线上教学实践研究，笔者发现ARCS模型能够有效解决以上小学英语线上课程存在的问题，有利于提高线上课程的实效，有利于提高学生在线上课堂的注意力和自制力。

## 一、ARCS模型理论的内涵

ARCS模型是教育学者约翰·M.凯勒在论文中提到的激励模型（见表1），它可以激发学生学习动机。[2]

表1　ARCS模型各元素及其说明[3]

| ARCS元素 | 说明 |
|---|---|
| 注意（Attention） | 教师需吸引、维系学生的注意力 |
| 关联（Relevance） | 教师需让学生了解学习内容和活动，将其与学生个人、职业、社会背景关联起来，而不是让学生为了学而学 |
| 信心（Confidence） | 教师需要在内容设计上，让学生感觉自己能够学好，也不会过度自满，形成知道的幻觉 |
| 满意（Satisfaction） | 教师需要在让学生产生掌握了内容的满足感 |

注意是指教师通过教学设计来吸引学生和维持学生的注意力，包括知觉唤醒、激发探究兴趣等。

关联是指教学要与学生的知识背景、个人需求和生活经验联系起来。因为与自身相关的事物，更容易引发学生的关注，包括熟悉化、目标定向、动机匹配。

信心即通过各种方式来增强学生的学习信心，维持学生对成功的渴望，包括期望成功、挑战情境、归因方式等。

满意是让学生感受到学习的价值、学习的快乐，让他们在学习中获得满足，包括自然的结果、积极的结果、公平等。

## 二、ARCS模型视角下小学英语线上教学设计原则

基于ARCS模型，笔者提出小学英语线上教学设计原则，并以教学案例阐述这些教学原则的具体运用。

### （一）趣味性原则

借助ARCS模型，教师可以从理性的层面分析教学各环节应如何设计，了解学生的兴趣爱好，并通过问题和活动的设计等来激发和保持学生对线上课程的兴趣。例如，针对小学生好奇、好动的特点，教师课前可以借助游戏、歌曲、比赛、角色

扮演等方式开展趣味性强的线上活动，激发学生的兴趣；课中可以通过问题设计和主题活动不断深化保持学生对课程话题的好奇心。

### （二）关联性原则

ARCS模型中的关联元素强调学习内容要与学生有一定的相关度，需要让学生看到学习内容对自己的价值。此外，《义务教育阶段英语课程标准（2011年版）》强调语言学习的实践性，主张学生在语境中接触、体验和理解真实语言，并在此基础上学习英语。[4]克拉申在输入假说中提及语言学习的可理解性、趣味性和关联性。理想输入应该具备可理解的语言输入，以及根据情景增加生动有趣的语言材料。[5]依照上述要求进行线上教学设计时，教师应注重关联性原则，注意分析学生的旧知和新知，设计较为真实的语境，把学生的实际生活与语言学习关联起来。

### （三）提前准备原则

ARCS模型中的信心元素要求让学生感觉到自己有信心和能力挑战学习任务，教师可以事先帮助学生明确此节线上课的学习目标，让学生明确学习的方向。另外，教师可通过同伴互助、师生交流、自我总结等提升学生对学习的自我监控能力。

### （四）结果检验原则

由于失去了面对面的交流，有时学生无法从教师的肢体语言中获取教师的评价。教师应让学生产生掌握了内容的满足感。教师线上教学可以通过开展少量多频的形成性测评、师生讨论交流等方式，让学生有渠道、有标准进行自我评价，在此过程中培养学生的自我效能感。

## 三、ARCS模型视角下小学英语线上教学设计案例分析

笔者结合牛津英语深圳版二年级下册Animals I like第一课时Animals I see的线上教学实例，谈谈如何基于ARCS模型开展线上教学实践。

### （一）设计激发和保持学生注意力的线上教学活动，体现趣味性原则

《义务教育阶段英语课程标准（2011年版）》明确提出，学生应该有学习英语的愿望和兴趣，乐于参与各种英语实践活动。结合ARCS模型，教师应该以新颖有趣的方式引入话题，在课中变换教学方式，保持学生的注意力。

### 1. 丰富课前活动，引起学生关注

单纯的文字资料和教师讲述很难长时间吸引学生的注意力，教师应该利用各种媒体形式激发学生的兴趣。教师可以通过拍摄与单元主题相关的小视频，并提出开放性的问题，引发课堂讨论。例如，Animals I see一课中课前教师播放游览动物园的视频，并问学生："What animals do you like?"。这既拉近了师生的距离，又提供了师生交流互动的机会，还让学生与现实世界产生关联，吸引了学生的注意力，提高了学生的学习积极性，增强了沉浸感。

课前教师可以展示学生的优秀作业（优秀书写作业、语音视频作业），充分利用学生的作业资源，加强学生与学生之间的互动。教师还可以利用平台的游戏功能，把知识点和游戏结合，营造趣味性和挑战性，激发学生的兴趣，最大限度地调动学生的积极性。

### 2. 课中变换互动方式，吸引学生的注意力

教师可运用多种方式让视频具有互动性，如在视频中让学生做简单笔记，让他们在论坛中有所回应；在特殊的时间点暂停视频，中途插入问题，让学生进行自主探索思考；也可随机点名或是利用开放平台的互动消息发送功能，加强授课过程中沟通。无论使用何种方式，教师要确保学生能够积极参与到学习当中，还要确保学生在观看视频的过程中有事可做。

## （二）建立起学生与知识、课堂连接，体现关联性原则

### 1. 创设真实的语境，让学生在语境中进行语言知识学习

教师基于学习内容创设真实的语境能够让学生在知识与现实生活之间建立起连接，提高课程的体验感。以Animals I see为例，学生需要掌握的核心知识是"What are they? They are..."有关动物的颜色、喜好等句型。为了让学生在语言学习时有全方位、多角度体验，让学生用语言表达思维并体现句型的真实语用功能，本节课教师创设了导游Miss Li带领Kitty和Eddie参观动物园第一站（动物照片展）的语境，让学生通过阅读、制作"动物信息小卡片"掌握目标语言内容。

### 2. 利用作业，增加真实体验

英语学习最终目的之一是发展综合语言运用能力，教师需要关注知识与生活相连的多样化的实践作业。以该课作业为例，学生在学完课程内容后，需要通过画画、拍照等方式呈现动物相关素材，并用核心句型介绍动物的颜色等特征，最终上传视频。作业内容素材源于生活，可以让学生感受到自己所学知识是有用的，从而激发学生线上学习的积极性。

### 3. 了解学生的个性化需求，并开展针对性辅导

由于学生的认知水平各异，同样的视频学习无法满足众多学生的需求。在课前教师可以设计导学案，提前将导学案发给学生。学生通过导学案可以清晰地知道本课重难点以及学习内容，并能将疑惑反馈给教师。

线上授课后教师可以用腾讯文档等收集学生的学习难点，教师借由表格分析学生的学习需求，并可以通过微信群交流，或是通过录制微课视频进行专题指导，满足学生的个人需求。

## （三）帮助学生明确线上课的学习目标，体现提前准备原则

学习指引卡能帮助学生清楚了解自己的课堂任务和学习步骤。Animals I see一课的学习指引卡如表2所示。

表2　　Animals I see学习指引卡

| 课前准备 | 英语书、英语本（四线三格）、铅笔、橡皮 |
|---|---|
| Learning target（学习目标） | ①掌握elephant、giraffe、snake、zebra的音、形、义<br>②能了解并简单描述elephant、giraffe、snake和zebra四种动物的外貌特征和喜欢的食物<br>③能初步运用句型“What are they? They are...”询问和回答所指动物的信息 |
| Think by yourself（自主思考） | What animals do you like?<br>Can you try to introduce your favorite animal? |
| Watch the video（微课学习） | 观看视频并积极思考 |
| Sum-up（小结） | 单词：elephant；giraffe；snake；zebra<br>图案：<br>名称：They are ____________.<br>颜色：They are____________.<br>食物：They like____________. |
| Resources（资源） | 歌曲：*Walking in the jungle*<br>绘本：*Dear Zoo* |

## （四）优化评价奖励机制，提高学生满足感，体现结果检验原则

### 1. 设计少量多频的小测

少量多频的小测能加强学生对学习的自我掌控感和自我监测能力。授课开始，教师有足够时间让学生完成课程指引，让学生清楚课程目标。课中教师可以利用讨论、提问、小测试加强学生的自我学习监测能力，腾讯课堂可以在授课的过程中下发小测试，学生进行作答后，系统会立刻统计学生的作答情况。

形成性评价测试目的在于监测学生的掌握程度。需要注意，教师应将测试视为一次学习的契机，而不是只用来评估学习效果。教师利用少量多频的小测可以有效地激发学生的学习进取心，而不是使学生失去学习的动力。教师也可以通过线上平台统计数据，及时关注学生对知识的掌握情况，可以针对高频的错题及时进行讲解。

**2.利用不同平台有针对性地评价作业**

学生利用QQ作业群、班级小管家、作业登记簿等平台上传音频、照片等作业。教师可以利用平台推出的订正作业功能及时反馈需要修改的作业。小打卡微信小程序可以用于督促学生养成打卡好习惯，学生还可以看到同伴的阅读计划和阅读感受，也可清楚地知道自己的打卡情况在同伴中的排行。

**3.内部满足感和外部奖励相结合**

教师可以组织学生进行阶段性线上总结会议，开展线上学习学法交流，让学生互相推荐好的学习经验。教师利用此类活动可以培养学生的自我内部满足感。

教师还可以利用奖状等奖励学习积极者，教师在线上教学过程中可以定期对听课互动次数多、作业完成好的学生进行即时反馈和总结性奖励，可颁发“自律好榜样”“早读小标兵”“书写小达人”“互动小达人”等奖状。学生可以依据积分的高低进行线上抽奖，抽奖内容可以多样化。

## 四、总结语

利用ARCS模型指导小学英语线上课程，可以激发和保持学生的学习动力。ARCS模型让教师可以从多个维度、多个层面关注学生的学习动力。教师在设计线上学习内容时应该关注教学内容，好的教学内容能够引发学生的学习兴趣。教师在教学活动设计过程中需要建立起知识和学生的联系，让学生有动力继续探索学习。教师通过设计与教学目标紧密联系的测评活动，可做到评价与教学统一，帮助学生树立学习信心，让学生在主动建构知识的过程中体会到满足感。只有这样，线上课堂才能真正达到预期的效果。

## 参考文献

[1] 中华人民共和国教育部. 教育部关于印发《教育信息化2.0行动计划》的通知[EB/OL].(2018-04-28)[2022-09-06]. www.moe.gov.cn/srcsite/A16/s3342/201804/t20180425_334188.html.

[2] KELLER J M. Motivational design of instruction [M] //C. M. Reigeluth (Ed.).

Instructional design theories and models. New York：Lawrence Erl-baum Associates，1983.

［3］方柏林. 网课十讲［M］. 上海：华东师范大学出版社，2020.

［4］中华人民共和国教育部. 义务教育英语课程标准：2011年版［M］. 北京：北京师范大学出版社，2012.

［5］KRASHEN S. D. The input hypothesis：issues and implications［M］. London：Longman，1985.

# 基于主题意义探究的小学英语教材与绘本融合教学的案例研究

深圳市宝安区龙腾小学　陈　琳

**【摘要】**基于主题意义探究的英语阅读教学有利于发展学生的英语学科核心素养。教材与绘本融合教学不仅可以丰富课程资源，而且有助于达成课程标准的要求。本文以绘本对牛津（深圳版）小学英语教材中动物和颜色主题的横向延展和纵向挖掘为例，从绘本与教材融合教学内涵和绘本选取原则出发，并结合案例，探讨了基于主题意义探究的教材与绘本融合教学的实施途径。

**【关键词】**主题意义；英语阅读；教材与绘本融合

## 一、引言

《普通高中英语课程标准（2017年版）》将主题语境列为英语课程内容六大要素之首，并指出学生对主题意义的探究应是学生学习语言的最重要内容，直接影响学生语篇理解的程度、思维发展的水平和语言学习的成效。探究主题意义，基于学生已知，补充学生的未知，在整合新旧知识后建构新的认知结构，内化运用、迁移创新，最终落实核心素养，体现知行合一。

《义务教育英语课程标准（2011年版）》明确指出：语言学习需要大量输入。丰富多样的课程资源对英语学习尤其重要。英语课程应根据教和学的需求，提供贴近学生、贴近生活、贴近时代的英语学习资源。教材与绘本融合教学不仅可以丰富课程资源，而且有助于达成课程标准要求。作为规定性的学习素材及资源，教材比较系统化、科学化，但是在概念培养、真实情景设计、画面设计和板块内容安排等方面有局限。如何将绘本与教材进行融合，以及如何选择绘本和实施教学，是许多教师需要深入思考的内容。

## 二、基于主题意义探究的小学英语教材与绘本融合教学内涵

基于主题意义探究的教材与绘本融合教学即在课堂中将内容从教材内容延伸到绘本，让学生在阅读中习得核心词句，帮助学生加强对主题内容的理解，使语言学习更富有主题意义和趣味性，为学生阅读素养的提高创造条件。融合教学中的绘本不是完全的课外自主学习内容，教师要根据学情采用不同的阅读教学方式，如进行深入挖掘主题、重视意义构建、发展思维的指导性阅读教学，或者以知识获得和愉悦体验为主的泛读教学。

## 三、基于主题意义探究的小学英语教材与绘本融合教学中绘本选择原则

### （一）和教材话题契合原则

《义务教育英语课程标准（2011年版）》提出24个功能意念项目，85个二级功能意念项目。这些内容在小学、初中甚至高中教材中都不断重复出现。这样的设置符合螺旋式上升的认知规律。对小学生而言，阅读基于熟悉话题的内容更容易，因此，凡是与主教材话题接近的绘本或与教材内容契合度较高的绘本都可作为首选。

### （二）与教材核心词汇和句型匹配原则

教材的主要句型学习可通过绘本阅读来强化。通常语言学习难度应在学生的最近发展区，即语言难度稍高于教材。因为绘本学习重在有意义，语言难度稍高于教材是可行的。只要教师实施恰当的教学方法，不过于关注语言知识，如词汇、语法等，就可引导学生把注意力聚焦在文本的意义上。

### （三）认知情感对应原则

绘本不是简单的图画故事，还具有抒发情感、普及知识、启迪思维的作用，是学生认识世界的窗口。因此，所选绘本在内容编排上应贴近学生的生活且合情合理，有益于启发学生的逻辑力和想象力。

## 四、基于主题意义探究的小学英语教材与绘本融合教学案例

深入研究主题意义引领下的绘本使用方式，如融合式、衔接式等。融合式是把绘本学习融于某节课的课堂教学环境中，不另占课时；衔接式是完成了教材中某个

单元的学习之后，安排一个课时来学习一个主题相关的绘本，将绘本内容作为教材主题的延伸拓展。下面笔者以曾执教的牛津（深圳版）小学英语教材一年级上册Unit 12与绘本*Brown Bear*，*Brown Bear*，*What do you see?*融合教学为例，谈谈基于主题意义探究如何进行教材与绘本融合教学。

## （一）分析教材，选择文本

单元主题为In the zoo，教材内容是学习动物园的动物。绘本*Brown Bear*，*Brown Bear*，*What do you see?*与这个单元主题非常契合。绘本采用重复句式、叠句和顶真修饰的简单韵文描述可爱的动物，生动形象。教材中阅读重复的语言内容为学生提供良好的语言支架；学生从教材学习中关注语言知识过渡到绘本阅读中更能关注语言意义，提升了思维品质。

## （二）分析学情，设定教学目标

教师要基于教材和绘本两部分内容来进行学情分析，分析学生的学习兴趣，以及学习难点、原因和解决办法。本案例中，笔者教授的是一年级学生，他们对于动物特别感兴趣、学习积极性高、表达欲强，在前面的教材学习中已经积累了一些动物及询问动物名称的知识，打下了基础。难点是句型“I see a...looking at me.”和颜色单词。解决这个难点可以采取的措施是：抓住主线，采用图片环游的方式和Watch and color、say and act等任务帮助学生理解故事内容、理解颜色单词、通过联系生活实际总结出主题意义。

课程目标设计如下。

学习理解方面：①通过观察图片，学生感知人物语言，理解故事大意；②学生能有感情地朗读故事，体会对大自然、动物的热爱之情。

应用实践方面：①通过小组讨论和阅读，学生理解故事发展脉络；②学生能预测、想象故事的情节发展，自主表达观点；③教师能结合故事引导学生的思维由低阶向高阶稳步发展。

迁移创新方面：①学生联系个人生活或喜好，创编故事；②学生通过涂色，调动学习的主动性和小组合作意识，提高对色彩的敏感度和审美能力。

## （三）基于主题意义探究，设计教学活动

### 1.读前预测，激活主题

让学生围绕故事的主题或者标题、人物、场景进行读前预测。学生通过观察封

面、扉页、封底等，发展文本概念。同时学生基于自己的生活经验，对主题产生不同的理解，并充分发挥想象，产生阅读兴趣。

**[教学片段]**

（1）学生一起唱歌曲*What do you see?*

唱一首有关颜色的英语儿歌，活跃气氛，复习颜色知识。

（2）做一做，说一说。

两人一组，一个人表演动物，一个人猜，复习有关动物的单词。

**[设计意图]** 歌曲热身，活跃气氛，激活背景知识，复习颜色单词。

（3）设置提问，引入主题（T代表老师，$S_S$代表学生）。

T：What color can you see? What animal is brown?

Ss：Brown Bear.

T：Today we'll learn a picture book named *Brown bear，brown bear，what do you see?*

T：Who is the writer? Who is the illustrator?

**[设计意图]** 引入主题，创设情景，巩固文本概念。学生通过观察被遮挡的图片，在激活旧知的同时预测本节课的主要人物，了解故事发生的主要情景。培养学生观察图片的能力，激发学生提取信息、质疑以及联系生活的能力。

**2.读中解构，探究主题**

学生对文本的解读与构建应由表及里、层层深入。教师应根据故事的情节，从理解到应用、从分析到评价等多角度设计出有层次的问题链，让学生在问题的引领下逐层解构故事，探究故事的主题意义。

**[教学片段]**

（1）观察图片，设置悬念，引发想象与思考。

T：What does the brown bear see?

T：What is it? What color is it? What does it see?

**[设计意图]** 初步引导学生积极观察、合理想象。

（2）继续图片环游，激发学生预测和联想。

T：What does the red bird see? What does it say?

T：What does the yellow duck see? What does it say?

**[设计意图]** 教师通过将问题贯穿图片环游的整个过程，用大问题带动小问题，协同产生问题链，教学生结合图片逐步理解故事。有层次的问题设计能引导学生观察图片和分析文本，把握故事发展的脉络。

（3）带着任务，学生自主阅读。

学生带着以下4个任务，自主阅读。

Read and color：学生默读，给动物们涂色。

Listen and order：教师播放录音，学生边听边排序。

Listen and repeat：教师第二次播放录音，学生跟读。

Look and say：学生借助板书，说一说动物可能说的话。

**［设计意图］**教师通过猜一猜的活动，鼓励学生猜测故事中动物可能会说的话，启发学生思维，激活学生旧知，引发学生思考。

（4）总结评论。

T：If you are the children，what do you see?

Ss：Green frog，purple cat，white dog，black sheep，goldfish...

T：What do you learn from the story?

Ss：Animals are lovely and colorful.

**［设计意图］**教师通过开放性问题引导学生在角色体验的过程中进行推测联想，促进学生观察想象能力、语言能力等协同发展。学生联系生活，畅所欲言，总结出主题意义。

**3.读后再构，升华主题**

教师可以设计不同层次的创编活动，让学生以独立或者合作的方式去思考探讨分享，展现绘本主题的深度价值。

**［教学片段］**

（1）学生听读，内化故事。

T：Listen to the whole story and then repeat. Choose your favorite part to read.

（2）学生表演故事。

T：Act out the story.

**［设计意图］**通过学生表演故事的方式，使学生融入故事中的角色，学习语言并体会不同角色的情感，培养学生描述图片和复述故事的能力，培养学生合作学习的意识。

（3）联系生活，迁移创新。

T：Watch a demo and try to make a new story.

**［设计意图］**此环节主要培养学生运用所学语言知识发挥想象力的能力，让学生学会将所学语言知识迁移运用到新的情景中。

## 五、基于主题意义探究的小学英语教材与绘本融合教学反思

### （一）遵循绘本教学理念

教师要做到在激活与预测中趋近绘本、在提取与内化中解读绘本、在审视与运用中重构绘本。教师遵循“整体—局部—整体”的理念，围绕“阅读前—阅读中—阅读后”这三个环节展开教学，让学生在画面和语言的相互交融中整体感知和理解绘本内容、掌握阅读策略、加强自我体验。

### （二）时刻保持目标意识

笔者根据教学目标的性质，即操作性、检测性和递进性进行了四次教学目标的修改。教学目标不仅指向学生的语言能力，还应指向文化意识、思维品质、学习能力。教师要时刻保持目标意识，要以多元目标为导向，每个教学环节要有清晰的可操作目标，旨在提高学生的核心素养。

### （三）开展有效提问

教师课堂上所提的问题可以分为两大类，即参考性问题和展示性问题。参考性问题可以增加学生在课堂上的语言输出内容，从而促进语言习得，而展示性问题在课堂以外很少使用。因此，教师在课堂上应多用参考性问题来促进学生的语言习得和思维能力的形成。比如，在阅读前预测故事时教师展示绘本的封面后开始提问，笔者将以前的展示性问题“What can you see?”改为参考性问题“What do you know? Why?”，学生内容更加丰富。参考性问题不仅指向学生的语言能力，还指向学生的思维品质。

### （四）关注语言与思维的同步发展

在教学过程中，教师不仅要关注学生语言能力的提升，更要注重思维品质的发展。这也凸显了学科的育人价值。在案例中，笔者从多角度切入。例如，使用教师话语来促进语言和思维的同步发展，设计趣味活动，帮助学生理解文本、掌握语言知识、体验情景、提升情感态度和价值观，最终提高学生综合语言的能力。

## 六、结语

基于主题意义探究的小学英语教材与绘本融合教学是学生发展语言能力、提升

思维品质、提高学习能力的重要途径。本文探讨的教学实践与思考内容，在一定限度上达到了预期的教学效果。在今后的教学中，笔者将加强文本分析，确定主题并基于主题设计教学目标，同时将学生自身的知识、情感与学习内容结合起来，设计适合文本特点和学生特点的教学活动，合理安排语言知识学习和主题意义探究的活动顺序，培养学生英语学科核心素养。

## 参考文献


［1］中华人民共和国教育部．义务教育英语课程标准：2011年版［M］．北京：北京师范大学出版社，2012．

［2］梅德明，王蔷．普通高中英语课程标准（2017年版）解读［M］．北京：高等教育出版社，2018．

［3］王蔷，敖娜仁图雅，罗少茜，等．小学英语分级阅读教学：意义、内涵与途径［M］．北京：外语教学与研究出版社，2017．

［4］王蔷，胡亚琳，陈则航，等．基于学生核心素养的英语学科能力研究［M］．北京：北京师范大学出版社，2018．

［5］张湘君．英语绘本创意教学［M］．台北：台湾维京国际出版社，2012．

［6］程晓堂．基于主题意义探究的英语教学理念与实践［J］．中小学外语教学（中学篇），2018（10）：1–7．

［7］张金秀．主题意义探究引领下的中学英语单元教学策略［J］．中小学外语教学（中学篇），2019（7）：1–6．

［8］胡玲．基于主题意义探究的英语阅读教学策略［J］．中小学外语教学（中学篇），2021（7）：56–59．

［9］陈群．基于教材话题的英语绘本教学［J］．教育实践与研究（A），2014（11）：41–42．

［10］钱小芳，但清瑶．小学英语教材与绘本融合教学的方式与实施途径［J］．中小学外语教学（小学篇），2021（10）：1–5．

# 实践英语学习活动观，促进核心素养有效形成

深圳市宝安区共乐小学　刘晓蘋

【摘要】发展英语学科核心素养是《普通高中英语课程标准（2017年版）》的基本理念之一，而践行英语学习活动观是培养英语学科核心素养的有效途径。本文结合牛津（深圳版）小学英语教材二年级上册Module 2 Unit 4第三课时绘本课堂教学实例，探讨教师如何基于英语学习活动观，设计有情景、有层次、有实效的英语学习活动，促进学生核心素养的有效形成。

【关键词】核心素养；英语学习活动观；学习活动设计

## 一、引言

《普通高中英语课程标准（2017年版）》明确指出发展英语学科核心素养，落实立德树人根本任务。英语学科核心素养主要包括语言能力、文化意识、思维品质和学习能力。教师要努力实践指向学科核心素养发展的英语学习活动观，实施深度教学，实现培养学生英语学科核心素养的目标。

中小学课堂存在话题割裂、教学内容碎片化、课堂效率不高等问题。而实践英语学习活动观正可以通过转变教师的教学方式及学生的学习方式，促进学生英语学科核心素养的有效形成和提升。

## 二、英语学习活动观的内涵与意义

活动是学生学习和尝试运用语言，培养文化意识，发展多元思维，提高学习能力的主要途径。英语学习活动观的提出为整合课程内容、实施深度教学、达成课程总目标提供了有力保障，也为改变学生的学习方式，提升英语教与学的效果提供了可操作的途径。

## 三、基于英语学习活动观的小学英语课堂活动设计案例

笔者曾在一节公开课中就如何实践英语学习活动观，设计有情景、有层次、有

实效的学习活动，培养学生的英语学科核心素养进行了尝试。笔者通过设计学习理解类、应用实践类、迁移创新类等层层递进的融合语言、思维、文化的活动，帮助学生在英语课堂活动中顺利习得语言知识，熟练运用语言技能，形成正确的价值观，创造性地表达个人观点。

下面以牛津（深圳版）小学英语教材二年级上册Unit 4中的Enjoy a story板块为例，阐述笔者是如何实践英语学习活动观，推进深度学习，落实对学生核心素养培养的。

此板块的故事内容是一只叫Supercat的小猫向别人介绍自己的能力，它会跑、会游泳，它以为自己能飞，结果摔倒在地上。内容简单，语言简练，二年级的学生在图片的帮助下，对于“Hi！I'm Supercat！I can run. I can swim. I can fly. No! I can't fly.”的理解上不存在很大的困难。下面具体阐述该课的主要教学设计。

## （一）基于语篇的学习理解类活动，助力核心素养形成

首先围绕主题意义设计了感知注意相关活动，鼓励学生从语篇中获得新知，通过梳理Supercat会做及不会做的事情，感知并理解核心句型I can/I can't的意义，助力学生英语学科核心素养的初步形成。

第一步：歌曲热身，创设语境。

在故事学习之前，笔者先通过一首歌谣*I can draw*导入课堂教学。学生在一年级已经学过这首歌，熟悉的音乐、欢快的节奏、朗朗上口的歌词，能让学生迅速沉浸在美好的英语学习氛围之中，并激活他们的语言知识。

第二步：观察图片，回答问题。

引入歌曲中的人物Tom及学生熟悉的另一个人物Kitty。笔者让学生观察图片并回答Tom及Kitty会做的事情，由此引出Kitty喜欢阅读，她正在阅读Supercat的故事，引出语篇。

第三步：视听结合，整体感知。

笔者播放视频，更直观地帮助学生整体感知故事，并让学生思考“What can Supercat do?”，让学生对故事内容有整体的感知。

第四步：自读课文，填写表格。

学生阅读课文，填写手中的表格，在Supercat能做的事情处打“√”，不能做的事情处打“×”。

此环节中，学生默读课文并填写表格，获取并梳理有关Supercat能力的信息，通过对细节的梳理，理解核心句型I can/I can't的意义。

第五步：交流分享，整合信息。

学生在小组内分享自己梳理出来的有关Supercat能力的信息。之后笔者让几名学生进行全班分享。学生通过对Supercat能做及不能做的事情的梳理，建立关联，形成新的知识结构，促进对核心句型I can/I can't的理解和掌握。

第六步：跟读模仿，吸收语言。

此环节中，学生通过跟读模仿，加深对核心句型I can/I can't的理解，掌握正确的语音语调，提升语言技能。

### （二）深入语篇的应用实践类活动，促进核心素养发展

学生在完成学习理解类活动之后或许还无法将知识内化，此时，教师可通过设计围绕主题意义的应用实践类活动，引导学生围绕主题开展描述、推理、判断等活动，以巩固新的知识结构，促进语言运用的自动化，更好实现由知识向能力的转化。

《普通高中英语课程标准（2017年版）》倡导教师给学生补充更多类型的语篇知识，并与学生共同开发更多的学习资源。所以，在学生基本掌握了课本的故事之后，引入了*Cool Cat*这一绘本。

第一步：图片环游，形成新知。

*Cool Cat*这一绘本里的主角卡里是不同于课文Supercat的另一只猫。这只酷酷的猫让学生眼前一亮。它会各项技能，会切胡萝卜，会爬很高的椰子树，也能边看报纸边夹苍蝇，还会开飞机。笔者用了图片环游的方式让学生认识了这只酷猫，给学生提供再次深入探究主题意义的机会。

第二步：视听伴随，巩固新知。

笔者让学生边看绘本边听录音，对绘本进行深入理解学习，并通过配套练习巩固新的知识。

第三步：角色扮演，内化语言。

笔者让学生从Supercat和Cool cat两个角色中选取一个自己喜欢的进行扮演。学生上台，穿上了披风，扮演Supercat或者Cool cat。学生在代入角色的过程中，内化语言知识，逐步掌握语言技能，发展学科核心素养。

### （三）超越语篇的迁移创新类活动，着眼核心素养提升

为了帮助学生更好将课堂上学到的内容迁移到生活中，在学生能够熟练运用核心句型之后，笔者设计了迁移创新类活动，引导学生加深对主题意义的理解，使学

生在新的语境中能够综合运用语言技能，开展深度学习，实现能力向素养的转化。

第一步：批判评价，提升思维。

笔者让学生深入分析Supercat和Cool cat这两个角色，并思考问题："Is Cary cool? Why or why not? Which one do you like better? Supercat or Cool cat?"。借此引导学生针对语篇背后的价值取向进行探讨，理性表达自己的观点。学生思维由低阶向高阶稳步发展，提升了思维品质。

第二步：想象角色，活用语言。

笔者引导学生根据Supercat或Cool cat的能力，大胆想象自己是super girl或者super boy，具有哪些能力。让几个学生上台，一边用动作表演自己的能力，一边用英语描述这些能力。学生在接近真实的情景中开展深度学习，实现了由语言能力向核心素养的转化。

这个活动中，学生的思维完全被激活了。他们将思维活动和语言活动相结合，自如地运用I can的句型，生动地演绎自己作为super girl或者super boy所具备的能力，由此发展了语言技能，提高了思维品质，建构了文化意识，提升了学习能力，促进了核心素养的提升。

第三步：创编绘本，活用语言。

笔者让学生四人一组，并让他们根据Danny Dog这个角色创编一个英语绘本，描述Danny Dog具备的能力，通过画一画、写一写的方式，实现美术与英语跨学科融合。学生通过自主思考与合作学习相结合的方式，在小组内用英语交流想法，取长补短，提高能力，养成健康人格。

## 四、结语

总之，学科核心素养的培养不能成为一句空话，必须落实在每一节课中。英语学习活动观让教师转变教学方式，从培养学生的英语学科核心素养出发，更有效地引导学生实现深度学习，提升英语教与学的效果，促进学生英语学科核心素养有效形成和发展。

## 参考文献

［1］中华人民共和国教育部．普通高中英语课程标准：2017年版［M］．北京：人民教育出版社，2018.

［2］中华人民共和国教育部．义务教育英语课程标准：2011年版［M］．北京：

北京师范大学出版社，2012.

［3］梅德明，王蔷. 普通高中英语课程标准（2017年版）解读［M］. 北京：高等教育出版社，2018.

［4］梅德明，王蔷. 改什么？如何教？怎样考？：高中英语新课标解析［M］. 北京：外语教学与研究出版社，2018.

［5］王蔷，胡亚琳，陈则航，等. 基于学生核心素养的英语学科能力研究［M］. 北京：北京师范大学出版社，2018.

［6］孙晓慧，钱小芳，王蔷，等. 基于英语学习活动观的高中英语阅读教学设计解析［J］. 中小学外语教学（中学篇），2019（4）：44–48.

# 运用SPEAKING Model，优化小学低年段单元学习活动设计

## ——以牛津（深圳版）小学英语一年级上册Unit 11 In the Zoo（第一课时）教学为例

深圳市宝安区孝德学校　李　玲

【摘要】提高教学质量，是实现“双减”的基础。基于近几年的实践和研究，笔者发现借助Hymes（海姆斯）的SPEAKING Model（言说模型），能有效明晰小学低年段英语单元学习活动设计的要素和方法，解决单元学习活动设计和实践的问题，有利于提高活动设计的真实性和有效性，促进学生总体语用能力的发展，提高教师教研能力，从而提高教学质量，实现“双减”效果。

【关键词】“双减”；单元学习活动设计；SPEAKING Model

### 一、研究背景

2021年7月，中共中央办公厅、国务院办公厅印发《关于进一步减轻义务教育阶段学生作业负担和校外培训负担的意见》，该意见提出全面压减作业总量和时长，减轻学生过重作业负担；大力提升教育教学质量，确保学生在校内学足学好[1]。要实现“双减”的效果，顾明远教授认为要深化教育改革，要把课堂教育作为立德树人的主渠道，改进教学方式方法，使每一个学生在课堂上都能听懂学会，这样就可以减少家庭作业负担[2]。

几年来，为实现立德树人的教育目标，小学英语学科从业者探究、实践并推广单元整体教学。然而，单元学习活动设计作为小学英语单元整体教学的六大要素之一，仍存在一些问题。

### 二、小学英语学科单元学习活动设计存在的问题

近几年，通过观察、分析，笔者发现越来越多的小学低年段英语教师意识到单元整体教学的重要性，但是在单元学习活动设计中存在以下问题。

### （一）缺乏明晰的小学低年段英语教学理念，活动设计不科学

《义务教育英语课程标准（2011年版）》指出：现代外语教育注重语言学习的过程，强调语言学习的实践性，主张学生在语境中接触、体验和理解真实语言，并在此基础上学习和运用语言[3]。然而在小学英语低年段教学过程中，由于部分教师对小学低年段该用什么教学方法缺乏明晰的理念，其误认为不需要给低年段的学生教语法，让学生简单练几个英语核心句子就能提高学生的交际能力，没有意识到“只有当人们根据社会的交往特性运用不同的句子时才是交际”[4]，致使学生在真实的生活中，无法用基本的、简洁的英语句子与他人做简短交流。

### （二）缺乏明晰的小学低年段英语教学要素和方法

部分教师对如何具体设计单元学习活动缺乏教学要素和方法方面的了解，仅仅注重话题下的大情景设置和关键句型学习，忽视学生的认知水平、思维和真实生活实践情况。比如，笔者曾听过一节以食物为主题的一年级英语课，教师设计了母亲带孩子去超市购买水果，孩子指着香蕉和橙子问妈妈这是什么的情景。然而，7岁小孩已经能够认识香蕉和橙子，问妈妈这是什么水果并不符合孩子们的认知水平。

Hymes认为：要把语言和语境放在一起考察，而不是当作虽有联系却相互分离的对立物[5]。因此，设计单元学习活动时，要综合考虑学生的认知、思维、真实生活等因素。

## 三、运用SPEAKING Model提高小学低年段英语单元学习活动设计水平

### （一）SPEAKING Model的理论内涵

社会语言学家Dell Hymes从社会语言学的角度来考虑语言的运用，提出了交际语言能力的概念。交际语言能力指在具体环境中语言的实际运用能力。这种运用是交际者在具体环境中的综合运用。语言运用要综合考虑人的心理、背景等因素。

为了便于记忆，用“SPEAKING”一词的大写字母来总结归纳交际语言语境的要素，SPEAKING Model要素名称及具体内容[6]如表1所示。

表1　SPEAKING Model要素名称及具体内容

| 名称 | 具体内容 |
|---|---|
| Setting and scene（背景与场景） | 背景指言语行为发生的自然环境，如地点和时间<br>场景指言语行为发生的心理情景或者是对情景的文化定义 |
| Participants（参与者） | 说者和听者 |
| Ends（目的） | 言语行为达到的目标以及言语行为导致的结果 |
| Act sequence（行为顺序） | 活动的形式与顺序 |
| Key（格调） | 言语行为的基调、方式或精神 |
| Instrumentality（信息发布的媒介） | 言语行为的媒介的选择 |
| Norms（语用规范） | 言语行为中的规范 |
| Genres（体裁） | 言语行为的类型 |

### （二）SPEAKING Model运用于小学英语单元学习活动设计的价值

**1.明晰教学理念、要素和方法，提高单元学习活动设计水平**

借助SPEAKING Model，教师可以从理性的技术层面来设计小学英语单元学习活动，让其有章可循，使学生可以在具体环境中来运用语言知识，从而提高小学英语课堂质量，提高学生的语用和交际能力。

**2.提供反馈信息，提高教师教研能力与实践能力**

借助SPEAKING Model，教师可以通过单元相关要素来评价单元学习活动设计质量，通过反馈信息有针对性提高教研能力和实践能力。

## 四、SPEAKING Model在小学低年段单元学习活动设计中的运用

为了帮助读者更好理解SPEAKING Model，笔者以牛津（深圳版）小学英语一年级上册Unit 11 In the Zoo第一课时的单元学习活动设计为例，浅谈如何运用Hymes的SPEAKING Model，促进学生总体语用能力的发展。

Unit 11 In the Zoo的文本内容如图1所示。

以下是SPEAKING Model的具体运用内容。

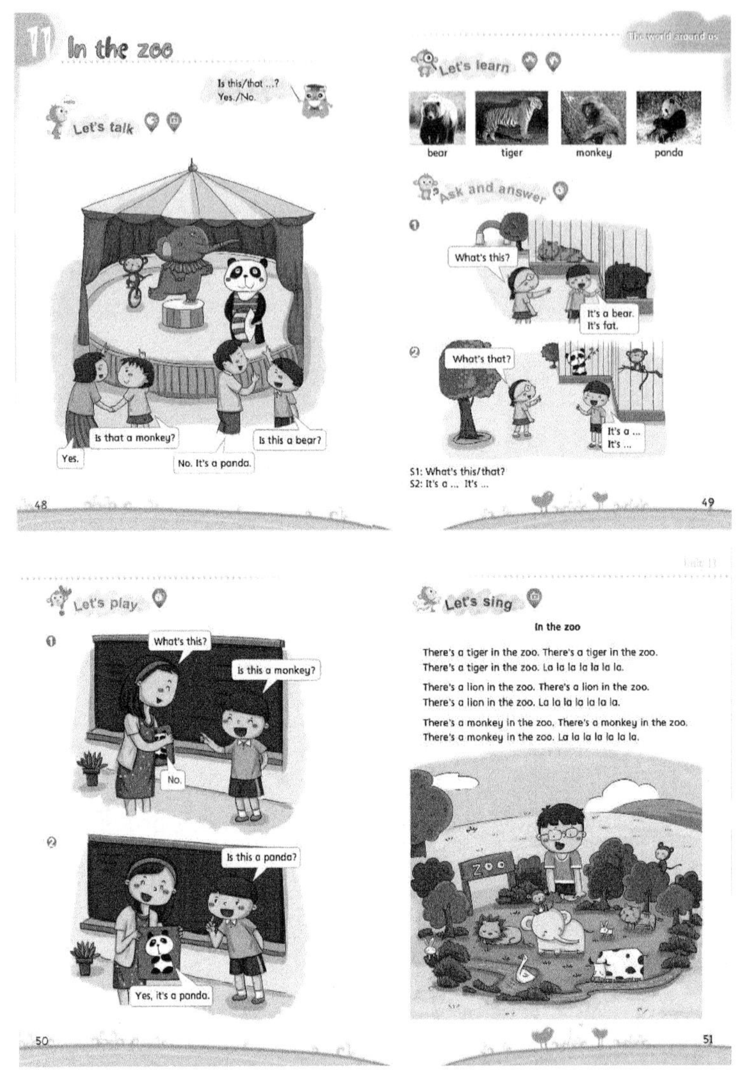


图1　Unit 11 In the Zoo的文本内容

## （一）创设真实背景与场景，创设课堂语境

在设计单元学习活动时，首先要创设真实背景与场景。教师在设计单元学习活动背景时要结合学生的年龄特点和真实的生活体验，以提高语境的真实性。笔者把背景设置为本地的深圳野生动物园，游玩的路线根据深圳野生动物园真实路线结合课本关键词汇创设，以增加语境的真实性。

考虑到学生的年龄特点以及背景为动物园，笔者认为学生的心情是愉悦的，因此本课场景设置用的图颜色也比较明快。

### （二）确定参与者，提高课堂教学效果

参与者指说者和听者，也就是交谈的对象。在课堂教学中要明确参与者是情景中的主人公，如在案例中，笔者认为参与者是主人公Kitty、Danny、Eddie、Alice和Miss Wang（见图2）。

图2　Unit 11 In the Zoo人物

### （三）明确语境的目的，提高课堂成效

笔者认为言语行为达到的目标指的是学生需要学习和掌握的语用目标。在本案例中，语用目标设置如表2所示。

表2　Unit 11 In the Zoo语用目标设置

| 序号 | 语用目标 |
| --- | --- |
| 1 | 学生能在语境中说出核心词汇bear、tiger、monkey、panda、giraffe |
| 2 | 学生能用tall、short、fat、thin等形容词来描述动物的外貌 |
| 3 | 学生能用clever、strong、cute等形容词来描述动物 |
| 4 | 学生能听懂文本“Is this/that...? Yes./No. It is...”的意思，能理解主人公对话的内容 |
| 5 | 学生能在语境中用以下陈述句描述自己观察到的动物的特点：<br>It's a ...（animal）. It's ...（colour）. Its...（feature）. |

言语行为导致的结果指的是除语用目标的其他结果，比如体验目标、关键品格与必备能力等。在本案例中，言语行为导致的结果如表3所示。

表3 Unit 11 In the zoo言语行为导致的结果

| | |
|---|---|
| 任务目标 | ①通过录音、图片、视频等，学生能听懂文本主人公在动物园里的对话，了解动物的英文名称、颜色和主要特征，提高观察能力<br>②学生能通过颜色区别bear和panda<br>③学生能够复述在动物园看到的动物和动物的特征，并小组合作表演 |
| 体验目标 | 学生通过观察动物的特征，加深对动物的了解，增加对动物的喜爱之情 |
| 关键能力与必备品格 | ①学生通过生动的语境，了解游玩动物园如何选择游览线路，合理选择安排游览线路，提高生活技能<br>②通过录音、图片、视频等，学生懂得从颜色、外形和特征三个方面去观察、区分和描述动物，提高观察能力 |

### （四）重视行为顺序，提高课堂思维

行为顺序指活动的形式与顺序，活动的形式与顺序要符合学生的心理特征和心智成熟程度。

本案例中的学生是深圳市宝安区一所小学的一年级学生，大部分学生在学习这课前已经能区分长颈鹿、老虎、熊、猴子和熊猫。笔者考虑到学生的心智特点和年龄特点，在本案例中，把活动形式与顺序设计为：Miss Wang在动物园看到一个被挡住的动物，便给孩子们出了一个谜语让孩子们猜：“ Look! There’s a tree. It’s tall! There’s an animal. It’s very tall! What’s that?”。Eddie通过观察动物的特征和颜色猜测是长颈鹿而引出关键句型“Is that a giraffe?”；接着Kitty听到老虎的叫声而不禁问出“Is that a tiger?”。从而引出老虎。这样的活动形式与顺序自然真实，既符合低年段学生的心理特征，又能够较好地启发学生，鼓励学生灵活运用语言。

### （五）确定整体语言格调，提高课堂品质

教师在设计语言格调时要注意统一。本案例中，笔者把文本的语言格调确定为轻松欢乐，因此在整体语言设计中使用了儿歌，如为了让学生了解老虎的强壮特征，笔者用了朗朗上口的儿歌：“ Strong legs. Strong body. The tiger is very strong.”；在形容熊猫的憨态可掬时笔者也用了简短的儿歌：“It’s cute. A round body. Two round ears. Cute hands. Cute black eyes. It’s so cute.”。

应关注学生的语言特点，用统一的语言格调，创设出吸引人的情景，帮助学生更好体验和理解真实语言。

## （六）运用多样化媒介，提高课堂体验

在设计活动时，要运用多样化的媒介。比如，可以使用录音、图片、视频等媒介来激发学生的学习兴趣，提高学生的语言能力。在本节课中，笔者通过运用图片、录音、视频等，提高了学生的体验感。

### 1. 图片运用

在本节课中，笔者通过运用图片（示例见图3），引导学生观察图片，发现有个动物跟树一样高，帮助学生了解长颈鹿高的特征。

图3　图片示例

### 2. 文字、录音和视频结合运用

在本节课中，笔者通过文字、录音和视频（见图4）结合的形式，引导学生通过听和观察老虎、猴子、熊和熊猫的特征来帮助学生感受老虎的强壮、猴子和熊的聪明，以及熊猫的可爱。

图4　视频截图

教师可通过灵活使用多样化媒介来提高语境体验感，从而提高学生的语言能力。

## （七）重视语用规范，提高课堂人文教育水平

设计活动时，需要关注语用规范，从而提高课堂人文教育水平。比如，本案

例中，主人公们在对话中重视言语礼仪，见面互相打招呼“Good morning.”。此外，应重视言语礼仪中的倾听礼仪，在设计文本时重视听者是否能够给说者符合礼仪的回应，而非答非所问。

### （八）重视体裁，提高课堂语言运用培养效果

“体裁是交际事件的一种分类。把一组交际事件归为同一体裁的主要标准是其共同拥有一套交际目的”[7]。比如，购物、报道、聊天、辩论等。应确定体裁以确定语篇的结构，以防杂乱无章，从一个话题跳到另一个话题。

本案例是讨论在动物园观看到的动物。因此，文本设计紧紧围绕着这个主题。案例的文本设计如下。

Kitty，Danny，Alice，Eddie and Miss Wang are going to Shenzhen Safari Park.

Miss Wang：Good morning.

Children：Good morning.

Miss Wang：Let’s go to the zoo.

Children：Hooray!

Miss Wang：Look! There’s a tree. It’s tall! There’s an animal. It’s very tall! What’s that?

Eddie：Is that a giraffe?

Miss Wang：Yes，it’s a giraffe. It’s yellow and brown. It’s very tall.

Kitty：Listen! Is that a tiger?

Eddie：Yes. It is a tiger. Look at the tiger! Strong legs. Strong body. The tiger is very strong.

Miss Wang：Look! A circus! Let’s go!

Children：Hooray!

Danny：Look at the monkey. It can ride a bicycle. It’s very clever.

Kitty：Look at the bear. It’s brown. It can stand on the ball. It can walk on the ball, It’s very clever.

Danny：What’s that? Is that a bear?

Eddie：No. It’s a panda.

Alice：It’s cute. A round body. Two round ears. Cute hands. Cute black eyes. It’s so cute!

Kitty，Danny，Eddie，Alice and Miss Wang have a great time in the zoo.

## 五、结语

综上所述，通过Hymes的 SPEAKING Model来设计和检查单元学习活动，

可以为学生创设更真实的语境，提高小学低年段英语教学质量，实现“双减”效果。

## 参考文献

[1] 中共中央办公厅，国务院办公厅. 中共中央办公厅 国务院办公厅印发《关于进一步减轻义务教育阶段学生作业负担和校外培训负担的意见》[Z/OL].（2021-07-24）[2022-09-07]. http://www.gov.cn/zhengce/2021-07/24/content_5627132.htm.

[2] 以人民为中心，将“双减”落到实处：专家解读《关于进一步减轻义务教育阶段学生作业负担和校外培训负担的意见》[N/OL]. 中国教育报，2021-07-26[2022-09-07]. http://paper.jyb.cn/zgiyb/html/2021-07/26/content_597850.htm?div=-1.

[3] 中华人民共和国教育部. 义务教育英语课程标准：2011年版[M]. 北京：北京师范大学出版社，2012.

[4] 龚亚夫. 英语教育新论：多元目标英语课程[M]. 北京：高等教育出版社，2015.

[5] 许力生. 语言学研究的语境理论构建[J]. 浙江大学学报（人文社会科学版），2006（4）：158-165.

[6] HYMES D. Foundations in sociolinguistics[M]. Philadelphia：University of Pennsylvania Press，1974.

[7] SWALES J. M. Genre analysis：english in academic and research settings[M]. Cambridge：Cambridge University Press，1990.

# 教育信息化背景下如何开展线上英语教学

深圳市宝安区潭头小学　罗　婷

信息时代极大地改变了我们的工作和生活，教育信息化使教师改变了原来的传统教学方式，网络教学逐渐发展起来。

学生在云端相聚学习、老师在云端授课，双方面临种种考验，但是都没有气馁、没有退缩。对于线上英语教学，笔者想表达一点拙见。

线上授课需要教师转变教学观念，转变身份，进一步从学生的角度思考每个教学环节、每个任务，隔空上课更要考虑学生的接受情况。在备课方面线上授课比在学校上课要花费更多时间，要更加谨慎，对每一句话如何说都必须要仔细斟酌，这是一种新的要求与考验。

要想上好一堂网课，无论是直播还是录播，都要下足功夫。

备课要做到备目标、备内容、备方案、备资源、备技术等。

首先要写下本节课的教学内容和目标，然后制订教学计划，最后准备资源。有些资源可以从网络上找到，有些需要教师自己制作。比如，笔者要讲某个知识点，就可以制作一个简单实用的课件，插入网络上找到的图片；笔者要展示一个教学游戏的玩法，就自己录一段视频讲解游戏规则及示范；等等。

上直播课时可能遇到各种意想不到的问题，如网络卡顿、电脑黑屏、课件突然不能播放等。为避免这样的问题，笔者每次至少提前一个小时坐到电脑前，做好两手准备，反复调试课件音频和视频，或者准备好录播视频，因为只有准备充分，当遇到这些问题时才能有所应对。

此外，教师应根据教学内容，收集教学资源进行整合，理解教材，进行文本再构，观看名师课堂不断学习汲取能量。课件图文并茂，游戏、歌谣、动画等运用其中，激发学生的学习兴趣和热情。比如，在1AM3U8 Apples，please中，文本整合为“I like fruits. Can I help you?”。

每节课都有学生喜欢的动画、歌谣、谜语、游戏等，大大提高了学生的学习兴趣。

通常，在第一课时运用歌谣帮学生学习新词，例如：

I like apples.

Red red apples.

I like bananas.

Yellow yellow bananas.

I like peaches.

Pink pink peaches.

I like oranges.

Orange orange oranges.

I like pears.

Green green pears.

歌谣可以配上不同的伴奏，如鼓点、拍手、用勺子敲杯子，目的是活跃气氛、吸引学生注意，练习重难点。在第二课时穿插谜语，如教师问学生："They are green. They are long. They are sweet. What are they?"。在前两课时的基础上，第三课时要对已有知识进行复现，上升难度，以制作Shopping for fruit课件为重点目标，从水果的名称、颜色、外形等方面展开教学，内容难度层层递进。

网络教学细分为直播或录播，针对这两种方式，教师需要进行不同的准备。如果是直播，就要做好课件，一边做一边试看，直到达到效果。如果是录播，就要用到Camtasia Studio（一种屏幕录像软件），先把"毛料"修剪一下，有时还会用到Adobe Audition（音频录制和编辑软件）进行声音净化。教师要学会用Camtasia Studio加字幕，加片头、片尾和过度，这样看起来不唐突，能有效引起学生的注意，并且视频完整性好，也美观。

直播前期准备没有那么复杂，但在直播前，教师要先试几遍，对要说的话要反复揣摩，多说几次，确定哪儿可以说得快一点，哪儿说得一定要慢，哪儿可以加一点幽默内容，哪儿可以唱两句。虽然不能和学生面对面交流，但教师要在心里不断感觉到学生存在，要能吸引学生的注意，知道学生什么时候会无聊、什么时候会大笑、什么时候会开小差，要适时、适当对线上课堂进行调控。但教师不要过多互动，因为由于网络经常不稳定，每个学生端的网络流畅性没保证，一旦卡住不但浪费时间，更会分神，不是非常必要的环节不要连麦。

录播前期教师要做充分准备，一个视频要有头、有尾、有过渡，每个环节要录好、做好连接。比如，笔者经常是开局一首歌，这首歌要有质量，也要适合学生，更要贴合教学内容。然后播放手偶戏，把要学的内容用故事展示。接着播放教材上的视频动画和讲解，必要时笔者会加一段课件对一个小知识点进行剖析。最后经常是分享一个软件的用法，让孩子学到一些新技术，开阔眼界。比如，在教学中，笔者给学生展示了Sketch绘画软件，Scratch编程软件，翻译软件有道翻译官（Dear Translate）、腾讯翻译君（Mr. Translator）。笔者甚至会用到一些游戏软件，如在讲水果时，笔者直接用*Minecraft*（《我的世界》），进去后找到一个村子作为果园，在那些果树里丢进apple、banana、peach、orange等，学生兴奋极了。

尽管笔者已经从事教学工作近十载，面对线上教学挑战笔者依然觉得身上的担子很重，不敢掉以轻心。学生的可塑性很强，至于把他们塑造成什么样，教师很关键。故在线教学期间，英语教师培训笔者逢培必学，收获了较多的线上教学的策略和教学资源，丰富了课堂教学内容。

网络教学让笔者在教学上进一步锤炼了自己，提高了资源整合、信息检索能力，笔者也学到了一些新的知识和技能，同时意识到了自己的不足。为了得到进一步提升，笔者开始尝试学习编程，学习了Scratch和Python（计算机编程语言）。人总要不停地去尝试新的领域，才能有新的灵感，才会保持探索、获取和创新的能力。

总之，笔者从一开始慌张到能正常、淡定上好每节课，经历了很大的心理挑战，笔者克服了种种困难，才确保了自己能正常进行教学，且线上课堂越来越精彩。笔者会砥砺前行，在教育教学中尽自己的绵薄之力，不负时光，和学生们同在，在求知的路上携手并肩！

# 基于图式理论，优化小学英语模块复习

## ——以牛津英语四年级上册Module 2复习课为例

深圳市宝安区上屋小学　郑　密

复习课不仅帮助学生复现并巩固学习内容，而且能提升学生语用能力。通过有效复习，教师引导学生把教材中的各部分知识进行系统归纳，帮助学生进行查漏补缺，将所学知识构建成一个有机的整体，从而形成新图式，在温故知新的学习中更好掌握语言知识。

### 一、理论基础

图式理论是认知语言学和认知心理学相结合的重要研究成果，源于德国心理学家、哲学家伊曼努尔·康德提出的认知图式的概念。图式理论是认知心理学家用来解释心理过程的一种理论。图式可以被比作一个庞大的档案系统，它把个人的知识经验分门别类地贮存在大脑中。大脑接收一个新的信息后，便会设立一个新的文件夹（或先验图式），或把新的信息输送到现存的先验图式之中。图式理论认为，人都是通过激活相关的经验来理解新的知识。图式理论不仅可以对输入信息的理解起作用，也可以对话语的产出起作用。

英语语言学习就是已有图式不断被激活，并结合新知识不断进行增补完善已有图式的过程。在英语教学中，激发学生已有的图式知识，并为学生创建新的图式知识是成功的关键所在。模块复习课教学过程中，教师要善于整合模块主题，设定模块教学目标，融合语篇复习内容，树立图式教学意识，引导图式教学过程。

### 二、案例呈现

#### （一）教学内容简析

牛津英语四年级上册Module 2的主题是My Family，My Friends and Me。通过该模块复习课，学生能熟练掌握关于家庭成员、职业、服装等词汇，能通过问答了解他人，并能介绍他人情况。

## （二）复习课案例的多元目标

复习课案例的多元目标如表1所示。

表1　　复习课案例的多元目标

<table>
<tr><td>任务目标</td><td colspan="2">在family tree（家谱树状图）语境中，根据照片和思维导图，以口述、书写方式介绍自己的家庭成员，要求语音语调正确，内容完整，表达流畅，拼写及语法基本正确</td></tr>
<tr><td>体验目标</td><td colspan="2">（1）学生学会关心、了解家人，促进与家庭成员之间的关系<br>（2）学生积极参与学习，沟通交流学习习惯和兴趣，并能形成自主思考和小组合作的意识，感受运用英语的乐趣</td></tr>
<tr><td rowspan="7">关键能力与必备品格</td><td>聚焦自律能力</td><td>智慧与知识</td></tr>
<tr><td>换位思考能力</td><td>胆识与勇气</td></tr>
<tr><td>交流沟通能力</td><td>仁义与友爱</td></tr>
<tr><td>关联选择能力</td><td>公平与正义</td></tr>
<tr><td>批判性思维</td><td>节制与谦让</td></tr>
<tr><td>直面挑战能力</td><td>品位与格局</td></tr>
<tr><td colspan="2">调控学习能力</td></tr>
<tr><td rowspan="5">语用目标</td><td colspan="2">语音：能知晓字母e在重读闭音节中的发音规则，i/ai/在开音节的发音规则，以及字母i在重读闭音节的发音规则，能准确根据发音规则听音辨音</td></tr>
<tr><td colspan="2">词汇：熟练掌握核心词汇的音、形、义，并能熟练运用核心词汇进行询问、应答并正确书写</td></tr>
<tr><td colspan="2">词法：熟练掌握第三人称单数动词用法，用其介绍家庭成员</td></tr>
<tr><td colspan="2">句法：能熟练运用核心句型介绍自己的家庭成员</td></tr>
<tr><td colspan="2">语篇：理解语篇含义，根据照片和思维导图，以口述、书写方式熟练介绍家庭成员</td></tr>
</table>

## （三）教学活动过程

在小学英语模块复习课教学中，教师不仅要引导学生学习新知识，更要通过组织多种形式的教学活动来激活学生已有知识及适当补充必要的图式，使新知识更易被吸收整合到已有的图式中，从而积极发挥学生学习的主体性、积极性和创造性。为了达成目标，设计相应的教学活动，具体如下。

**1. 课前准备（Pre-task preparation）**

（1）呈现语音文本，检测所学。

E for pen. Ken and Ben have ten red pens.

I for kite. I have a kite. My kite is high.

I for pig. Jim has a pig. His pig is big and pink.

（2）歌曲激发兴趣，引出主题。

唱歌曲*I love my family*导入。

T：What's the song about?

S：It's about family.

T：（展示家谱树状图）Look at the family tree. Whose family tree is this?

S：It's Jill's family tree.

设计说明：

语音教学中，在复习模块语音的同时，教师应更关注学生朗读句子的节奏，让学生熟记e和i的发音规律，判断相同的读音。用歌曲活跃课堂气氛，为话题引入作铺垫。

**2.课中过程（While-task procedure）**

（1）导入文本一，设置问题。

Hello! My name is Jill. I have a big family. There are eight people in my family. They're my grandparents，my parents，my uncle，my aunt，my cousin and me.

Q1：How many people are there in Jill's family?

Q2：Who are they?

问题推进，通过让学生听文本，复习巩固家庭成员的单词和介绍家庭成员，建构family tree的图式。

（2）阅读文本二，提取信息。

My father is a fireman. He can put out fires. He is brave. He likes his job. My mother is a nurse. She is nice. She can help people in the hospital. John is my uncle. He is a teacher. He can teach English. Dan is my cousin. He is eleven. He is thin. He is a student. Lily is my aunt. She is beautiful. What does she do? Can you guess?

通过快速阅读，让学生提取家庭成员的职业信息。

（3）猜一猜。

让学生通过头脑风暴猜测职业，复习职业词汇及相关表达，激活学生关于职业的图式。

（4）看图说话。

让学生对不同职业的服饰进行描述。

（5）对话练习。

What clothes do you like?

I like ( a pink dress ).

教师展示不同颜色的服饰，通过对话练习，让学生复习服装及颜色相关的单词。

设计说明：

教师通过听、说、读等教学活动，快速激活学生已有的图式，帮学生复习巩固家庭成员、职业、服饰、颜色等词汇和相关表达，适度拓展，有机整合串联模块信息，引导学生自主归纳、系统梳理语言知识。

（6）呈现文本三，完善图式。

This is my father. He’s 39 years old. He’s a fireman. He’s tall and strong. He has long arms and long legs. Look at this photo. He has a yellow T–shirt and a pair of red shorts. He can run fast. He can play basketball too. He likes playing basketball. I love my father.

学生听录音，捕捉信息，对思维导图（示例见图1）信息进行完善。

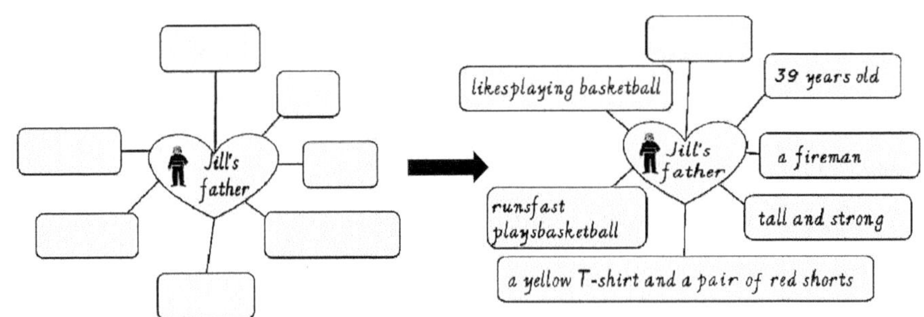


**图1　本课时的思维导图示例**

学生通过思维导图，运用句型“This is... He/She is... He/She has... He/She can... He/She likes...”对Jill’s father的情况进行介绍。

设计说明：

思维导图能将模块相关内容有机整合，帮助学生系统完整梳理和掌握模块内容。以Jill’s father的情况为核心主题架构思维导图，将模块中的家庭成员职业、服饰等内容统整其中。学生完善思维导图及介绍过程中，调动了介绍人物的年龄、颜色、活动、爱好等知识，在模块复习中建构介绍他人的相关图式，开拓语言思维，丰富语言表达，提升了语用能力。

**3.课后活动（Post–task activity）**

（1）一问一答。

教师展示家庭成员brother，由学生询问教师该家庭成员的情况，学生完成思维导图填写，一问一答示例如图2所示。

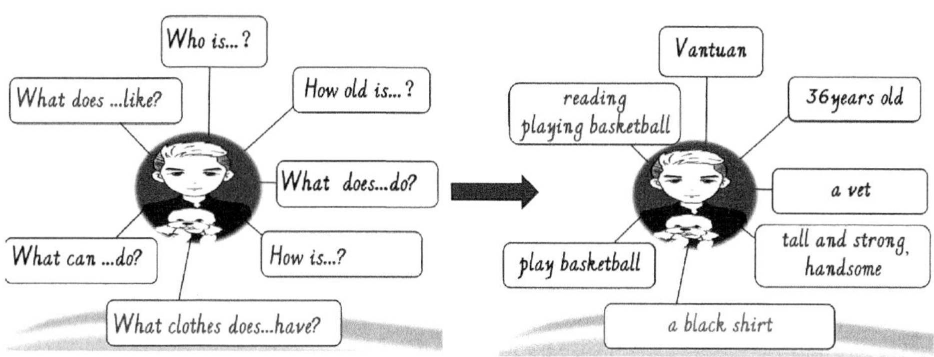


图2 一问一答示例

（2）小组合作。

Introduce one of your family members.

You may use these questions:

Who is...? How old...? What does ...do? What clothes does... have?

What can ...do? What does...like? What food/animal/toys/…does …like?

学生在小组中与其他同学交流家庭成员的情况。

设计说明：

学生仿照范例，搭建问题支架，在小组中了解其他同学的家庭成员的情况，自主选择、畅所欲言，有效巩固单元内容，由此建构完整的思维导图，为后续自由谈论、书面表达做好准备。

（3）呈现文本四，提炼总结（示例见图3）。

This is my brother. His name's Vantuan. He's 36 years old. He's a vet. He's tall and strong. He is handsome, too. He has a black shirt. He can play basketball very well. He likes reading and playing basketball. He likes small animals. I love my brother. What about you?

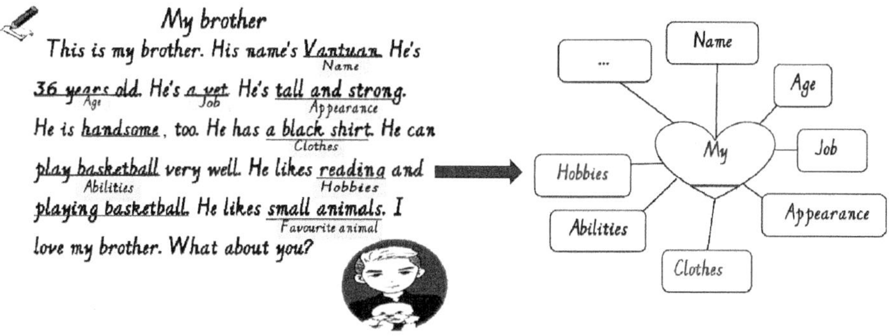


图3 围绕思维导图进行人物描写示例

教师根据示例告诉学生如何围绕思维导图进行人物描写，指导学生系统描述自己的家人。

（4）写一写。

学生结合图片，根据思维导图所搭建的语言支架，写一篇至少6句话的小作文介绍一位家庭成员，完成练习题（见图4），并互相交流评价。

设计说明：

利用思维导图，学生能梳理人物描写的结构脉络，提取文本语篇的基本信息。教师应针对不同的学生提供不同的写作支架，指导学生写作的技巧，让学生分享学习成果，逐步提升写作的能力。

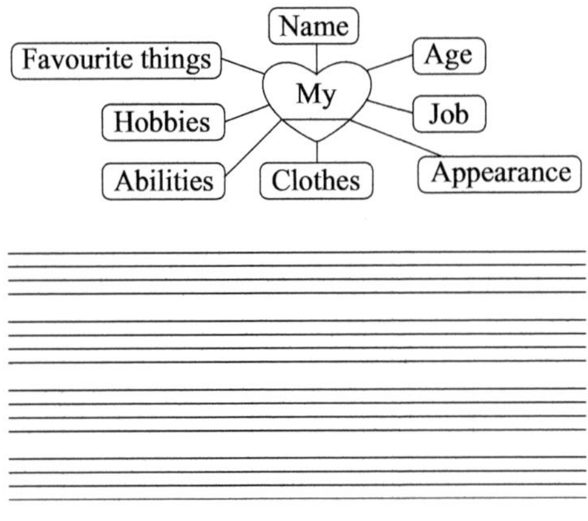
Worksheet A

Class: ______ Name: ______

Write about one of your family members.
结合图片，根据思维导图所搭建的语言支架，写一篇至少6句话的小作文介绍一位家庭成员。



**图4　练习题**

## 三、案例启示

利用图式理论进行模块复习，旨在助力学生巩固所学知识，引导学生再学已学内容，提高语言运用能力。该案例整合模块中与人物话题相关的语篇，在听、说、读、写等一系列任务驱动下，在问题链和课堂小练笔相结合的基础上，学生能聚类呈现与人物描述相关的词汇，会熟练运用不同的句式进行问答，并能借助照片和思维导图，熟练对家庭成员进行多维度描述，有条理表达相关信息。此外，他们学会了关心、了解家人，这促进其与家庭成员的关系。

因此，教师应将图式理论运用于英语课堂教学，改变传统的教学模式，在教学过程中不一味地重视语言知识的教学，而是有意识地激活学生头脑中的图式，通过大量输入和输出语言，启发他们的思维，同时注意扩充学生的背景知识，指导其对自己的图式不断进行调整，丰富图式的内容和形式，促进语言表达技能提升。

## 参考文献

［1］上海市中小学英语学科教学基本要求：试验本［M］. 上海：上海教育出版社，2017.

［2］刘艳. 认知图示理论指导下的英语教学［J］. 中国教育学刊，2016（S1）：44–45.

［3］RUMELHART D E. Schema：the building blocks of cognition［C］//Hillsdale N J. Theoretical Issues in Reading Comprehension.Lawrence Erlbaum Associates，1980.

# 信息技术助力小学英语多元互动式教学实践与研究

## ——以深圳牛津二年级下册Module 1 Unit 1 What Can You See?为例

深圳市新安中学（集团）外国语学校　朱丽芳

【摘要】教师与学生在线上、线下课堂互动是提高学生语言交际应用能力的重要途径。在课堂教学中，学生是学习的主体。利用信息技术来增进师生互动，是提高课堂教学效率的重要保证。教师与学生的有效互动程度和质量决定了课堂教学的效率，而信息技术有效运用则是构建小学英语高效互动课堂的关键。

【关键词】小学英语；信息技术；互动式教学

为了激发培养学生学习英语的兴趣，使学生更加喜欢英语学习，从而获得更强的英语交际能力，在当今的教学中，教师大多采用现代化的教学方法，因为现代化的教学方法更符合学生学习英语的需要，也更方便快捷。比如，教师使用视频导入，能让学生在短时间内集中精力学习英语，思考教师提出的问题；利用计算机答题器、网络信息问卷星、英文歌曲等辅助工具，实现互动教学。本文对利用信息技术教学的作用进行了总结,并仔细分析了如何利用信息技术手段来开展英语教学。

### 一、利用信息技术开展小学英语多元互动式教学的作用

#### （一）拉近距离，搭建交流的桥梁

教师利用信息技术开展英语教学可以和学生建立起更为和谐、融洽的关系，还可以利用趣味化互动，为英语课堂创造更有趣的英语学习情景，让学生爱上英语。比如，在教授What Can You See?一节时，教师可以播放动物园的视频，让学生来描述看到的小动物。在观看视频期间，遇到学生感兴趣的内容，教师可以点击暂停键，让学生仔细观察，如果遇到学生看不清的情况，教师也可以利用放大功能，让学生看得更加清晰。

### （二）增加课堂互动的信息量，扩大学生的英语知识面

互联网中有书本中没有的知识，学生可以通过互联网去学习英语，学生在使用互联网获得知识后可以同教师进行交流。同时，教师在课堂中可以利用信息技术向学生展示教材中的知识，让英语教材中的内容更直观、更生动，进而让他们更加轻松地去记忆英语知识。学生通过信息技术助力的课堂，扩大自己的英语知识面，多方面提升自身的英语学习素养。

### （三）提高学生学习的主动性，提升互动方式的灵活性

大部分学生对信息技术都比较感兴趣，因此，英语教师可以根据学生对电脑的喜好去开展英语教学，提升互动方式灵活性，创造一些趣味性的英语实践活动，让学生们在玩中学。信息技术，改变了以往单一且死板的英语互动方式，学生可以利用各种英语应用程序获取英语知识。比如，趣配音可以通过互联网中的虚拟环境，让英语课堂的互动变得更加高效，使得学生更乐意去和教师进行英语对话，从中体会到英语对话的乐趣，懂得学习英语的重要作用。

## 二、如何利用一些有效的应用程序展开多元互动式英语教学

兴趣是最好的老师，利用信息技术激发学生的英语学习兴趣、调动学生积极性的原动力是学生的求知欲。把学生从厌学困境中解脱出来，让学生享受英语学习的乐趣是英语教师的职责。在教学中，教师应借助多媒体辅助软件创设轻松愉快的课堂教学情景，培养学生学习英语的兴趣。比如，上课时，笔者会将“同步学”课本剧里的动画播放给学生，学生一看到动画立刻就有了兴趣，通过观看动画对教材篇章的理解也加深了。之后，笔者还鼓励学生们到讲台上来配音、表演，学生们都很积极，不但提升了英语表达能力，还增强了自信心和表演能力，实现了在玩中学。

课堂教学时间是有限的，教师很难保证所有学生都能获得一样的参与机会。有些学生成绩不够好，除非被提问，否则不会主动参与到课堂互动中。那如何给这些学生同样的参与机会呢？笔者利用“同步学”开展了一系列实验，讲完课上内容后，笔者会让学生趁热打铁，立刻打开“同步学”的说说看模块，巩固这节课学习的重点词句。学生都可以大胆开口去读，根据系统的打分不断纠正自己的发音。一节课下来，学生得到了开口说的机会，参与感满满。笔者将应用程序和英语课堂融合在一起，让学生从课堂中去逐步创建适合自己的英语学习方法。

英语学习不仅要有教师教，还要有学生互相学习。要形成良好的学习风气，毕竟学生才是学习的主体。教师在利用应用程序开展教学时要注意让学生们进行交流讨论，教师也要和学生进行有效沟通，及时了解学生们使用软件进行了哪些学习、学习效果如何，并对他们的问题给出答案。使用“同步学”为孩子布置作业时，笔者每次都会查看班级作业报告，系统可以清晰地展示出学生的完成情况，以及哪些知识点掌握存在问题。笔者布置配音、听写等作用，会有班级榜，学生可以为排行靠前的同学点赞，向榜样们学习。这样可以让师生、生生之间实现互动，更好落实教与学。

信息技术对于英语课堂来说有独特的优势，但是教师要合理、科学利用这种优势去提升学生的英语素养，让学生们学会利用互联网去学习英语和发现生活中的英语。教师应利用信息技术，增进师生互动，让英语课堂更加丰富和趣味化，提高课堂效率。

## 参考文献

[1] 严林廷. 信息技术在小学英语教学中的应用 [J]. 西部素质教育，2018（17）：139.

[2] 曹海燕. 谈信息技术下的小学英语教学探讨 [J]. 考试周刊，2018：109.

# 板书和作业设计

# 指向思维品质提升的英语“导图式”作业实践

## ——以牛津（深圳版）小学英语教材六年级下册为例

深圳市宝安区凤凰学校　黄红苑

## 一、引言

《普通高中英语课程标准（2017年版）》指出英语学科核心素养包括语言能力、文化意识、思维品质和学习能力，并将思维品质界定为思维在逻辑性、批判性、创造性等方面所表现的能力和水平[1]。思维品质的提升是发展学生智力和能力的突破口，也是学科核心素养落地的关键，教师应该在教学中渗透思维品质的训练，根据不同的学情和课型因材施教[2]。

近年来，通过语篇教学提升学生思维品质的教学案例有很多，然而不少教师与学生依旧认为，英语课应该讲词汇、练语法，这就使得英语教学对思维的关注和培养处于较低水平[3]。课后作业作为英语教学活动的延续和补充，是巩固英语学科知识、提升学生思维品质、培养学生核心素养的重要工具。当前的小学英语作业存在问题，主要表现在作业目标缺乏整体性和层次性，内容缺乏趣味性和选择性，抄写单词、词组翻译、句型训练等传统作业仍然占据主要地位，学生难以建立知识之间的内在联系。本文以牛津（深圳版）小学英语教材六年级下册作业设计为例，探索“导图式”作业对学生思维品质提升的作用。

## 二、思维品质素养级别划分和层次框架

《普通高中英语课程标准（2017年版）》明确提出了四个学科核心素养，思维品质首次被明确列为英语学科的培养目标，并对英语学科核心素养中的思维品质做了三个素养级别的划分（见表1）。

夏谷鸣在思维品质素养级别划分的基础上，将英语学科核心素养下思维品质具体细分为八个层面[4]（见表2）。

表1 思维品质的素养级别划分

| 素养级别 | 思维品质 |
| --- | --- |
| 一级 | 注意观察语言和文化的各种现象，通过比较，识别各种信息的异同；根据不同的环境条件，客观分析各种信息之间的关联和差异，发现产生差异的基本原因，从中推断出它们之间形成的简单逻辑关系；根据所获得的信息，提取共同特征，形成新的简单概念，并试用新概念解释新的问题，尝试从另一个角度认识世界；针对所获取的信息，提出自己的看法，并通过简单的求证手段，判断信息的真实性，形成自己的看法，避免盲目接受或否定 |
| 二级 | 主观观察语言和文化的各种现象，通过比较，识别各种信息之间的主次关系；根据不同的环境条件，客观分析各种信息之间的内在关联和差异，发现产生差异的各种原因，从中推断出它们之间形成的逻辑关系；根据所获得的多种信息，归纳共同要素，建构新的概念，并通过演绎，解释、处理新的问题，从另一个角度认识世界；针对所获得的各种观点，提出批判性的问题，辨析、判断观点和思想的价值，并形成自己的观点 |
| 三级 | 正确观察语言和文化的各种现象，通过比较，从错综复杂的信息中，识别关键问题，把握全局；根据不同的环境条件，综合分析各种信息之间的内在关联和存在的各种矛盾，梳理产生这些矛盾的原因，从中推断出它们之间形成的各种逻辑关系；根据所获得的综合信息，归纳、概括内在形成的规律，建构新的概念，并在实践中，用于处理、解决新的问题，从多视角认识世界；针对各种观点和思想的假设前提，提出合理的质疑，通过辨析、判断其价值，作出正确的评价，以此形成自己的独立思想 |

表2 思维品质的层次框架

| 层面 | 含义 |
| --- | --- |
| 观察 | 获取信息的一种知觉活动，是有目的、有计划、比较持久的行为 |
| 比较 | 判断两种事物之间相同点和不同点的方法 |
| 分析 | 将研究对象的整体分为各个部分，并分别加以考察的认识活动 |
| 推断 | 根据事实或前提进行推理、判断事实的因果关系的心智活动 |
| 归纳 | 从个别事物中概括出一般性概念、原则或结论的思维方法 |
| 概念建构 | 在认识过程中从感性认识上升到理性认识，把所感知事物的共同本质特点抽象出来，加以概括，形成概念式思维惯性的活动 |
| 批判性思维 | 一种反思性思维，依据一定的标准评价思维，进而改善思维 |
| 创新性思维 | 以现有的思维模式，利用现有的知识和物质，在特定的环境中，提出有别于常规或常人的见解和方法 |

## 三、小学英语“导图式”作业案例实践

如何通过有效的作业来培养学生的思维品质？思维导图是培养学生思维品质的

一种非常有用的工具。小学高年级的学生正处于从具体形象思维到抽象思维过渡的阶段，思维导图通过图文结合方式将学生在语言学习过程中的思维轨迹外显出来，帮助学生理解语言内容，搭建语言结构和厘清思路，从整体上把握知识[5]。根据“导图式”作业设计的思路，笔者以单元话题为中心，布置相关的练习作业，通过图文并茂的形式把抽象的发散思维图像化，从而促进知识结构的可视化和有效生成。下面是笔者结合牛津（深圳版）小学英语教材六年级下册进行“导图式”作业设计的实践。

### （一）韦恩图式作业

韦恩图通过对比两个事物或者两个人之间的相同之处和不同之处，发展学生的观察、分析、概括思维能力，为学生思维能力的发展奠定了坚实的基础。

**【案例1】**在牛津（深圳版）小学英语教材六年级下册M1U1 You and me教学中，基于学习的目标和内容，笔者将该单元分为三个课时。第一课时为“Differences between city and countryside”，学生在Joe和George介绍自己的居住的地方的语篇中，学会用There be句型描述不同地点差异和变化（city和countryside的对比见图1）。第二课时学生通过Joe到农村拜访George的对话情景，学会用核心句型“How much do you weigh? I weigh...How tall are you? I am...tall.”来描述不同的身高、体重等（朋友和自己的信息对比见图2）。第三课时为“Idols from different countries”，学生通过介绍自己偶像的身高和体重，在真实的情景中输出语言（自己的偶像和朋友的偶像的信息对比见图3）。

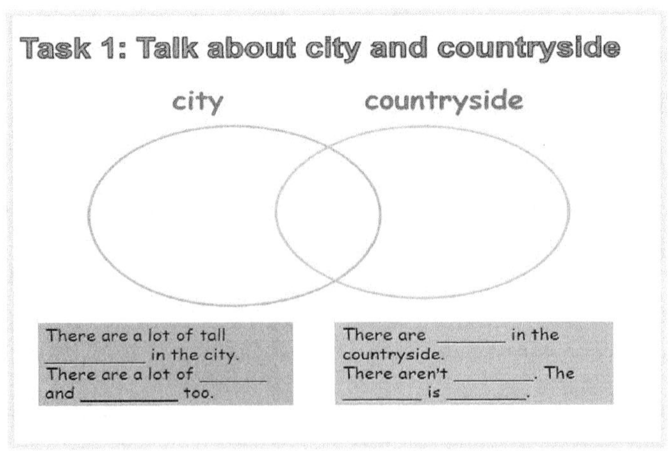


图1　city和countryside的对比

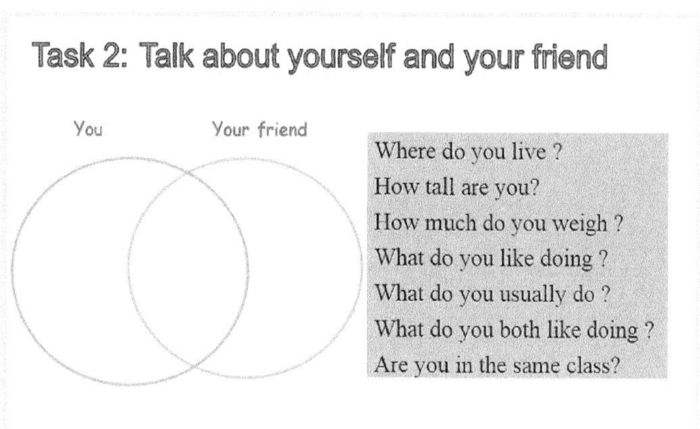


**图2　朋友和自己的信息对比**

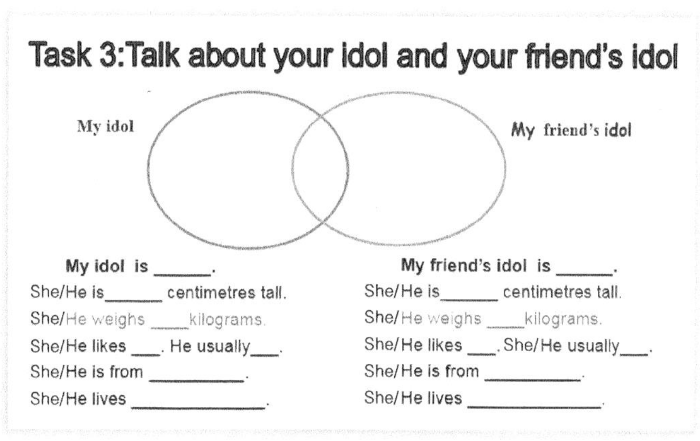


**图3　自己的偶像和朋友的偶像的信息对比**

该单元作业设计中，笔者紧扣单元主题，用韦恩图将分散知识点串联成一个整体，学生在对比city 和countryside等任务中，学习目标语言和核心句型，把知识结构图像化，构建自己的知识框架，将课堂上学到的知识进一步内化。此外，笔者通过布置网络“云作业”，收集班上同学的偶像信息，形成调查表。学生用第三人称描述，从而实现知识迁移运用，学生参与积极性高，效果显著。

**【案例2】**在牛津（深圳版）小学英语教材六年级下册M1U4 Art教学中，笔者布置了用韦恩图对比Chinese ink painting和oil painting的作业（见图4），通过相同的维度标准，让学生比较分析两者的相同和不同之处，从而帮助学生构建自己的思维体系，为批判性思维和创造性思维的形成奠定基础。有的学生还将韦恩图作为思维的工具用于自己的生活实践中，对两所学校进行对比（见图5），为自己的升学择校决策赋能。

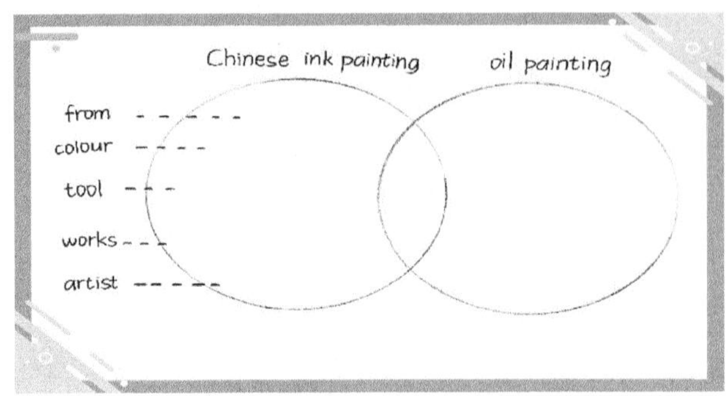


图4　两种painting的对比

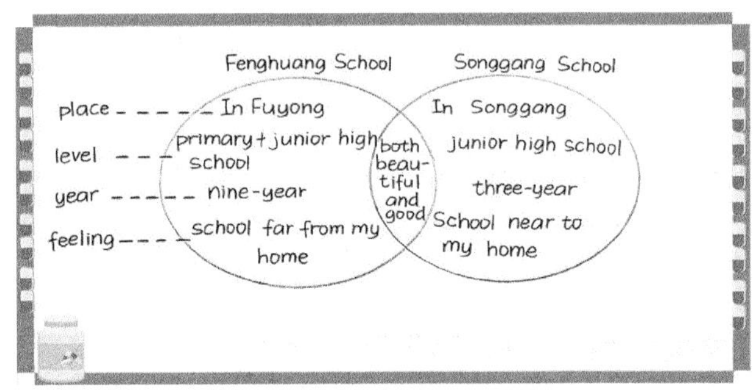


图5　两所学校的对比

## （二）柱状图式作业

柱状图通过可视化的数据呈现，方便数据筛选和直观分析。学生通过调查并制作柱状图，在分析、整理相关信息的过程中，对数据反复校验，从而发展了批判性思维和逻辑性思维。

**【案例3】**在牛津（深圳版）小学英语教材六年级下册Unit 3 Our school in the future作业设计中，笔者创设了为学校发展献言献策的情景，在任务推进的过程中帮助学生搭建思维框架。具体任务安排如下：一是小组讨论问题What changes would you like to see in our school?，收集答案并分类标注。二是在QQ群发起投票，统计人数和内容。三是绘制柱状图（见图6），把思维内容可视化。四是根据柱状图的数据作报告（见图7）。在这个过程中学生的信息技术能力、数学思维能力、语言能力都得到了发展。

## （三）桥梁图式作业

词汇教学是小学英语教学的一大难题，如何让词汇教学变得生动、有效呢？心理学家让·皮亚杰认为，只有将新的知识与头脑中已有的知识建立联系，将新知识

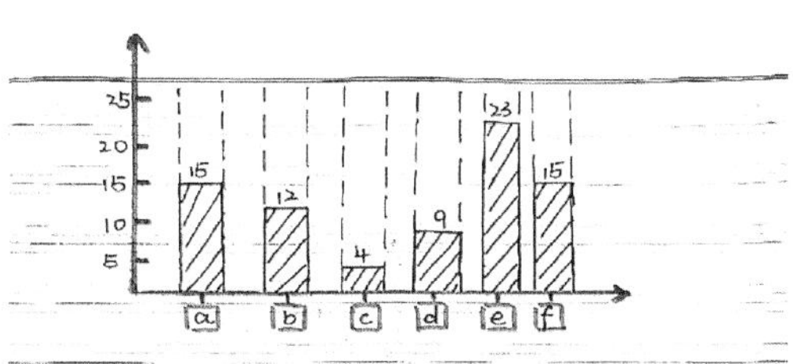


A. Fifteen students would like to have a swimming pool in the future.
B. Twelve students would like to have a lot of clubs in the future
C. Four students would like to have a lot of books and magazines in our future.
D. Nine students would like to have a lot of trees and flowers around the playground.
E. Twenty-three students would like to have chess and cooking lessons in the future.
F. Fifteen students wouldn't like to carry any books in the future

图6 学生根据调查数据整理的柱状图

Dear headteacher,

I am Arron from Class 8 Grade 6. We would like to see some changes in our school in the future.

Fifteen students would like to have a swimming pool in the future

Twelve students would like to have a lot of clubs in the future.

Four students would like to have a lot of books and magazines in our library.

Nine students would like to have a lot of trees and flowers around the playground.

We hope our school will get better and better!

Yours,

Students from Class 8 Grade

PS I would like to be the headteacher in our school.

图7 学生给校长写信反馈调查结果

纳入已有的旧知识结构中去，其才不易被遗忘。因此，笔者通过桥梁图式作业将新旧知识整合，帮助学生梳理识记单词、建立单词之间的联系。

【案例4】在牛津（深圳版）小学英语教材六年级下册M3U9 Reusing things的作业设计中，笔者通过桥梁图将新旧单词进行可视化连接，从复现旧单词过渡到学习新单词，不仅降低了学生学习新单词的难度，还能让学生全面了解和掌握构词规则的概念，帮助学生进行系统知识梳理。例如，前缀“re”构成的单词use-reuse、think-rethink、write-rewrite等；后缀“ful”构成的单词care-careful、help-helpful、wonder-wonderful等。桥梁图能够帮助清晰揭示概念之间的联系，这不仅给学生识记单词提供了有效手段，同时降低了学生学习单词的焦虑感。构词规则梳理如图8所示。

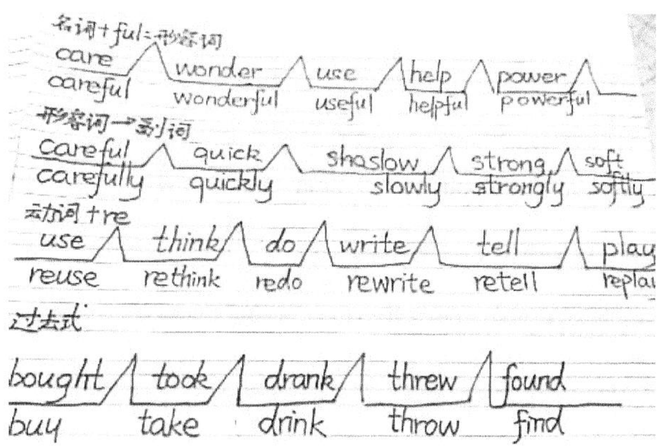


图8 构词规则梳理

### （四）圆圈图式作业

圆圈图式作业通过将与主题相关的内容罗列出来，提升学生的联想能力，训练学生思考的广度和深度，为学生分析问题做准备，培养学生思维的逻辑性和创造性。

**【案例5】**在牛津（深圳版）小学英语教材六年级下册M2U4 Art第二课时的作业设计中，笔者布置了圆圈图式作业帮助学生梳理文本关键信息。该课时主要讲述了达·芬奇小时候画鸡蛋的故事，文本的内容简单易懂，但是文本中出现的连接词如first、next、then、after、that、finally等，核心词组如took drawing lesson、put the egg on the plate、work hard、became a great artist等内容比较分散，学生较难把握主线。在圆圈图式作业设计中，笔者将圆圈图的外环划分为四个部分。学生通过聚焦主题，在圆圈中罗列出与主题相关的信息，先按照步骤流程梳理出框架，再根据课文脉络将关键信息填入圆圈图，为口头复述和书面表达提供了可视化的语言支架，实现语言能力和思维品质的融合发展。与课文主题匹配的关键信息梳理如图9所示。

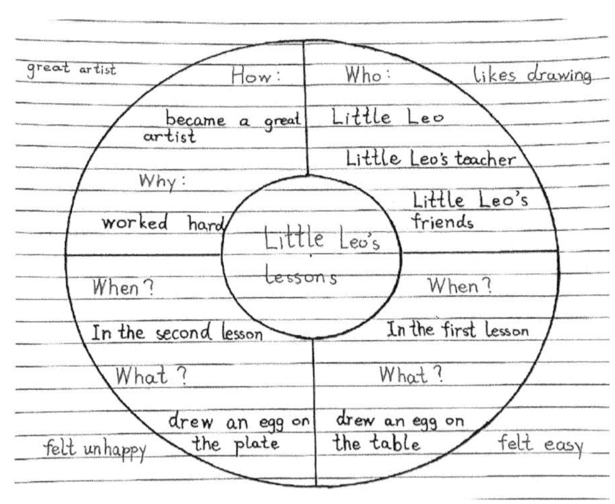


**图9　与课文主题匹配的关键信息梳理**

### （五）流程图式作业

流程图是通过简明的图形、符号及文字组合的方式呈现事件全过程的一种可视化途径。学生读完一个故事后，将故事的情节画在流程图上，能够更加深刻地理解文本。

【案例6】在牛津（深圳版）小学英语教材六年级下册M1U9 Reusing things第二课时的作业设计中，笔者布置了让学生用flow map记录塑料瓶循环利用变成T-shirt的流程图式作业（见图10）。笔者通过提炼关键信息，把时间和地点的信息串联起来，帮助学生构建语言支架，关注的既有语言知识的表达和学习，也有基于意义的理解、思维的表达。学生的作业既有对课本内容的复述，也有对其他物品回收利用的故事创编，真实培养了学生用英语思考、用英语做事情的能力（见图11和图12）。

图10　可乐罐循环再生的过程1

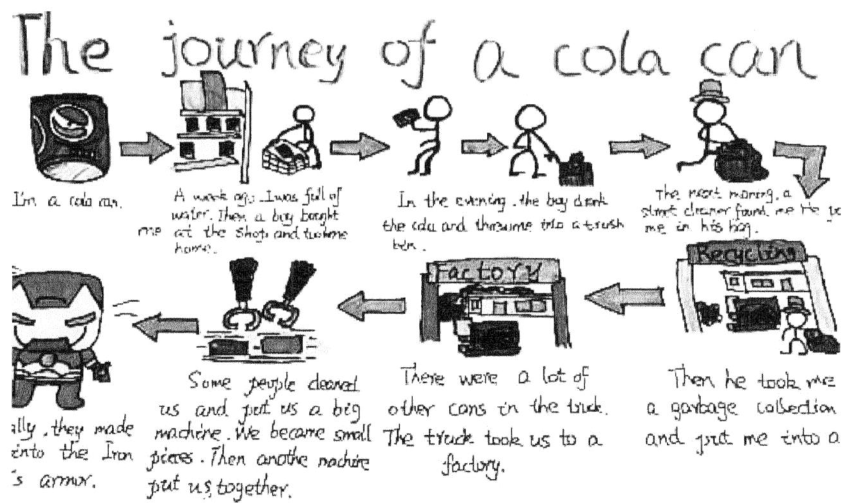


图11　可乐罐循环再生的过程2

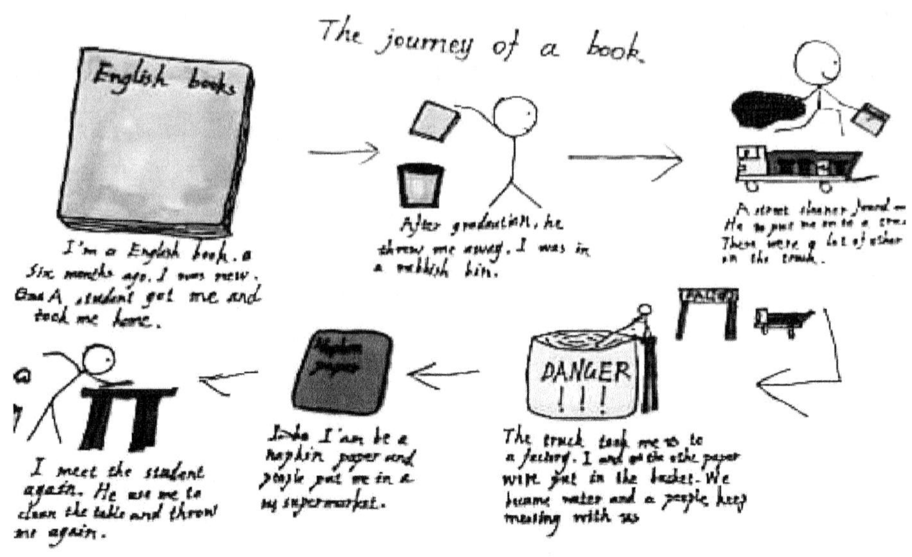


图12　一本英语书的创意旅程

小学高年级英语教材的内容知识结构较零散，内容相对局限，不利于学生思维提升和语言表达。“导图式”作业所具有的层次性、联想性和开放性的特点，能够帮助学生更加深刻地理解文本，使学生思维处于一种被激发和开放的状态，让学生更容易掌握科学知识结构，理解抽象概念、提升逻辑思维能力。在设计“导图式”作业时，需要注意以下内容。

教师要有过硬的学科素质，充分了解学生个体，关注学生的思维起点和自己的教学预设。教师要深入解读教材，通过合理解读文本和插图的意义，拓展学生思维，帮助学生提高学习效率。作业评价方式要多样化，评价标准要清晰、明确。布置作业时要考虑到学生学习兴趣、能力、习惯以及完成速度的差异，要有一定的梯度设计。

## 四、结语

小学高年级的学生心理和生理都和以前不同，有些学生不愿意做家庭作业，对于学习的惰性也慢慢显现出来。这与学习力有关，学习力又分为能力、动力和毅力。要解决家庭作业做得不好或者不愿意做作业的问题，首先要解决学习力的问题。当学生在学习中能体会到胜任感和满足感，就会产生动力，当学习的动力足够支撑形成毅力，就会形成学习的能力。

“导图式”作业将听、说、读、写变成学生综合语用的语料，不仅激活学生的学习力，而且有助于学生语言能力和思维品质的提升。

## 参考文献

[1] 中华人民共和国教育部. 普通高中英语课程标准：2017年版 [M]. 北京：人民教育出版社，2018.

[2] 林崇德. 培养思维品质是发展智能的突破口 [J]. 国家教育行政学院学报，2005（9）：21–26，32.

[3] 龚姚东. 从思维品质到品质思维：刍议英文教学中的思维品质培养 [J]. 英语学习（教师版），2015（12）：4–7.

[4] 夏谷鸣. 作为英语学科核心素养的思维品质内涵分析 [J]. 兴义民族师范学院学报，2018（3）：84–87.

[5] 唐冰. 小学英语教学中思维培育的研究综述 [J]. 教育科学论坛，2020（10）：78–80.

# 思维可视图在小学英语高年段作业中的运用

## ——以牛津（深圳版）小学英语教材六年级下册Module 2 Unit 4 Art为例

深圳市宝安区新桥小学　李国强

**【摘要】**思维可视图图文并重，把各级主题的关系表现出来，把主题关键词与颜色等建立链接。思维可视图的核心就是把形象思维与抽象思维结合起来。把思维可视图运用到小学英语高年段的作业设计中，可以鼓励学生通过参与、合作与创新的方式，进行分析、推理、归类、理性表达，不断提高思维品质。

**【关键词】**思维可视图；小学英语高年段

小学高年段的学生主要是指小学五、六年级的学生，经过四五年的英语学习，已经有了一定的英语基础，初步掌握了一定的学习方法，但是比较活泼好动、贪玩好奇。对于教师布置的机械性的作业，有些学生选择应付了事。因此教师在小学高年段的英语作业布置上可借用思维可视图，引导学生自己发现规律、形成认识，这不仅能提高学生做作业的兴趣，还能提高学生语言运用的能力。这个过程中学生不是被动接受知识，而是“亲身经历”知识发现及“生长”过程，真正成为“学习的主人”。

作业主要包含课堂作业和课后作业，课堂作业可以是训练拓展的延伸，教师可以让学生互助合作，最后学生表达方式可以是语言输出型，也可以是作品输出型。课后作业作为课堂教学的延续和补充，不仅可以让学生复习旧知、加强记忆，更能开发学生思维、培养个性。特色鲜明的开放性作业是小学高年段学生所喜爱的，其符合学生的年龄特征和心理发展的特点。教师在小学高年段的作业设计中借用思维可视图，不仅可以培养学生兴趣，更能提升学生思维品质。

本文以牛津（深圳版）小学英语教材六年级下册Module 2 Unit 4 Art为例，结合小学六年级学生的作业反馈，谈谈思维可视图在小学英语高年段作业中的运用。

### 一、罗列核心内容，思维可视可寻

思维可视图符合小学生的思维特点，能够显著加深学生记忆，提高其理解英语知识点的水平，增强他们学习英语的自信。此单元教学的重点在于认识Art，主要是艺术作品，让学生能区别oil painting和Chinese ink painting，教师可以通过可视图，提炼核心内容。比如，油画的特点是色彩艳丽（colorful），所用到的工具有颜料（paints）和画笔（brushes）。学生可以通过油画来进一步认识画家，并能够匹配画家和油画作品，即知道著名画家的代表作是什么。课堂上教师主要罗列了书本中出现的画家及作品，学生也可进一步拓展课外知识，了解更多世界名画及画家。

## 二、彰显思维轨迹，活跃思维能力

经过一个深度的学习过程，学生学会将平时脑海中的思维过程“活生生”地展现在思维可视图中，结构化的思路清晰可见。在完成油画知识教学的基础上，教师可引导学生进一步提升，让学生自行建构思维可视图，培养学生发散思维，让学生表达自己的看法。让学生合作完成Chinese ink painting的思维可视图，Chinese ink painting的特色是black and white，著名的画家有徐悲鸿、齐白石、董其昌等。课程思维可视图示例如图1所示。

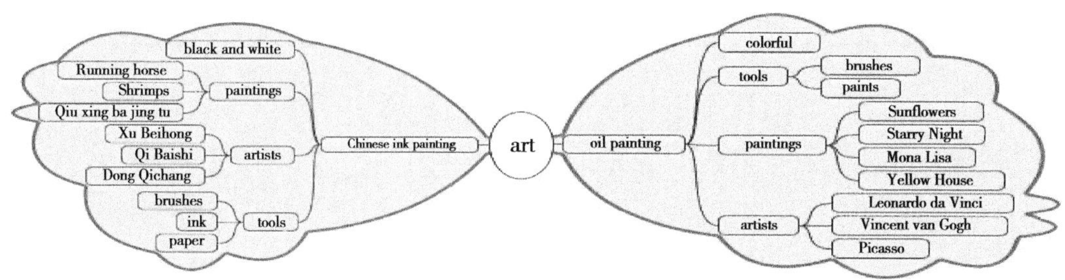


图1　课程思维可视图示例

学生可以在作业中自己总结、归纳，建立知识间的联系。在学生能够自我构建出完整的知识网络基础上，经过思维可视图处理的内容，更容易被想起。

## 三、理论联系实际，生活充满活力

思维可视图以一个“核”为中心，学生可以积极围绕这个“核”展开联想，发散思维。思维可视图主题突出、逻辑性强，贴近学生的知识面。完成思维可视图的过程就像头脑风暴，教师把核心词汇呈现出来，学生根据这个词汇不断去关联、去丰富、去深挖，根据自己的生活常识和已有知识面去拓展、去思考、去挑战，并完成知识生活化和生活知识化。

思维可视图是一种实用性很高的工具，教师们在课堂或课后作业布置中要善于利用这个工具，不断地完善和优化教学方法，切实提高学生的学习积极性和学习效率。

**参考文献**

[1] 吉桂凤. 思维导图与小学英语教学 [M]. 北京. 教育科学出版社，2015.

[2] 中华人民共和国教育部. 义务教育英语课程标准：2011年版 [M]. 北京：北京师范大学出版社，2012.

[3] 戴天扬. 小学英语作业设计与评价的创新思考 [J]. 基础教育课程，2018（10）：59-64.

# 基于小学高年级学生英语学习需求的网课作业设计实践

深圳市宝安区宝安小学　陈　莹

【摘要】本文针对小学高年级学生英语网课作业的现状，以牛津（深圳版）小学英语教材六年级下册为例，介绍了网课作业设计布置的具体实践，以网课作业带领学生走进“三个世界”，即通过思想交流，走进内心世界；通过英语学习其他知识，走进知识世界；通过英语学习来解决真实问题，联系未来世界。

【关键词】英语学习；学习需求；网课作业

教师经常会在课中、课后等学习阶段设计布置不同的作业。作业是为完成学习方面的既定任务而进行的活动，是教学活动的重要组成部分。作业有反馈和调控教学过程的作用，如果教师能根据学生学情设置合适的作业，提高学生在课业上的积极情绪，学生的课业负担感就会降低，学生正向的学习情绪体验就会提高，学生学习的主动性也能相应得到提高。

## 一、问题的提出——网课作业的现状

网课改变了学生的学习模式。有的学生在网课期间因为自律性强，提高了时间管理的能力，掌握了自学和总结的技能，大大提高了学习效率和学习自信心，网课作业完成得又快又好。而有的学生因为长期宅家，面对冰冷的电脑屏幕，感受不到平时在学校所获得的关注，自信心受挫，学习积极性有所下降，做作业拖拉，甚至多次缺交作业。

## 二、问题的思考——小学高年级学生对于英语学习网课作业的需求

### （一）网课作业要引导学生形成学习风格，满足其个性化学习的需要

网课期间，学习风格差异化表现得尤为突出。学习风格差异化不仅表现在学生

与学生之间，也表现在学生个体对学习模式从学校传统模式改变为网课模式的适应程度上。部分学生在学校里学习表现良好，但面对冰冷的电脑屏幕时，缺乏与教师和同学的互动，不能很好适应网课学习的模式，并不知道哪种学习模式最适合自己、哪种学习风格可以使自己的学习更加有效率。

### （二）网课作业要帮助学生寻找学习策略，满足其自我调控的需要

《义务教育英语课程标准（2011年版）》指出，保持积极的学习态度是英语学习成功的关键。教师应在教学中不断激发并强化学生的学习兴趣，并引导他们逐渐将兴趣转化为稳定的学习动机，使他们树立自信心，锻炼克服困难的意志。教师要有意识地帮助学生形成适合自己的学习策略，这不仅有利于他们把握学习的方向、采用科学途径、提高学习效率，而且有助于他们形成自主学习的能力，为终身可持续性学习奠定基础。网课作业设计应该关注针对学生学习策略的培训，让学生体验不同的学习策略，从而思考学习过程和方法，进而提高自我调控能力，为即将到来的中学学习奠定基础。

在布置网课作业的过程中，基于减轻学生心理压力的出发点，教师可以适当降低作业的难度，提高作业的灵活度，鼓励学生更主动参与到网课学习中来。教师可布置一些课堂笔记作业和口头复述作业，以培养学生认知策略中的精细加工策略；布置一些思维导图作业，以培养学生认知策略中的组织策略；布置一些建立时间表和设置目标方面的作业，以培养学生资源管理策略中的时间管理策略。

### （三）网课作业要满足学生全面发展的需要

每一次网课和网课作业的设置都应以激发学生学习动力和培养正确的学习态度、科学的学习方法为出发点，搭建一个相对轻松又能让学生敢于表达的舞台，降低他们对网课作业的排斥感，给予他们重新建立学习动机和建立学习自信心的机会，激励学生通过网课学习，发展心智、品格、修养以及学习知识，从中找到“理想的自己”，喜欢“理想的自己”，最终达到立德树人的育人目标。

基于学生的学情，笔者所在的备课组通过在线集体备课，调整了上课的节奏和内容，增加了课堂的趣味性，更结合课堂内容，设计一系列课后作业，旨在激发学生学习动机，帮助学生培养良好学习习惯、找到学习的乐趣、形成具有自身鲜明特色的学习风格。下面以牛津（深圳版）小学英语教材六年级下册为例，重点探讨笔者所在备课组在网课期间所做的一些作业设计的具体实践。

## 三、问题的解决——以网课作业带领学生走进“三个世界”

### （一）通过思想交流，走进内心世界

李希贵说过：“以前教材就是学生的世界，而现在世界就是学生的教材。”笔者希望课堂内容以及配套课后作业内容能涉及思想情感方面，便于师生沟通，便于学生与家人、同学、朋友交流，其中的话题便于学生建立人际关系、表达不同的心态，从而触动学生对于人生的思考，让他们能够对英语学习更感兴趣，促使他们进行自我激励。

以牛津（深圳版）小学英语教材六年级下册Unit 7 Helping others第四课时的作业为例，笔者以作业为桥梁，引导学生勇敢表达自己的人生观点。

在Unit 7 Helping others网课后，笔者给学生们布置了一项家庭作业，希望通过这项作业了解他们对于某些人生哲理的理解。笔者请学生思考“The way that I can be a good friend”如果有这样的经历，写出来，学生可以自行设计版面。

这项作业（示例见图1）引发了孩子对于如何帮助他人、结交朋友的思考，也

图1　作业示例1

给了笔者一个机会，让笔者了解学生们的内心世界。笔者发现，学生有着远超笔者认知的成熟，他们在结交朋友时有自己的一套标准。直觉告诉笔者，这些学生长大以后一定不会性格孤僻、孤立无援，因为他们懂得思考爱与人生的关系，懂得珍惜朋友间难得的缘分。

### （二）通过英语学习其他知识，走进知识世界

英语教学为学生打开用另一种语言学习知识的大门，这些知识涉及认知方法、思维方式、学校里已经学过和没有学过的各种文化知识等。

牛津（深圳版）小学英语教材六年级下册Module 2 Work and play里面三个单元的话题分别是“Art”“Crafts”和“PE lessons”。学生可以通过接触该模块学习内容，明白在课余时间，可以培养和发展适合自己的兴趣爱好，阅读、运动、鉴赏、手工制作等活动能减压，还能丰富个人的视野、提高生活的品质，这些都可以成为美好生活的一部分。学生若懂得合理分配时间，生活处处充满乐趣。该模块的部分作业设计如下。

学生经过Unit 4 Art的三个课时学习后，已欣赏、了解了一些中外名画，笔者让学生选择自己最喜欢的一幅画打印或者临摹下来，并且在一定的语言框架帮助下介绍自己最喜欢的一幅画（示例见图2和图3）。笔者通过这个作业，引起学生对中外世界名画的关注，有些对美术特别有兴趣的学生还会特意去搜索，了解网课里没有讲到的中外名画、了解名家的成长故事。这个时候，学习的选择权和主动权就交还给学生了。

图2　作业示例2

**图3　作业示例3**

Unit 5 Crafts主要讲述如何进行手工制作，在这一单元课程结束之后，笔者布置了需以视频形式提交的作业，学生通过视频进行手工艺品制作的介绍。笔者在课后收集并筛选一些优秀的或者具有鲜明特色的视频作业（截面见图4），在上课前的10分钟进行全年级直播展示。这样的形式能拓展作业类型，更重要的是能够充分利用网课平台，给予学生在年级平台展现自己的机会，展现了学生勤奋用功的价值，激发了学生学习的主动性，同时增强了学生的自信心和成就感。

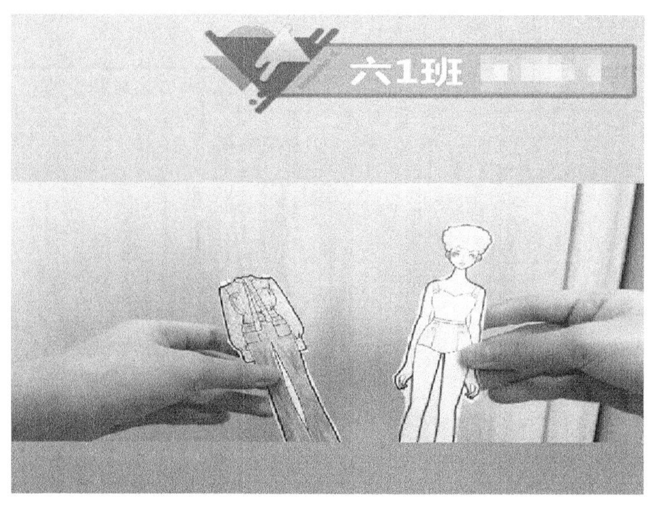


**图4　视频作业截图**

Unit 6 PE lessons主要介绍体育课，在第二课时Swimming lessons课程结束之后，笔者让学生仿造游泳课海报，制作一份自己最喜欢的运动课海报（示例见图5）。随着运动意识的增强，近年来，不少学生都会在家长的引导下自觉参加一项体育锻炼。体育锻炼也是帮助学生在网课期间增强身体素质的重要环节。此次作业贴近学生的生活经验，它不仅能帮助学生梳理自己喜爱的体育运动，还能让学生自主选择喜欢的运动话题，去构建正确的英语思维，丰富了可分享的信息量。

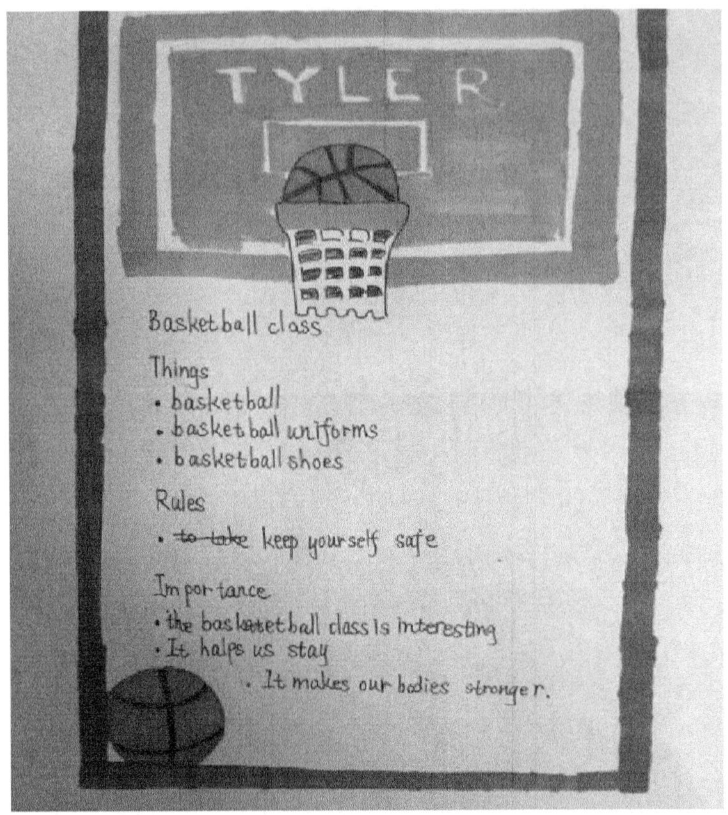


图5　运动课海报示例

## （三）通过英语学习来解决真实问题，联系未来世界

朱莉·利思科特–海姆斯曾经在她的书中指出，在那个想象中的未来状态，孩子得知道如何思考，他们得能真正把问题想明白，能自己解决问题。他们要有把控事情的能力，懂得审视，头脑里要有概念，并能够以之进行推理。如果遇到的真是一个问题，他们要决定解决方法；如果那是一个概念，就需要决定赞成、反对的程度和理由。保护和激发学生思维很重要，当学生开始独立思考、坚持独立思考，那他们就对世界有了充分的好奇心，愿意耐心地去挑战或者解决问题，练就自己不怕困难、积极向上的人生态度。

笔者设计了牛津（深圳版）小学英语教材六年级下册Module 3 Things we do的部分网课作业，引导学生关注生活时间，积极寻求解决问题的方法。学生在Unit 8 Reading signs学习了生活中各种各样的标志，因此笔者让学生来当一回城市标志设计者，动手设计标志，并用英语标注意思，从而引导学生离开书本，关注生活，走进生活场景，成为一个关注身边大事小事的有心人（标志见图6）。

图6　标志示例

学生在Unit 7 Helping others中学习了如何帮助他人寻找丢失的小狗。笔者创设了一个生活难题让学生去解决：Peter的小猫咪不见了，请发挥互助互爱的精神，帮他写一张寻猫启事（Notice）。学生设计的寻猫启事如图7所示。

图7　寻猫启事（Notice）

## 四、结论

无论在线下课堂还是网课课堂中，多样的作业形式都便于教师培养学生学习能力，帮助学生发现自己的长项和弱项，激发自身的学习潜能。教师希望学生通过各个单元话题的学习后，能够谈论更广、更深的话题，逐渐加强独立思考的能力，发展心智，提高处理问题的能力，提升综合素养。

**参考文献**


［1］中华人民共和国教育部. 义务教育英语课程标准：2011年版［M］. 北京：北京师范大学出版社，2012.

［2］利思科特-海姆斯. 如何让孩子成年又成人［M］. 彭小华，译. 成都：四川人民出版社，2018.

［3］龚亚夫. 英语教育新论：多元目标英语课程［M］. 北京：高等教育出版社，2015.

# 思维导图式粉笔板书的实践

深圳市宝安区宝城小学　黄小娟

【摘要】科学合理的板书在小学英语课堂起到重要作用，它能集中呈现语言知识，将抽象复杂的知识具体化，并能为学生搭建语言输出框架，促进记忆和理解。因此，教师备课时要根据实际情况构思并呈现不同的板书类型，教师可运用思维导图式粉笔板书这种低成本高效的教学方式，帮助学生梳理、理解和巩固学习内容。

【关键词】思维导图；粉笔板书

板书是教师在备课中构思的艺术结晶，是学生感知信息的视觉渠道，是学生形成良好思维品质的桥梁和工具[1]。关于板书的定义，竺亚芬从其构成进行解读，“板”在当代板书中不应该专指“黑板”，正确地说，应该是多种多样的“教学板”[2]。“书”在当代板书中，不仅是指用粉笔当堂书写的文字，还包括四个外延部分，分别是文、点、线、图。刘显国从板书的功能来阐述：板书是指教师根据教学的需要在黑板上以书面语言或符号进行表情达意、教书育人的活动[3]。

本文中的板书指的是教师通过在黑板上书写文字、符号、图表等把教学内容呈现在黑板上，以辅助教学、达成教学目标的一种手段。

## 一、板书现存的问题

随着现代教学技术的普及，教师的教学手段越来越多样化，投影仪、课件等纷纷进入课堂，导致对板书的重视程度下降，板书有了“退居二线”的迹象。在小学英语课堂出现以下现象[4]：一是所有的教学内容都预先放在课件中，教师在课堂上充当放映员的角色，鼠标从头点到尾，整个教学过程没有任何板书，黑板成了摆设；二是有些板书形式千篇一律，无论是阅读课、词句课，还是复习课，板书所呈现的就是标题、单词和句型，既缺乏独立性，又无法显示知识间的内在联系，了无新意；三是有的教师在书写板书时，随意、马虎了事，黑板板面杂乱无章，毫无层次感，更谈不上条理化和系统化，导致学生难以掌握全部内容，影响了知识的传授，降低了教学效果。

板书特有的功能绝非多媒体大屏幕所能取代的。有时课件播放转瞬即逝，不利于学生的吸收和记忆。合理的板书恰好弥补了多媒体课件的不足，学生可以运用多种感官协同记忆。相对于常态课，教师们在公开课时还是非常重视板书的，常使用的是打印板书，它的好处显而易见，图文并茂，美观实效，但制作这样的板书，教师要进行排版、打印、裁剪、粘贴等，如果每节课都打印精美板书，不太现实，耗时又不环保。

笔者开始探索思维导图式粉笔板书，这是一种低成本、高效又可持续的工具。

## 二、思维导图式粉笔板书在小学英语课堂教学中的作用

好的板书对于学生了解课文内容，把握课文的关键问题起着很大的作用，教师必须慎重考虑，精心设计[5]。思维导图式粉笔板书可以调动学生眼睛、耳朵、嘴巴、大脑等器官协同记忆。特瑞奇勒的研究结果表明，人们信息获取1%通过味觉，1.5%通过触觉，3.5%通过嗅觉，11%通过听觉，83%通过视觉；而且人一般可记住自己阅读的10%，自己听到的20%，自己看到的30%，自己看到和听到的50%，交谈时自己所说的70%[6]。

在小学英语课堂教学中，教师根据课型和教学内容的特点，应用思维导图式粉笔板书，有以下作用：一是能够为对话课搭建语言支架，帮助学生厘清人物关系、活动顺序、逻辑关系等，促进学生记忆、加强理解；二是能够梳理和凸显故事的脉络，帮助学生了解故事发展等，发展学生思维能力；三是能够集中呈现语篇教学的语言知识，将抽象复杂的知识形象化、具体化，吸引学生的注意力，促进其深度参与。学生单凭一节课的听讲来吸收理解所有的内容是比较有挑战性的，但有了形式多样的思维导图式粉笔板书的辅助，学生对所学知识能够进行进一步梳理，有助于理解和巩固知识。

## 三、思维导图式粉笔板书的设计策略

### （一）设计对话课板书，提供语言支架

小学英语对话课通常围绕某个话题展开，课文包含人、物、地点、活动等诸多信息，因此在教学过程中，教师通过逐步生成板书，帮助小学生厘清对话的脉络和内在关系尤为重要。教师应在备课时，分析和概括学习内容，提炼语言要点，设计

能体现对话要点和逻辑的板书。这有助于学生抓住课文的主线，借助语言支架进行输出、理解掌握所学知识。

**【案例1】**上海牛津版小学英语教材五年级上册第一单元第一课时的场景是在教室里，郭老师在跟学生们讨论他们未来想做的工作，学生们根据自己的实际情况来回应老师。教师可以先让学生通过观看图片，找出关于“Who are they in the picture? Where are the?”的信息，教师根据学生回答，在黑板上写出对话中的人物名字；然后播放视频，让学生找到关于“What do they want to be? Why?”的信息，随着教学的推进，板书逐步生成；最后，学生借助板书来复述课文，如学生根据Alice、a doctor和help people这些关键词，便可以说出Alice的梦想职业和原因（Alice wants to be a doctor，because she wants to help people.），学生通过板书提供的语言支架，可以完整地复述文中人物的梦想职业和原因。学生也可以参考这样的框架并联系实际生活来表达自己和同伴的梦想职业及原因。相关板书示例如图1所示。

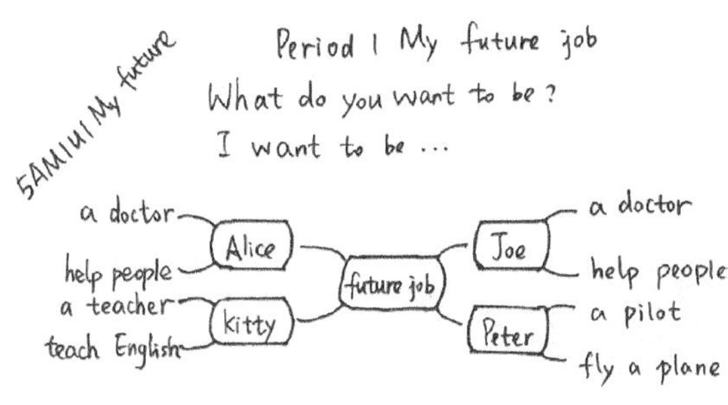


**图1　板书示例1**

**【案例2】**上海牛津版小学英语教材五年级上册第六单元第二课时主要是关于Kitty一家晚上的忙碌生活的内容。教师先让学生通过回顾Kitty的family tree，了解Kitty一家；接着播放录音，让学生了解他们分别在哪个房间忙碌，根据学生的回答，教师逐一书写板书；最后让学生观看视频，并说一说Kitty的家庭成员分别在做的事情。该课的板书虽然简约，但高效实用，它涵盖了主要句型、人物、地点和活动，呈现了文本的主要内容框架、关键信息和重点句型等，让人一目了然。学生将板书的内容（见图2）作为支架输出，以下是学生的总结：“Kitty’s family have a busy life. Kitty is doing homework in the living room. Ben is making a model plane in the bedroom. Mum is washing hair in the bathroom. Dad is cooking dinner in the kitchen. What a warm family!”。

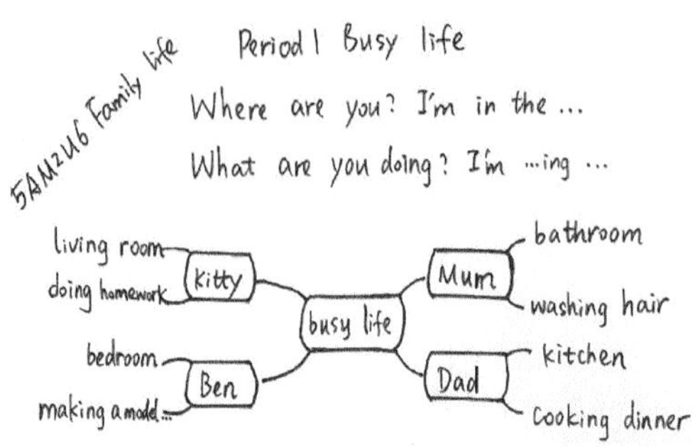


图2　板书示例2

## （二）设计故事课板书，凸显文本脉络

小学英语教材的故事教学内容丰富、形式多样，布局合理的思维导图式粉笔板书具有丰富的表现力和感染力，它可以紧扣故事的主题，用清晰准确的语言凸显和概括出故事的脉络和关系，让学生在真实、有趣的情景中学习词汇、句子和篇章，在温故知新中融会贯通、学以致用，使英语学习寓教于乐。

**【案例3】**上海牛津版小学英语教材五年级上册第六单元第一课时主要是三个主人公分别介绍了自己和家庭成员在地球一小时当天的活动和平时这个时间点做的事情。文中涉及一般现在时，又出现正在进行时的知识，信息相对杂乱。教师经过认真梳理和概括，先从了解和呈现他们平时做的事情入手并书写板书，这也是帮学生对之前的学习内容复习，再顺其自然地提出问题：“What are they doing at Earth Hour?”。学生需要思考、阅读并提取出这个问题的信息。这样由旧知引出新知的过渡很自然，同时凸显文本脉络，表现为教师先梳理出三个主人公平时做的事情，再阐述他们在地球一小时做的事情。在关灯的情况下，每个孩子做的事情是不一样的，这体现了每个人物不同的兴趣爱好和家庭成员的互动情况。这样的板书可以准确展示教学内容的知识结构，化繁为简，并启发学生积极思考。学生可以通过提取信息、找到文章的脉络，提升对比、整理和概括信息的能力。该课时板书示例如图3所示。

5AM2U6 Family life
Period 3 Special life
It's Earth Hour now. People turn off...

| | I usually | but now... |
|---|---|---|
| Alice | watch TV | We're looking at... |
| Kitty | read ... before... | Grandma is telling... |
| Sally | do homework | I'm playing... |

图3　板书示例3

【案例4】上海牛津版小学英语教材五年级上册第十单元第三课时的内容是，三个小动物用不同材质做风铃来感知风的声音。教师引导学生观察图片，板书故事的主角小鸭子、小兔子和小猪，教师抛出问题“What do they do? Why?”，教师在黑板上书写题目，随着文本学习推进，学生了解到，小动物做的风铃是不一样的，有玻璃的、金属的，会发出不同的声音。小猪的风铃是用纸做的，没有声音，为什么呢？思考该题时，学生可以进行学科整合，了解到不同材质相互碰撞时会发出的不同声音及其原因。

此外，教师让学生发挥想象讨论一下小猪接下来会做什么，让学生续编故事并表演出来。板书凸显出来的文章脉络是小动物们先后用不同材质的风铃来听风的声音，体现了故事的起因、发展和高潮，最后以开放性的问题来启发学生思考。借助这样的板书，教师不再是让学生死记硬背课文的内容，而是让学生积极主动地分析和加工信息，这有利于培养学生的聚合思维和发散性思维。相关板书示例如图4所示。

5A M4U10 The wind

Period 3 The sound of the wind

| ...has a wind bell | It's made of ... | the sound |
| --- | --- | --- |
| Little Duck | glasses | tink-tink! |
| Little Rabbit | metal | clink-clink! |
| Little Pig | paper | too quiet. Why? |

What happens next?

图4　板书示例4

## （三）设计语篇课板书，促进思维提升

小学英语语篇板块包括引言和对话两个部分，是知识、思维、情感、审美等要素构成的综合体，课文中有人、物、活动以及词、句、段等诸多内容。因此，教师在教学过程中帮助学生提炼语篇框架、厘清文本思路尤为关键。思维导图式粉笔板书书写的过程是教师将自己备课时的思维过程准确、完整地表达出来的过程，是学生阅读、思考、分析、理解和消化教学内容的过程，是对教材的一种艺术再创造，成功地将教材的知识结构转化成学生头脑中的认知结构，让学生对整篇课文的认识有序化，有助于学生良好学习品质的形成[4]。思维导图式粉笔板书

通过使用线条、简笔画等对信息进行有效加工，刺激学生的感官，有利于促进学生思维提升。

**【案例5】**上海牛津版小学英语教材五年级上册第十一单元第三课时主要是以小水滴旅程来说明水循环的一个语篇。这个语篇是科普性的，信息量比较大，教师需要系统、有条理地整合语段和结构，最后通过板书来展示水循环的过程。这个板书伴随着课堂教学逐步完成，具有动态生成和灵活开放的特点，书写过程均是设疑解惑、层层递进的，教师讲解知识并留给学生思考和交流的时间和空间，启发学生由此及彼、由表及里进行思考，这有助于学生加深认识、提升思维的深刻性、创造性和发散性。这样的板书使得学生掌握的不再是零散的单词或者句子，而是有逻辑、条理、科学串联起来的知识。教师将这些知识统筹在水循环的语境中，帮助学生有序学习和知识迁移，这有利于整体能力的提升，也体现了英语教学的整体性、渐进性和跨学科性。相关板书示例如图5所示。

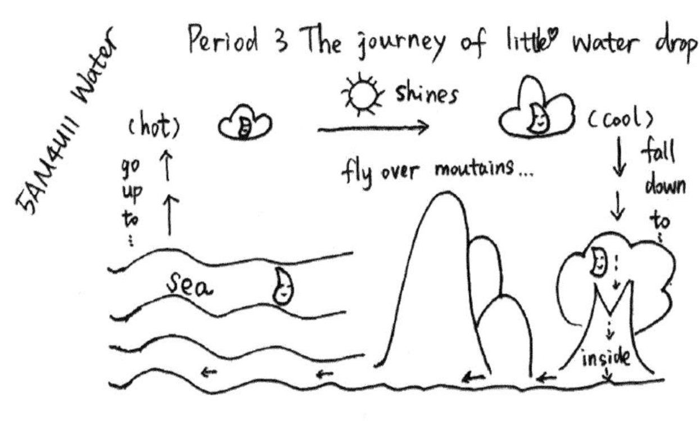


图5　板书示例5

**【案例6】**上海牛津版小学英语教材五年级上册第九单元第一课时主要介绍城市社区的分布，并指出到达某地方的路径。相关语篇涵盖的知识比较广，对教师绘画水平要求也比较高，教师可以提前练习不同场所的简笔画。简笔画和文字结合，充满情趣，给学生以美的享受，体现了板书的美观性和艺术性。那如何既能推进教学任务，又能呈现本课“指路”这个核心主题，让板书和教学相辅相成？要想捕捉板书的板眼，教师务必认真研读教材，加强对教材内容和学生学情的分析，抓住最本质、最主要的内容，提炼出贯穿全文的内容，提纲挈领、强化认知[4]。该语篇的板眼是Find the way，教师用地图来呈现相关内容，直观明了，形象而立体，这样既节省了时间又突出了重点，有助于教师了解学生掌握知识的情况。相关板书示例如图6所示。

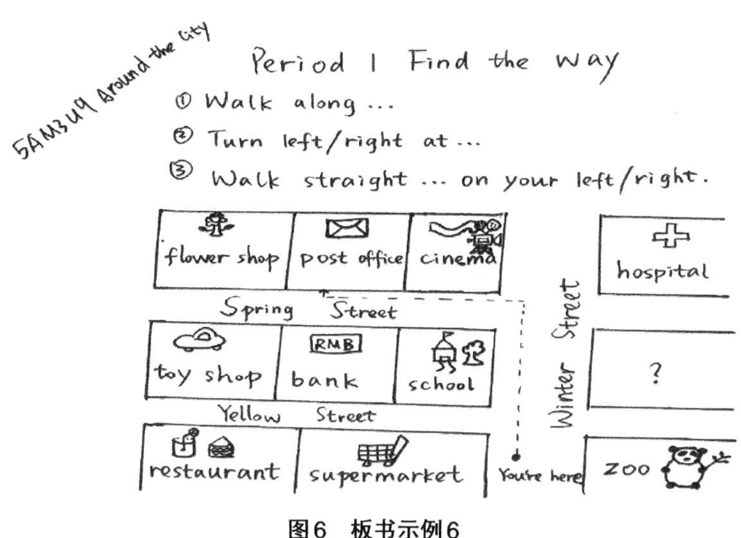


图6　板书示例6

思维导图式粉笔板书把文字板书与画画结合起来，借助具有催化剂作用的简笔画和具有兴奋剂作用的色彩，把文字、符号等结合起来，使得板书形式多样，充满情趣，给学生以美的享受。它不仅能帮助学生掌握教学内容，而且兼顾了板书的美观性、艺术性，做到层次清楚、内容准确、结构合理、文字流畅、图像美观、布局匀称、大小适度等，能让学生在感受美的同时，进一步理解、掌握和深化教学内容，增强思维的积极性和持续性，有益于学生乐学[4]。

## 四、结语

思维导图式粉笔板书可以生动体现教师对教材内容的深刻剖析，它帮助学生理解整体和部分的关系，学生通过阅读和分析信息，厘清教材内在结构，抓住关键要点，构建语言支架。它有利于学生感知、理解和运用所学知识，不仅有利于教师教，还有利于学生学，教学相长，促进双方共同进步。

同时，教师在书写板书时，要注意书写规范，因为小学阶段是培养学生书写习惯的关键期，教师要为学生树立良好的榜样。另外，教师关注学生的学习情况，可在适当的时机让学生对板书内容进行补充完善，师生携手共同生成有创意的板书。

思维导图式粉笔板书也有局限，比如，其全程要求一笔一画写出来，用时比较多，导致板书的句子要少而精。再者，它只能呈现简短的句型或简单的图画，情景性不强。因此，本文并不否认打印板书或者其他类型板书的功效，而是建议教师根据实际情况，结合多种教学手段，发挥板书在英语课堂中的作用，以更好辅助教学、达成教学目标。

## 参考文献

［1］朱浦．小学英语教学关键问题指导［M］．北京：高等教育出版社，2016．

［2］竺亚芬．板书［M］．上海：上海教育出版社，2004．

［3］刘显国．板书艺术［M］．北京：中国林业出版社，1999．

［4］吉桂凤．思维导图与小学英语教学［M］．北京：教育科学出版社，2015．

［5］斯霞．我的教学生涯［M］．上海：上海教育出版社，1982．

［6］莫雷．教育心理学［M］．北京：教学科学出版社，2013．

# 教研机制创新

# “四化一体”学科组教研机制的建构

深圳市宝安区海港小学　刁艺姗

【摘要】学校的各学科组是落实教学工作、开展教学研究和提高教师业务能力的核心团队。良性运作的学科组能交流经验、集思广益、互帮互助，对于教学任务的高效完成、教学质量的稳步提高、教师发展的有序推进以及团体教风的良好形成等起着积极作用。本文基于多年的学科组研究，初步构建起以课程文化、课堂文化、教师发展文化和常规管理文化为核心的“四化一体”学科组教研机制。

【关键词】学科组；“四化一体”教研机制

学科组是学校基层的管理实体，是教学研究的核心组织，在学校教学工作中起着重要作用，直接决定着一所学校的课堂教学质量。学科组不仅是各个学科课程的落地者、教学活动的组织者，更是开展教学研究的实施者，是教学创新的推进者。因此，抓好学科组建设是提升教师业务素质、提高教学质量的关键。

目前，学科组教研存在着以下问题：一是教研活动内容杂乱，无主题，无法解决教师实际教学问题；二是教研活动局限于听课、说课、评课等形式，多为经过演练过后的“作秀”，不真实，一线教师无法借鉴，不实用；三是教研活动限于学科教学管理层面，多为“一言堂”，教师参与率低；四是教研活动分工不明确，出现“人多嘴杂、反复累赘”的场景，时效低。基于此，笔者所在学校在过去几年建构起以课程文化、课堂文化、教师发展文化和常规管理文化为核心的“四化一体”学科组教研机制（见图1），以突破学科组教研“无主题、不实用、参与率低、时效低”的四大难题，引领学科组教研方式方法的改变，实现“主题化、实用化、全员化、时效化”，全面提升教研活动的质量，为一线教师提质减负。

## 一、构建课程文化，有主题、有内容

笔者所在学科组以学科素养为基础，基于国家基础课程，建构起富有特色的学科课程体系。英语学科开设奠基课程、拓展课程、自选课程和综合课程，实现国家课程与小本课程的有效结合。英语学种课程体系如图2所示。

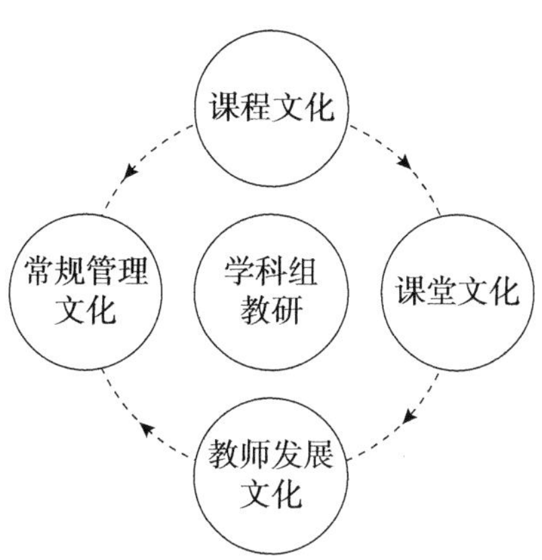


图1 “四化一体”学科组教研机制

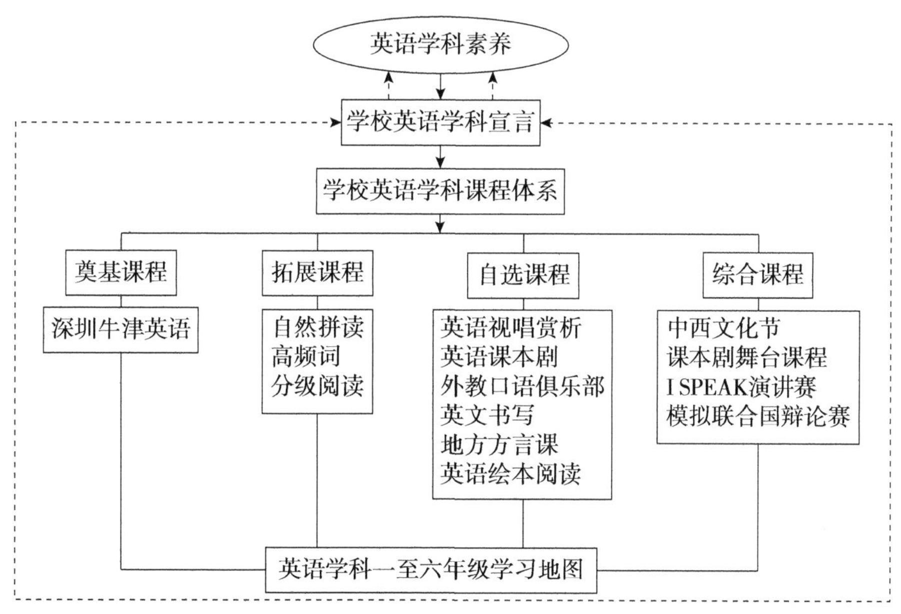


图2 英语学科课程体系

基于学科课程体系，学科组带领教师梳理一至六年级的学习地图，一一理顺课程目标、各年段教学目标、各单元教学目标、各单课教学目标从上而下的关系，真正让教师明白如何让国家课程落地。英语学科学习地图（局部）如图3所示。

学科组教研活动以课程为聚焦点，确定相关主题，并围绕着主题展开各年级备课研讨。基于此，学科组形成了课程文化。

## 二、关注课堂文化，够实用、能借鉴

课程的实施主阵地是课堂。围绕着学科课程体系，学科组建立课堂观察标准。

基于单元整体教学背景，学科组围绕着课堂内容，展开研讨，核心关注课堂“五维度”（见图4），即课堂目标达成度、课堂环节推进度、重难点突破度、教师问题思辨度、学生表现关注度，旨在引领教师科学观课、用数据和证据评课。

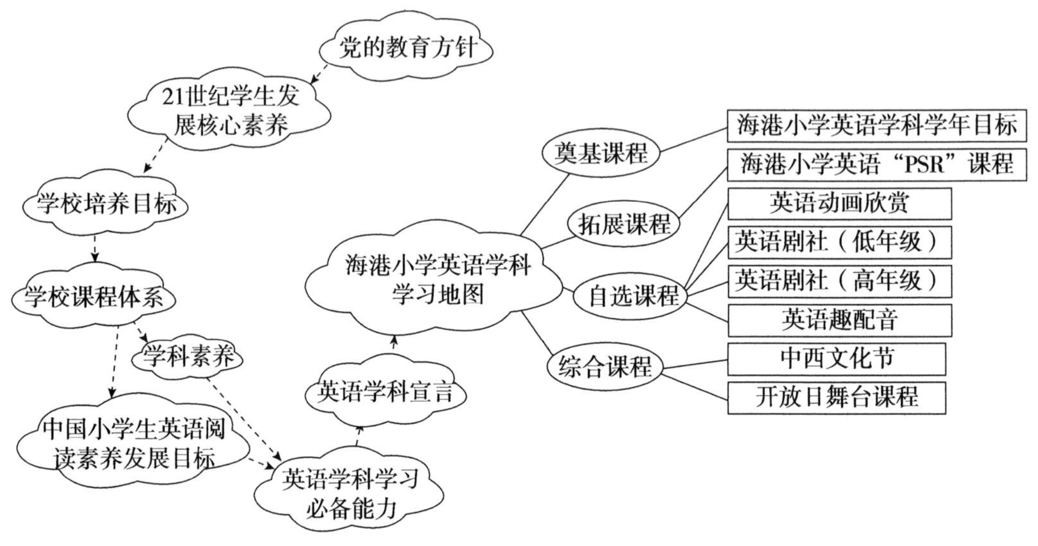


**图3　英语学科学习地图（局部）**

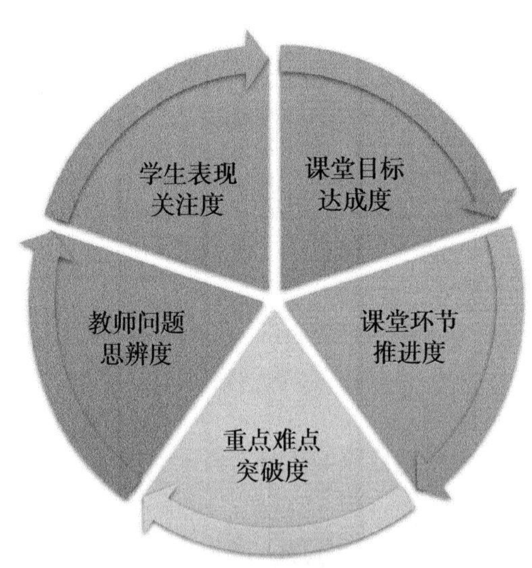


**图4　课堂“五维度”**

基于课堂“五维度”，学科组制定相应的评价标准（见表1），细化各个维度下的内容，让教师在观课、评课和思课的过程中明确听什么、看什么、想什么、怎么听、怎么看、怎么想。

表1　　课堂“五维度”评价标准

| | | 优 | 良 | 待改进 | 听课教师思考 |
|---|---|---|---|---|---|
| 课堂目标达成度 | 1.课堂设计是否体现课标要求 | | | | |
| | 2.课堂目标设计是否符合教材要求 | | | | |
| | 3.课堂目标达成是否符合学生实际运用 | | | | |
| 课堂环节推进度 | 1.课堂环节用时分布是否合理 | | | | |
| | 2.课堂环节推进是否自然、科学 | | | | |
| | 3.教师语言是否适合课堂环节推进 | | | | |
| 重点难点突破度 | 1.重点难点突破用时是否合理 | | | | |
| | 2.教师采用的方法是否科学 | | | | |
| | 3.学生是否掌握重点难点 | | | | |
| 教师问题思辨度 | 1.教师是否采用问题链提问 | | | | |
| | 2.教师提问能否激发学生思考 | | | | |
| | 3.教师提问是否符合逻辑顺序 | | | | |
| 学生表现关注度 | 1.学生是否对课堂感兴趣 | | | | |
| | 2.学生是否主动参与 | | | | |
| | 3.学生展示环节分布是否合理 | | | | |

在每次的教研活动中，各教师领取相关的“任务单”（见表2），带着不同的任务走进课堂、观察课堂、反思课堂，并在接下来的评课环节中阐述自身的观察点与反思点，从而提高教师对课堂的思考能力、吸收与借鉴能力，最终服务一线教学。

表2　　教研活动任务单

| 内容 | 负责教师 | 备注 |
|---|---|---|
| 课堂目标达成度 | 教师A | 提交课堂目标达成观课记录 |
| 课堂环节推进度 | 教师B | 提交课堂环节用时分布与推进记录 |
| 重点难点突破度 | 教师C | 提交重点难点突破环节用时分布与突破方法记录 |
| 教师问题思辨度 | 教师D | 提交教师课堂问题与学生回答实录 |
| 学生表现关注度 | 教师E | 提交学生提问座位分布图、学生表现形式记录 |
| 总评（主讲） | 教师F | 提交课例总评课稿 |
| 主持 | 教师G | — |
| 拍照 | 教师H | 教师、学生照片各5张，上传至学科教研活动文件夹 |
| 录像 | 教师I | 课堂录像上传至学科教研活动文件夹 |
| 教研活动记录 | 教师J | 教研活动记录本 |

## 三、聚焦教师发展文化，全员化、过程化

以学科组为组织单位，以六个年级的备课组为基本实施队伍，建立备课教研组

学习共同体。每个备课教研组围绕着教研活动的主题先在组内进行研讨，遵循“人人有任务、人人有展示”的基本原则，每一位教师在教研活动中都必须参与其中，并承担一个角色，完成相应的任务。学科教研活动实施议程如图5所示。

| 学科组活动议程 | 备课组活动议程 |
| --- | --- |
| ● 主持人：科组长1<br>● 主讲人：科组长2<br>● 流程：<br>1.外出教研学习心得分享；<br>2.总结当月科组常规检查情况；<br>3.布置学校当月主题工作；<br>4.各备课组组长汇报当月奠基课程、拓展课程的教学进度及备课组各项活动开展情况；当月教研课评课；<br>5.当月各项疑难问题解答；<br>6.挂点行政总结；<br>7.会议记录本、分享课件、照片等上传学校FTP备查。 | ● 主持人：备课组组长<br>● 主讲人：当前模块主备课教师<br>● 流程：<br>1.主备课教师提前一周完成备课，在备课群共享资源包（课件、教案、拓展资料等），同备课组教师提前查阅思考；<br>2.主备课教师说课；<br>3.同备课组教师提出意见和建议；<br>4.备课组达成一致意见；<br>5.落实备课组当周各项事情；<br>6.备课组组长总结；<br>7.会议记录本、分享课件、照片等上传学校FTP备查。 |

**图5　学科教研活动实施议程**

每次教研活动皆做到“四有”：有主题、有主持、有发言、有交流。同时，做到“四个固定”：固定时间、固定地点、固定人员、固定环节。旨在让学科教研文化成为学科组的文化，让相关人员形成习惯，让备课教研组成为思考和解决一线教育教学问题的核心队伍。

## 四、围绕常规管理文化，有标准、有时效

学科教学质量的提高取决于学科教学常规的质量。良好的学科教学常规能最大化地为教师减负提效。笔者所在学科教研团队通过一系列常规标准化，让教师活动更有序、高效，主要的标准化措施有：学科组设定教研行事历，让学科教研活动有计划、有步骤、有主题开展；备课教研组设定教学行事历，让教学工作有秩序、有节奏、有目的进行；备课教研组确定作业常规检查表（见图6）、学科评价检测分析表（见图7）、学生学科过程性跟踪表（见图8）、学生学科评价项目单（见图9），让学科教学有数据、有过程、有方法、有跟踪、有反馈。

备课教研组作业常规检查表

年级：六年级

| 教师姓名 | 项目与评分标准 | | | | | | | | 整体评价 |
|---|---|---|---|---|---|---|---|---|---|
| | 作业种类 | 作业批改质量 | 作业批改是否及时 | 作业是否跟上教学进度 | 学生是否订正 | 作业书写 | 应批次数（次） | 实批次数（次） | |
| ×× | □抄写本 | ☑优 □良<br>□中 □差 | ☑是<br>□否 | ☑是<br>□否 | ☑全部<br>□大部分<br>□少部分<br>□没有 | ☑工整<br>□一般<br>□不工整 | 6 | 6 | ☑优 □良<br>□中 □差 |
| | □听写本 | ☑优 □良<br>□中 □差 | ☑是<br>□否 | ☑是<br>□否 | ☑全部<br>□大部分<br>□少部分<br>□没有 | ☑工整<br>□一般<br>□不工整 | 3 | 6 | ☑优 □良<br>□中 □差 |
| | □作文本 | ☑优 □良<br>□中 □差 | ☑是<br>□否 | ☑是<br>□否 | ☑全部<br>□大部分<br>□少部分<br>□没有 | ☑工整<br>□一般<br>□不工整 | 3 | 3 | ☑优 □良<br>□中 □差 |
| | □知能 | ☑优 □良<br>□中 □差 | ☑是<br>□否 | ☑是<br>□否 | ☑全部<br>□大部分<br>□少部分<br>□没有 | ☑工整<br>□一般<br>□不工整 | 3 | 3 | ☑优 □良<br>□中 □差 |
| | □自主作业 | ☑优 □良<br>□中 □差 | ☑是<br>□否 | ☑是<br>□否 | ☑全部<br>□大部分<br>□少部分<br>□没有 | ☑工整<br>□一般<br>□不工整 | 2 | 2 | ☑优 □良<br>□中 □差 |
| 存在问题及建议 | | | | | | | | | |

检查时间：2018 年 9 月 27 日　　检查人：×××

图6　备课教研组作业常规检查表

备课教研组学科评价检测分析表

________学科________测评分析表

班级：________　　任课教师：________

一、总体情况

____年级____班共____同学参加了本次期末测评。测评地点为____________。测评的形式是____________。测评的内容有____________。

二、等级比例

(一)考查项目1____________

| 班级 | 总分（分） | 平均分（分） | 90—100分人数（人） | 80—90分人数（人） | 优良率（%） | 70—80分人数（人） | 60—70分人数（人） | 及格率（%） | 60分以下人数（人） | 最高分（分） | 最低分（分） |
|---|---|---|---|---|---|---|---|---|---|---|---|
| | | | | | | | | | | | |

（二）(一)考查项目2____________

| 班级 | 总分（分） | 平均分（分） | 90—100分人数（人） | 80—90分人数（人） | 优良率（%） | 70—80分人数（人） | 60—70分人数（人） | 及格率（%） | 60分以下人数（人） | 最高分（分） | 最低分（分） |
|---|---|---|---|---|---|---|---|---|---|---|---|
| | | | | | | | | | | | |

三、学生表现

四、存在问题

五、今后措施

图7　备课教研组学科评价检测分析表

## 备课教研组学生学科过程性跟踪表

| 座号 | 姓名 | 课堂表现 | 作业 | | | | | 听写 |
|---|---|---|---|---|---|---|---|---|
| | | | 周一 | | 周二 | 周三 | 周四 | 周五 |
| | | | 暑假作业—跟读阅读打卡 | 暑假作业—描红本 | 高频词绿皮抄写 | u1绿皮单词抄写 | 绿皮本订正 | 黄皮听写本 |
| 1 | | A+ | √ | √ | √ | A+ | √ | √ |
| 2 | | A+ | A+ | A+ | √ | B | √ | √ |
| 3 | | A+ | A+ | √ | √ | B | √ | A+ |
| 4 | | A | √ | √ | √ | B | √ | √ |
| 5 | | A | √ | √ | √ | B | √ | √ |
| 6 | | B | √ | √ | √ | B | × | A+ |
| 7 | | A | √ | √ | √ | B | √ | √ |
| 8 | | A+ | √ | √ | √ | A+ | √ | √ |
| 9 | | B | √ | √ | √ | × | √ | √ |
| 10 | | A+ | A+ | A+ | √ | B | √ | √ |
| 11 | | A | √ | A+ | √ | B | √ | √ |
| 12 | | A | √ | A+ | √ | B | × | × |
| 13 | | A | √ | √ | √ | B | √ | √ |
| 14 | | A+ | √ | √ | √ | B | √ | √ |
| 15 | | A+ | A+ | √ | √ | B | √ | A+ |

**图8　备课教研组学生学科过程性跟踪表**

## 学生学科评价项目单

| 科目 | 领域 | 项目 | 一年级 | 二年级 | 三年级 | 四年级 | 五年级 | 六年级 |
|---|---|---|---|---|---|---|---|---|
| 英语 | 听 | 英语听说 | √ | √ | √ | | | |
| | | 英语听写 | | | √ | √ | √ | √ |
| | 说 | 语音基础 | √ | √ | √ | | | |
| | | 口语交际 | √ | √ | √ | | | |
| | | 看图说话 | √ | √ | √ | √ | √ | √ |
| | | 主题演讲 | | | | √ | √ | √ |
| | 读 | 课文阅读 | √ | √ | √ | √ | √ | √ |
| | | 绘本朗读 | √ | √ | √ | √ | √ | √ |
| | | 整本书阅读 | | | | √ | √ | √ |
| | 写 | 英语书写 | | | √ | √ | √ | √ |
| | | 看图写话 | | | √ | | | |
| | | 主题写作 | | | | √ | √ | √ |
| | 做 | 课本剧表演 | √ | √ | √ | √ | √ | √ |
| | | 课程整合展示 | √ | √ | √ | √ | √ | √ |
| | | 思维导图、手抄报 | √ | √ | √ | √ | √ | √ |
| | | 英语绘本创编 | | | | √ | √ | √ |
| | | 教具学具制作 | √ | √ | √ | √ | √ | √ |
| | 测 | 调研检测 | | | | √ | √ | √ |

**图9　学生学科评价项目单**

建构课程文化，有主题、有内容；关注课堂文化，够实用、能借鉴；聚焦教师发展文化，全员化、过程化；围绕常规管理文化，有标准、有时效。以课程文化、课堂文化、教师发展文化和学科常规管理文化为核心，形成“四化一体”学科组教研机制，为教师个人与学校团队的发展提供了一个新路径，实现了教学与教研同步的理想状态。

## 参考文献

［1］马菁．近十年来国内文化生态问题研究综述［J］．湖南社会科学，2011（1）：26–31．

［2］朱利霞，董子啸．一个“教师学习共同体”的效能研究［J］．教师教育学报，2014（5）：29–35．

［3］于子明．管理心理学辞典［M］．北京：解放军出版社，1990．

# 小学英语单元整体教学下的教研活动形式初探

## ——以深圳市宝安区上合小学英语科组教研活动为例

深圳市宝安区上合小学　聂　红

**【摘要】**小学英语教学，尤其是深圳市的小学英语教学使用的教材是沪教牛津（深圳版），该教材就是按照“Building blocks”（模块建筑）的模式编写的，按照“Theme（主题）—Topic（话题）—Subtopic（子话题）—Unit（单元）—Activity（活动）”的设计体系，将话题、结构、功能和情景紧密结合起来。教材编写的特点决定了小学英语教学需要采取单元整体教学形式，从教材内容分析、学情分析、单元教学目标和语用任务确定，到单课时话题、语用任务和教学目标确认，再到评价伴随和教学资源统筹，这一系列的单元整体设计和实践活动，对一线教师来说是挑战，也让一线教师看到单独备课形式已经不足以解决单元整体教学设计问题。因此，提高教师教研的能力，把以年级组为单位的集体备课落到实处，通过改变教研活动形式，增强校本教研的能力就显得尤为重要了。为此，本文结合深圳市宝安区上合小学英语科组教研活动的开展，阐述了教研活动形式对于科组集体备课、提高教师教研能力、落实小学英语单元整体教学的意义。

**【关键词】**单元整体；教研活动；形式

### 一、问题的缘起

小学英语教学对学生的英语思维启蒙、英语学习兴趣培养、学习方法掌握、学科核心素养提高至关重要。其受制于课时有限、非母语教学等一些客观因素，尤其是笔者所在的学校中很多学生的家长难以辅导英语。对于一线的英语教师来说，教学责任就更重了。

教材是按照“Building blocks”的模式编写的，每一个年级的模块话题大体一致，部分单元话题也很接近，教材难度是螺旋上升的。这也就决定了教师需要进行单元整体教学设计，甚至可以合并有些单元板块。如果教师各自备课，不仅对教材整体把握失之偏颇，工作难度也较大。

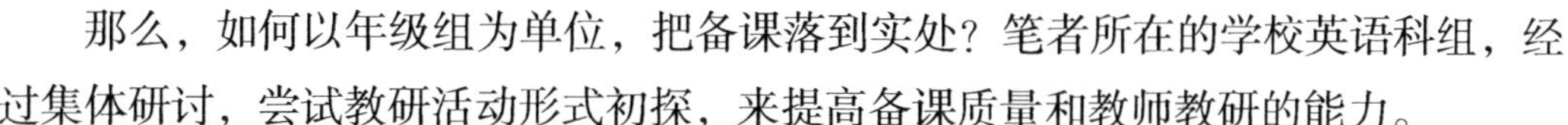

那么，如何以年级组为单位，把备课落到实处？笔者所在的学校英语科组，经过集体研讨，尝试教研活动形式初探，来提高备课质量和教师教研的能力。

## 二、教研活动形式初探

### （一）工作指引树立方向

规章制度的制定，对于教师的教研和教学可以起到一定的指导作用，为教师的教学行为指明了方向。笔者所在的英语科组，青年教师占比近60%，青年教师自身素质较高、乐于接受新事物、有个性、想法多，但是缺乏丰富的教学经验，对课堂的调节和学情的把握不够准确。确定工作指引，可以为青年教师迅速适应教学工作提供支持，树立方向。

工作指引分为七个大类，分别是年级教学目标、年级教学资源拓展、上课要求、作业、教研活动、教师阅读书目和常规检查，其中，上课要求具体到每个课型，有长课型、短课型，对每个课型如何操作也做了具体解读。而每个大类也都有具体的说明，会细化到每个年级具体怎么操作，可以说这就是一本青年教师踏入英语教学的“宝典”（见图1）。

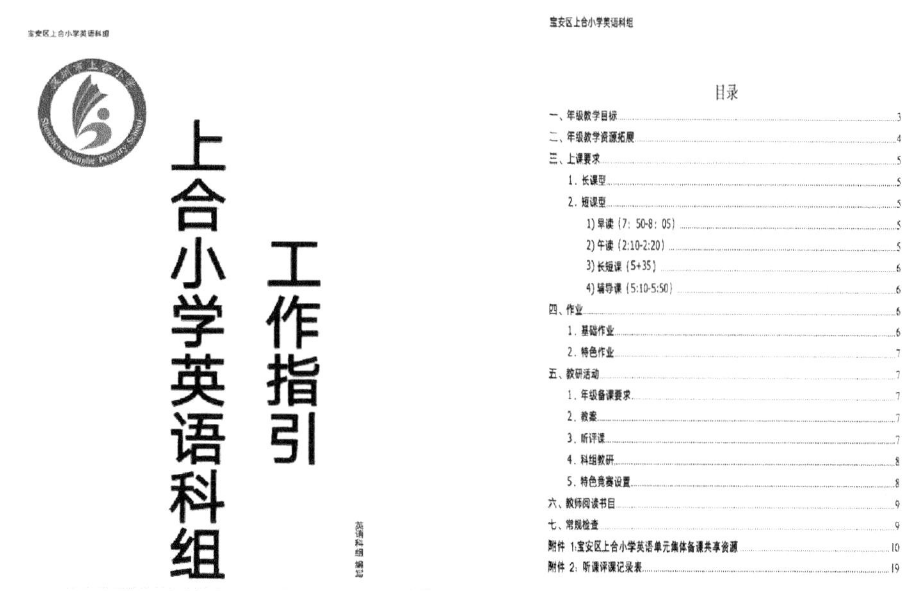

宝安区上合小学英语科组

上合小学英语科组

工作指引

英语科组 编写

宝安区上合小学英语科组

目录



**图1 《上合小学英语科组工作指引》的封面及目录**

当然，工作指引的完成也经历了不断改良的过程，由之前的1.0版本进阶到现在的2.0版本，年级的教学目标更加细化，科组的年级备课组长们根据上海市教育委员会教学研究室的《上海市小学英语学科教学基本要求（试验本）》和《小学英语单元教学设计指南》，把教学目标细化到语音、词汇、句型和语篇，同时增加了年级的语用要求。这一改变，也是全体科组教师们在实践研究中的进步。

### （二）集体备课夯实功底

集体的智慧是无穷的，尤其是年级组的教师们，有经验丰富的中年教师，有勤奋刻苦的青年教师，这样的组合起到了很好的互补作用。集体备课是高效英语课堂的基础，不仅要备教材，更要备课表、备学生，适合的教育才是最好的教育。

笔者所在英语科组单周周五下午为集体备课时间，利用这一时间，教师们要提前备好两周的课，即两个单元的课，使用宝安区小学英语单元集体备课共享资源模板（局部内容见图2），首先确定好单元教学目标，包含语用任务和三个维度的目标，即知识与技能、文化与情感、方法与策略，其次确定好单元基本架构，包含单课时目标、单课时话题、单课时教学文本和板书设计，再次确认好单课时教学设计，最后确定好拓展资源的选定。除此之外，会确认好单课时的作业和每个单元的单元作业。同年级组的教师们在此基础上还需要根据各班的学情调整难度，增减一定的内容，以期达到最优，从而实现单元整体教学活动有效开展。

Unit-based Teaching Design for Bao'an Primary School

宝安区小学英语单元集体备课共享资源

一、单元教学目标（参照课标中的分级标准描述）

| 语用任务： | |
|---|---|
| 知识与技能 | |
| 文化与情感 | |
| 方法与策略 | |

二、单元基本架构

| | Period 1 | Period 2 | Period 3 |
|---|---|---|---|
| Objective<br>单课时目标 | | | |
| Topic<br>单课时话题 | | | |
| Content<br>单课时教学文本 | | | |
| Blackboard design<br>板书设计 | | | |

三、单课时教学设计

Period 1

图2　宝安区小学英语单元集体备课共享资源模板（局部）

年级组教师在宝安区小学英语单元集体备课共享资源模板的基础上，根据“双减”下的作业要求，以年级为单位确定了任务单（教学资源），这些任务有课堂上任务推进必须要用到的，也有根据单课时教学需求学生回家之后完成的，有需要书写到纸上的，也有表演类和汇报类的。

### （三）沙龙活动提升素养

有效的活动形式可以让原本的教研活动更加生动，同时促进教师教和研一体化。沙龙活动是笔者所在英语科组为更好落实小学英语单元整体下教学的一种尝试和探索。具体操作步骤如下。

首先，以年级备课组为单位确定一次主题，主题就是本年级当前教材的某个单元，确定好单元之后，开展集体备课，集体备课操作同上。不仅如此，要进行课前说课，这个环节年级组的教师们都要参加，说课的内容包含说教材、说学情、说目标、说设计、说得失（放在课后），在几次教研沙龙之后，根据英语科组教师们的理论学习和实践研究，在说课环节还增加了说教学评价和教学资源，让说课环节更加完整。

其次，根据说课环节中对教材和学情的分析，集英语科组大部分教师的力量，进行一至六年级的教材梳理和整理。教师们根据上海市教育委员会教学研究室的《上海市小学英语学科教学基本要求（试验本）》和《小学英语单元教学设计指南》，制作了一些量表工具，让说课环节更加清晰（示例见表1）。

**表1　　量表工具示例**

| 学习内容 | | 学习水平 | 教学要求 |
|---|---|---|---|
| 语音 | | A | |
| 词汇 | | C | |
| 词法 | | A | |
| 句法 | | C | |
| 语篇 | 对话中的基本信息 | A | |
| | 故事的基本结构 | B | |
| 教学重点 | | | |
| 教学难点 | | | |

再次，就是一位教师按照年级备课组的设计，选取一个课时进行现场模拟上课，时间10分钟以内。模拟上课结束后，另一位教师进行该课时完整上课。

最后，进行上课教师口头教学反思和其他教师评课，评课时参照上合小学英语科组听课评课记录表（见表2），每个教师至少就其中一个点进行点评，也可以就多个点进行点评。上课教师形成书面教学反思，二次提交上课的课件和教案。英语科组沙龙式集体备课流程如图3所示。

表2　　上合小学英语科组听课评课记录表

年级：　　日期：　年　月　日　单元：　课时：

| 班级 | | 科目 | 英语 | 授课教师 | |
|---|---|---|---|---|---|
| 授课题目 | | | | 评课教师 | |
| 目标达成 | | | | | |
| 教学设计（任务设计合理性，环节之间是否有衔接） | | | | | |
| 教师课堂用语和过渡语 | | | | | |
| 学生的课堂表现（包含小组合作） | | | | | |
| 板书设计 | | | | | |
| 课堂结构与时间分布 | | | | | |

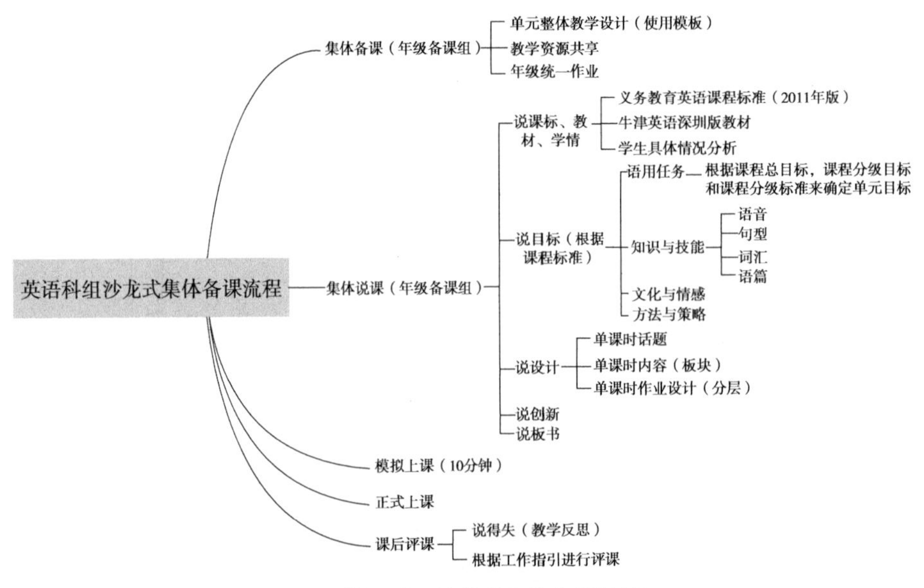


图3　英语科组沙龙式集体备课流程

## 三、单元整体教学下的教研活动形式初探的意义

经过两个学期的尝试，笔者所在的英语科组教研活动氛围更浓了，教师们将集体备课落到实处，而非流于形式。青年教师得到了迅速成长，在2021年宝安区的基本功大赛中，科组青年教师荣获一等奖，在代表宝安区参加深圳市的比赛中荣获三等奖。最受益的当然莫过于学生了，学生在有限的课堂时间内，学会了合作，学会了用英语思考问题、解决问题，在完成任务的过程中，锻炼了能力、启迪了思维。

总之，现在的小学英语教学不仅要求教师多读书，及时更新理念，更要求教师之间合作，备好单元课，上好每节课，做好课后反思，教研相结合。笔者所在学校的英语教研活动形式探索，任重而道远。

**参考文献**

[1] 王珏．理论引领实践指导：上海市长宁区小学英语教研组长培训项目纪实[J]．中小学英语教学与研究，2014.

[2] 潘志琴．小学英语教研组活动的观察与思考[J]．中小学英语教学与研究，2016.

[3] 叶隽．校本教研促进教师专业发展之个案研究：以厦门外国语学校附属小学英语教研组为例[D]．福州：福建师范大学，2007.

[4] 马燕蓉．小学英语单元教学的整体设计[J]．现代教学，2014（21）：67.

[5] 上海市教育委员会教学研究室．小学英语单元教学设计指南[M]．北京：人民教育出版社，2018.

[6] 上海市教育委员会教学研究室．上海市小学英语学科教学基本要求：试验本[M]．上海：上海教育出版社，2017.